本丛书得到韬奋基金会资金资助
“十一五”国家重点图书出版规划项目

方厚枢

书林守望丛书

编辑之歌

——怀念远去的英才

方厚枢 编

首都师范大学出版社

图书在版编目(CIP)数据

编辑之歌:怀念远去的英才/方厚枢编. —北京:首都师范大学出版社,2010.6

(书林守望丛书/吴道弘主编)

ISBN 978-7-5656-0034-0

Ⅰ.①编… Ⅱ.①方… Ⅲ.①出版工作者—中国—现代—纪念文集 Ⅳ.①K825.42—53

中国版本图书馆 CIP 数据核字(2010)第 112779 号

书林守望丛书

BIANJI ZHI GE——HUAINIAN YUANQU DE YINGCAI

编辑之歌——怀念远去的英才

方厚枢 编

项目统筹:张 巍

责任编辑:张慧芳 责任设计:张 朋

责任校对:李佳艺 责任印制:沈 露

首都师范大学出版社出版发行

地 址 北京西三环北路 105 号

邮 编 100048

电 话 68418523(总编室) 68982468(发行部)

网 址 www.cnupn.com.cn

北京嘉实印刷有限公司印刷

全国新华书店发行

版 次 2010 年 7 月第 1 版

印 次 2010 年 7 月第 1 次印刷

开 本 787mm×1 092mm 1/16

印 张 18

字 数 263 千

定 价 40.00 元

《书林守望丛书》编委会

（按姓氏笔画排序）

做文化的守望者

——《书林守望丛书》总序

柳斌杰

文化是每一个民族赖以生存的根基和灵魂，而出版事业和出版物，是民族文化的结晶，是民族精神的物质承载者，是衡量一个国家和民族文明程度的重要标志。从事这项伟大事业的出版人，不仅是出版活动的实践者，而且是人类文化创造、积累、交流、传播的组织者和参与者，是文化产品的生产者、民族精神的护卫者和时代精神的弘扬者。任何时代，治书修史者都肩负着神圣的历史责任、文化责任、社会责任，在我国，这种传统一直延续了几千年。但是，目前受名利诱导和网络快餐文化的影响，出版界跟风炒作、追求市场效应一夜成名而不顾文化品位等现象时有耳闻。在种种浮躁的背后，反映出来的是出版从业者文化品格的缺失。唯其如此，为繁荣学术和民族文化而坚守文化天职、恪守社会责任的职业精神和文化追求，尤其值得在出版界大力弘扬。

出版人是文化薪火的传承者，具有坚守文化自信的历史责任。众所周知，出版是人类文明薪火相传的重要依托，一个国家民族科学文化的传播和传承，有赖于它的出版事业。中华文明之所以历经五千年而一脉不绝，就在于中国历代政治家、著作家、出版家、藏书家接续几千年文明发展进程中形成的尊崇历史、珍惜古籍、编修文献、善待图书、重视典藏的优良传统，他们将中华文化的精髓融入历代出版物之中，一代一代地传之后世，肩负起了将一个时代的科学文化及思想智慧真实地记录下来、传承下去的历史责任，使中华民族的文化根基与时俱丰、愈加巩固。作为新时期文化创新和文化传播的主体，当代出版工作者更加需要继承传统、关注时代，一方面自觉承担起对民族文化传统的保存、整理、批判、传承的责任，保持中华文化的统一性、延续性；另一方面推动文化创新和发展，弘扬和培育符合时代要求的民族精神，在增强民族的凝聚力、创造力以及同世界其他文明进行对话的文化自信力方面作出贡献，使中华民族独立于世界民族之林的文化根基更加坚韧。

出版人是文化创新的推动者，具有坚守文化本性的特殊责任。作为一种文化生产的基本业态，出版既有产业的属性，又有意识形态的属性，必须通过创新来保持文化的独特品质和内容的先进性。从这个意义上说，创新是出版工作者的不竭动力和显著特征，不仅是文化积累和产品制造的组织者，而且也是文化内容的选择者和把关者，当然应当是新知识领域的开拓者和新成果的发现者、催生者。一方面，知识的保存、生产和应用，文化和技术的传承、生产和原创，都是以出版活动为基础的。历史上重要的思想创新、科学发现和技术进步主要是通过出版物得以传承和发展的。另一方面，从造纸术、印刷术到当代激光照排系统、计算机王码汉字处理系统以及数字技术的应用，出版人率先将新成果引进出版业，引发出版形式和内容的不断创新。在文化传播过程中，出版人通过传承优秀民族文化、吸收外国文化精华、把握时代需要，促进着社会文化的不断进步。而现代出版史上鲁迅发现大批文学青年、叶圣陶对巴金处女作的慧眼识珠、巴金对曹禺作品的琢璞为玉的佳话，也反映了出版人所必备的发现新人新作的创新品质。在当前的创新型时代、创新型国家建设的过程中，人民群众的伟大创造，已然成为文化创新取之不尽、用之不竭的源泉，迫切需要出版工作者发现、认识、扶持、推广，进而铺垫中华民族元气深厚的文化创新的阶石，培育中华民族根深叶茂、神韵独具的文化创新的活力。

出版人是时代思潮的引领者，具有坚守文化领土与文化阵地的社会责任。出版的本质不仅在于积累文化、创造新知，不断推出更优秀的文明成果，而且还在于按照一定的价值目标对社会现实文化作出评价，通过选择、把关实现对社会风气、学术思潮、文化倾向的引导。古代中国知识分子正是借助“竹帛长存”所构成的社会认知体系和社会规范体系，才唤起了“见贤而思齐”的文化自觉和道德自律。“五四”时期以《新青年》为中心凝聚的一大批知识青年的出版传播活动，将“科学”与“民主”汇聚成了思想解放的伟大潮流。在当今政治多极化、经济全球化、文化多元化、新技术日新月异的国际背景下，在经济社会急剧转型、社会文化事业和文化产业发展不平衡的国内背景下，承担着建构社会主义和谐社会及传播先进文化的神圣使命的出版工作者，其选择、把关进而引导大众的责任更加重大，需要通过对精神生产加以规划与组织，对精神产品进行鉴别与加工，对文化遗产作出选择和整理，对社会信息予以筛选和传递，打造传承主流文化和主流价值观的精品力作，不断巩固主流文化阵地。这就要求当代出版工作者必须深深植根于中国特色社会主义伟大实践，敏锐把握时代变革的风气之先，不随波逐流，不跟风炒作，不断提高辨别真善美和引导大众文化、传播主流文化和主流价值观的能力，致力于弘扬民族精神和时代精神，为中国的改革开放和现代化建设事业提供有力的思想保证、精神动力和智力支持。

历史已经证明，出版业作为文化传承和文化创新的核心，如果没有文化理想和文化追求，便失去了发展的根基。而出版工作者的文化价值取向、人文素养、文化责任、文化运作能力和学术品评能力，又直接影响到出版物的文化含量。从这个意义上说，对于文化的坚守，不仅是一种出版理念，也是一项出版实践。在竞争日益激烈的世界文化市场中，能否坚持文化本位，能否坚守文化责任，对新时期的出版从业者来说，无疑是一种严峻的考验。《书林守望丛书》的问世，为我们提供了一部关于新中国出版人的精神文化启示录。其中反映出的经过沉淀而彰显的文化品格，尤其应该成为新时期出版工作者的精神支柱。这套丛书的作者，是一群深深地钟情于出版事业的文化守望者，他们在“书荒”时代辛勤耕耘，在“书海”时代坚持方向，恪守文化的尊严，组织、规划、策划、编辑、出版过一大批反映时代精神、民族精神及具有学术价值、文化品位的标志性工程，主持、主编过一大批科学、人文、经济、教育等方面为广大读者喜闻乐见的知识读物，为全社会提供优秀的精神食粮作出过重要贡献。在他们身上体现出来的勇于开拓、后启来者的创新精神和坚守精神家园、淡泊名利的文化风骨，堪称典范。希望通过这套丛书的出版，使新时期的出版工作者形成一种更加清醒的文化自觉，在文化与产业协调发展的道路上走得更加坚定，产生更多让世界为之惊喜的拥有自主知识产权的民族文化品牌，再现中华民族宏大的文化气魄。

当前，出版业的发展同政治、经济、社会、文化的发展一样，要在世界范围内的大对话、大交流、大竞争、大角逐中，把握机遇，迎接挑战，创造新的辉煌，需要一大批具有真才实学且能开阔视野、崇尚科学、追求真理、尊重创造、包容多样的新型复合型出版人才，来担当中国特色社会主义文化建设的推动者。《书林守望丛书》汇集的新中国成立六十年来成长起来的十几位出版家在长期为人作嫁的职业生涯中的思想火花、书坛掌故，集中反映了新时期出版工作者的精神风貌，不仅抓住了时代的新变化，也深刻把握了出版职业的新要求。这套丛书的作者，或者长于出版规划，或者长于鉴赏加工，或者长于经营管理，但都有将丰富的实践经验升华为理论的深沉思考。将这些经过实践检验的理论总结汇集起来，转化为鲜活的历史智慧和生命依托，对于未来的新型出版人才，无疑具有深远的精神哺育作用。我希望这套丛书的出版，能够吸引更多才华横溢、富有创造力的新军投身我们的出版事业，使中国出版人的文化守望薪火相传，为推动社会主义文化大发展大繁荣建功立业。

2009 年 7 月

目 录

编辑精神的嘹亮赞歌
——《编辑之歌》序

刘 杲*

这是一曲编辑精神的嘹亮赞歌。

叶圣陶、邹韬奋、冯雪峰、巴金、赵家璧、叶籁士、罗竹风、周振甫、姜椿芳、金灿然、陈翰伯、严文井、王子野、韦君宜、陈原、叶至善、王仰晨、戴文葆、宋原放、边春光、龙世辉。仰望这一排光辉的名字，谁不肃然起敬。他们的道德、学问、睿智、文采、事业、贡献，已经载入出版史册。他们当之无愧是中国编辑的光荣代表，是中国编辑高扬的旗帜和学习的楷模。

他们的编辑思路和编辑实践各有独到之处。而作为编辑群体，他们共同铸就了高尚的编辑精神。这就是：崇尚文化的人文精神、服务读者的服务精神、“为人作嫁”的奉献精神、精益求精的敬业精神、与时俱进的创新精神。这是我们的民族精神和时代精神在编辑活动中的鲜明体现。如今编辑前辈已经谢世，他们铸就的高尚的编辑精神必将永葆青春，光照后代。

物质的力量是伟大的，精神的力量同样伟大，两者相辅相成。我们做任何事业都离不开精神力量。就拿 2008 年来说，抗震救灾、奥运盛会、载人航天，哪一件大事不是举国振奋，举世瞩目？夺取这几件大事的胜利，离不开巨大的物质力量，同样离不开巨大的精神力量。这就不难理解，为什么在几次总结表彰大会上，中央反复号召全国人民，大力弘扬“伟大抗震救灾精神”，大力弘扬“北京奥运会、残奥会培育的崇高精

* 刘杲同志为中国编辑学会第一、二、三届会长，第四届名誉会长。

神”，大力弘扬“‘两弹一星’精神和载人航天精神”。古老的中华民族蕴藏着无穷无尽的精神力量。如今，为了实现中华民族的伟大复兴，更离不开大力弘扬以爱国主义为核心的民族精神和以改革创新为核心的时代精神。对精神力量的伟大作用，我们能够忽视和放弃吗？

联系编辑活动，这个道理是相通的。高尚的编辑精神同样具有巨大的精神力量，是引领和激励编辑活动获得成功的精神支柱。编辑前辈的事迹证明了这一点，当代编辑的经验也证明了这一点。

是不是情况变了，编辑精神不再适用了？事实上，有变也有不变。变的是编辑活动的经济环境和技术手段，不变的是编辑的职业功能和社会责任。社会主义市场经济的建立和经济全球化的发展，是变。信息传播数字化网络化的技术突飞猛进，是变。但是，编辑要传播和积累优秀文化的职业功能并没有变，编辑要促进文化建设、满足人民文化需求的社会责任也没有变。不仅没有变，反而要求更高、更严。这就是说，在改革开放的新形势之下，尤其需要坚持和弘扬高尚的编辑精神。我们迫切需要，在强化物质基础的同时，大力强化精神支柱。

商业大潮席卷大地，在在都有弄潮儿。一边是编辑精神的发扬光大，一边是拜金主义的渗透蔓延。编辑向何处去？是坚持编辑精神的觉醒，勇立潮头，破浪前进；还是甘当拜金主义的俘虏，四顾茫然，随波逐流？

在是与非、善与恶逼人做出郑重抉择的时刻，这一曲编辑精神的嘹亮赞歌，有如黄钟大吕、木铎金声。

2008 年 11 月 20 日

"能在胸中存读众　孜孜矻矻味弥甘"
——记一辈子为读者奉献精品书刊的编辑家叶圣陶

方厚枢

叶圣陶(1894～1988)　江苏苏州人。名绍钧。"五四"运动前，参加李大钊、鲁迅支持的"新潮社"，1921年，与沈雁冰、郑振铎等人发起组织"文学研究会"，提倡"为人生"的文学观。叶圣陶从1923年起，先后在商务印书馆、开明书店、人民教育出版社从事编辑出版方面的具体工作和组织领导工作。他参与创办、主编或编辑的杂志有《直声》、《诗》、《文学周报》、《苏州评论》、《光明》、《小说月报》、《妇女杂志》、《中学生》、《中学生文艺》、《文学》、《新少年》、《抗战文艺》、《图文杂志》、《笔阵》、《人民教育》、《中国语文》等。他还编撰或主编几十种中小学教科书。他主持的人民教育出版社1950～1966年编辑出版了4套约500种中小学各科教学大纲、教科书、教学参考书，其中许多书稿经他逐字逐句修改定稿。叶圣陶从事教育工作和编辑工作70年。他编辑的大量书刊，都体现出为读者着想，特别注重教育效果和社会效果。他特别重视培养年轻编辑，亲自主持讨论修改书稿，举办编辑业务讲座，言传身教，不遗余力。同时，他还在全国范围内倡导学习语法修辞，主持或参与了标点符号的统一，汉字的简化，异体字的淘汰，印刷通用汉字字形的整理，汉语拼音方案的制定，普通话的推广，异读字的审音等，为编辑出版工作的规范化创造了条件。中华人民共和国成立后，历任出版总署副署长，教育部副部长，全国人大一至四届代表和第五届常务委员会委员，全国政协第一、五届常务委员会委员和第六届副主席，中国民主促进会主席，中央文史馆馆长，人民教育出版社社长、总编辑等职。主要著作有：《叶圣陶集》、《叶圣陶教育文选》等。

叶圣陶先生是我国著名的教育家、文学家、出版家。中华人民共和国成立后，曾担任过中央人民政府出版总署副署长、教育部副部长等重要职务。但他自己在晚年说，如果有人问他的职业，他就回答说，他的职业是编辑。在他 94 年的一生中，做编辑工作的时间最长，超过了 60 年。①

“自从进了商务，编辑就成了我的主要职业”

叶圣陶从 1923 年起开始从事编辑工作，他进商务印书馆编译所工作了 8 年，主要在国文部，编辑《新学制中学国文课本》、“学生国学丛书”，还编过《小说月报》、《妇女杂志》。1982 年 2 月 11 日，他在参加了商务印书馆建馆 85 周年的庆祝会后写的一篇文章中说：“自从进了商务，编辑就成了我的主要职业，甚至可以说一直持续到现在。……作为一个编辑工作者，我自审并不高明，可是有关编辑工作的责任感以及若干必不可少的知识和技能，却确切地自知是在商务的那 8 年间逐渐学来的。”②

1931 年 1 月，叶圣陶进开明书店编辑部工作，主要编《中学生》杂志，也参与其他书刊的编辑；还和友人编了好几部国文课本。1932 年，他花了整整一年的时间，编写了一部《开明国语课本》(初小 8 册，高小 4 册)，内容以儿童生活为中心，随着儿童的成长，取材的范围由家庭、学校逐渐拓展到社会。教材篇目尽量容纳儿童文学和日常生活的各种文体。

---

① 叶至善：《叶圣陶和编辑工作》，见《叶圣陶出版文集(代序)》，北京，中国书籍出版社，1996。

② 叶圣陶：《商务印书馆》，载《人民画报》1982 年第 5 期。

全书由丰子恺配画，图画与文字有机的配合，以拓展儿童的想象，涵养儿童的美感。叶圣陶为编写这部课本花费了很大心血，全部课文都是他一个人编写的。他在 1980 年写的一篇文章中回忆了当年编写的情况，他说这部课本中 400 多篇的课文"大约有一半可以说是创作，另外一半是有所依据的再创作，总之没有一篇是现成的，抄来的。"又说，"给孩子们编写语文课本，当然要着眼于培养他们的阅读能力和写作能力，因而教材必须符合语文训练的规律和程序。但是这还不够。小学生是儿童，他们的语文课本必是儿童文学，才能引起他们的兴趣，使他们乐于阅读，从而发展他们多方面的智慧。当时我编这一部国语课本，就是这样想的。"①这部课本于 1932、1934 年由开明书店出版后，受到教育界的普遍赞誉，尤其受到小学教师们的欢迎，在那时的十多年内共印了四十多版次。

叶圣陶在 20 世纪 30、40 年代主编的《中学生》杂志，是当时最受青年学生欢迎的读物，在社会上产生了极为广泛的影响。当年参加《中学生》编辑工作的欧阳文彬写的回忆文章中说，叶圣陶要求编辑善于发现问题，认真加工，大至文章的内容、观点、语法、修辞，小到一个标点，一丝一毫也不能马虎。叶先生自己就是这样做的，他审稿时遇到过于潦草的稿子，甚至亲自动手为作者代抄一遍。因为"我们写的稿子字迹不清楚，就会增加排字工人的负担，增加出错率，归根结蒂是对读者不负责任。"他特别强调当编辑、写文章的人要做"杂家"，因为编辑这一行要知道的东西极广。"许多专业知识，我们不可能都懂，但是总要尽可能多学一些常识，请专家写的文章我们起码要看得懂。如果我们自己看不懂，就糊里糊涂地编发出去，不是对读者不负责吗？"②

"我们出书出刊物，一定要考虑如何有益于读者"

1985 年 10 月 19 日，叶至善在开明书店创建 60 周年纪念会上宣读了叶圣陶的书面发言，其中对于开明书店的创业宗旨作了这样的说明：

---

① 叶至善：《老开明国语课本始末》，载《北京青年报》2005 年 4 月 21 日。

② 欧阳文彬：《叶老和〈中学生〉》，载《出版史料》1991 年第 4 期。

“我们有所为有所不为：有所为，就是出书出刊物，一定要考虑如何有益于读者；有所不为，明知对读者没有好处甚至有害的东西，我们一定不出。……开明书店的读者主要是青年和少年，因而我们认为，我们的工作是教育工作的一个组成部分，一个不可缺少的重要的组成部分。我们做的工作就是老师们的工作。我们跟老师一样，待人接物都得以身作则，我们要诚恳地以平等的态度对待我们的读者，给他们必要的条件，让他们成长为有益于社会的人。我们当时的确是用这样的准则来勉励我们自己的。”①

这段话可说是开明书店编辑作风的基本精神，它是叶圣陶和一些志同道合的编辑前辈带头在长时期实践中形成的。

博采古今中外教材之精华，精心编出中小学新教材

1948 年年底，中共中央派人与叶圣陶联系，邀请他到解放区参加新政协。1949 年初，叶圣陶等人秘密离开上海经香港辗转到达已解放的北平。4 月 7 日，他出任华北人民政府教科书编审委员会主任。从 10 月 1 日新中国成立直到 1966 年“文革”开始，他先后担任中央人民政府出版总署副署长兼编审局局长、教育部副部长等职。在这 17 年间，他的精力主要用在中小学教材的编辑出版工作上。

1950 年 12 月，人民教育出版社成立，叶圣陶兼任社长和总编辑，他带领人教社社委会一班人，开始了新中国中小学教材的编写工作。他们研究了清末废除科举制度、兴办新式学堂以来近半个世纪内各种教材编写的成败得失，借鉴了国外多种版本的教科书，提出要博采古今中外教材之精华，精心编出全套中小学新教材。

据叶至善回忆：“父亲屡次说，他当不了领导，最适合的是让他当个责任编辑。在人教社，他主要做的实际上正是责任编辑应该做的工作：根据各科的教学大纲制定选题，编写或组织稿件，审读，修改，定稿，设计版式，直到校对付印，检查成品，他都事必躬亲。有人以为他只管

① 叶圣陶：《谈谈开明书店》，见《叶圣陶出版文集》，57 页，北京，中国书籍出版社，1996。

语文，其实不然，数理化他也管，也参与定选题，改稿件，看校样，尤其是生物课本，花的力气不小。”①

据长期在叶圣陶身边工作的秘书史晓风回忆，叶圣陶作为人教社编辑出版工作的组织领导者，他从教材的选题组稿到出版发行，从编辑指导思想、体例、加工、校对到书版设计、插图绘制、封面装帧，从宣传工作到处理作者投稿和答复读者来信，从出版社的经常管理到缩短印刷周期、提高纸张利用率，都倾注了大量心血，而且数十年如一日，不因地位的改变而改变。叶圣陶很欣赏毛泽东 1949 年 9 月为全国新华书店出版工作会议的题词——“认真作好出版工作”。他说：“做任何工作都要认真，做出版工作特别需要认真。”他要求教科书不但“质文并美”，不许有一个错字、错标点，而且要求“及时供应，课前到手，人手一册。”

1954 年 10 月 30 日，国务院任命叶圣陶为教育部副部长，仍兼任人民教育出版社社长，他一方面肩负领导全国教育改革的主要任务，一方面以极大的精力领导中小学教材的改革和建设。在编辑工作上的每一个环节，叶圣陶发挥的领导作用十分具体，极其细致。在人教社的编辑们写的回忆文章中，有许多生动的事例，现仅举三例以见一斑。

(1)“文革”前 17 年间，人教社出版的各种教材，那初稿集合起来真要“汗牛充栋”，其中绝大部分是经叶老亲自审阅和修改的。语文教材更是一字一句一个标点都凝结着叶老的心血。课文是中小学语文课本的主干部分，决定着课本的质量和面貌。叶老首先关注的是选文。他对语文教材的选文提出了严格要求：选取的课文要教师乐教，学生乐读，要做到这一点，选者必须先“心焉好之”。在历次制定的教学大纲中都列出选材标准若干条，而一个“乐”字(包括“好”字)，乃是选材标准的第一要义。如果学生不感兴趣，文章再好也收不到应有的教学效果。他还指出选文要“一册之中无篇不精，篇篇都含有高营养。”在指导编写过程中，叶老是自己主张的严格的实践者。经过编辑人员推荐和集体讨论，再由室主任审订的选文送给叶老最后审订，十篇能肯定三五篇就不错了。肯定下来的文篇，送回来时总是贴着小小的纸条，上面是叶老写下的修改意见，

① 叶至善：《叶圣陶和编辑工作》，见《叶圣陶出版文集(代序)》，北京，中国书籍出版社，1996。

字体工整，连一个标点也不马虎。[①]

(2)叶老倡导编辑作业中的严肃作风和严格规程，一个典型的措施是推行书稿的集体讨论制度。他亲自主持示范性的讨论会。讨论某一种书稿的时候，叶老召集有关的编辑人员，包括副总编辑、编辑室主任、责任编辑和助理编辑，到他的办公室围坐一圈。书稿逐章逐节逐段逐句地通读，大家随时插入议论，提出问题。从内容的思想性、科学性，程度的深浅，分量的轻重，直到字句、标点，一一认真斟酌，仔细推敲。“叶老像普通编辑人员一样发言，总是那样平和、从容、亲切，又总是那样深刻、明确，不带一点敷衍……书稿的集体讨论形成定制，每一种教科书的初稿都经过编辑室或者编辑小组的讨论、修改，对于书稿质量的保证作用是不言而喻的。”[②]

(3)在20世纪50年代初中语文课本中有一篇翻译作品《最后一课》，这篇课文是法国作家都德的代表作，虽然有现成的中译文，但叶圣陶说：“捡到篮子里的不都是菜，何况我们编的是教材。这涉及我们拿什么样的精神食粮给下一代。”他还说，原作文道都好，但没有一篇理想的中译文，我们的编译既要保持原作情节简单而生动，环境描写和人物刻画水乳交融的艺术风格，又要表现出法国沦陷区人民热爱祖国、仇恨侵略者的思想感情。这一切，要运用规范、准确的汉语来表达。他召集了人教社副总编辑、著名散文家吴伯箫，编辑室主任、著名语言学家张志公，著名文学史家张毕来，中学语文编辑室主任王微，小学语文编辑室主任蒋仲仁，还有年轻的语文编辑刘国正和一位法文翻译，对这篇译文字斟句酌，逐行、逐段推敲、编译。《最后一课》全文不过3 000多字，而这些著名学者、专家聚集在一起，连续工作了几天，才定下理想的译稿。[③]

叶圣陶除了做中小学教材的编审工作之外，别的机关和出版社、杂志社请他看各种稿件，他都认真审阅，提出意见；朋友们托他看著作稿

---

① 刘国正：《叶圣陶先生和教材建设》，见中国版协学术工作委员会、叶圣陶思想研究会编：《叶圣陶编辑思想研究》，71～73页，北京，开明出版社，1999。

② 姚涌彬：《于平凡处见精神——回忆编辑工作中的圣陶老人》，载《编辑之友》1993年第2期。

③ 仁教：《人民教育出版社教材编写纪实》，见《北京出版史志》第12辑，北京，北京出版社，1998。

或翻译稿，他也从不拒绝。

翻译作品的译文"首在为读者服务，而尤宜顾及不通原文之读者"

1953年1月，中共中央马克思恩格斯列宁斯大林著作编译局(简称中央编译局)成立。《斯大林全集》中文版的翻译出版是我国出版马，恩，列，斯三大全集的开始。中央编译局在翻译过程中，对每篇译稿在局内反复校审修改后，按中央负责同志的建议，将译稿校样分送叶圣陶、吕叔湘等语言学专家，请他们就译文的表达方面进行修订、润色。叶圣陶对这项任务十分重视，他于1953年5月16日收到《斯大林全集》第一卷的校样后，当晚在日记中记道："灯下看十余面，确然有可商处。因稍用心思，夜眠未酣。"第二天，他约请张志公来征求他的意见。在日记中记："志公谓凡余所指，确皆有问题，讨论良久，余得一结论，译者只顾俄文之语法而未能体会汉语之语法，遂有此弊。如何使译者精究语法，比较于汉语俄语之间，此为要事。"在5月30日的日记中记："晨至社中，读校斯氏集十余面。九点开编辑部部务会议……十二点半散，急趋署中，食罢就睡。起来续校斯氏集，至六点半，全册校毕，凡三百六十九面，每面七百余字，共二十余万字。余细心看过，译文方面，校对方面，兼为留意。然未能遽以此为定，编译局尚需复看，人民出版社尚需细校也。今日居然了此一事，亦为一快。"

《斯大林全集》第一卷译文校阅完成后，叶圣陶又应中央编译局之请，继续对第二、三、八、九、十卷的译文进行校阅，直到1954年6月29日止。从叶圣陶日记中可以了解，他在出版总署和人教社的公务及编辑事务十分繁忙，还要应对各方面的邀请作语法修辞的讲课和审阅书稿，他只能利用工作时间内有限的空隙和早晚业余时间来进行《斯大林全集》译文的校阅，甚至到西安公出调研时也带着译稿，抽空校阅，提出修改意见。他在日记中写道："余凡有改动，必说明其所以然，亦希于译者有所影响。译者之病，多违背我国语言习惯。又写成之后不复诵读一遍，致语句多拗强不顺。凡此毛病，余时时为之提醒，录于小纸片。"又说，"余谓翻译之事，首在为读者服务，尤宜顾及者，为不通外国文之读者。

译者不只须对原作者负责，并须对读者负责也。”

据人民出版社担任马列著作编辑工作的张光璐回忆说：“叶老退回(《斯大林全集》)的清样，用毛笔改了许多，确是给译文增色不少。记得叶老还说过这样的意思，译文不仅应当流畅通顺，还应当符合原文的体裁、风格，比如一篇演讲，译文就不宜用书面语，而应当多用口语，读起来就像听讲话一样，因为讲话的时候是不会满嘴之乎者也的。又如革命时期的传单一类东西，多半带有鼓动性质，译文就应当体现出来，叫人读起来铿锵有声。这些见解对于翻译、编辑无疑很有教益，他修改过的清样当时也被保存起来，作为我们学习的教材。”①

为《新华字典》的诞生出力

1948 年年底，开明书店收到魏建功等几位先生从北平寄来的编字典的计划，叶圣陶认为这个计划很好，复信说开明书店可以接受出版。这就是后来由附设在出版总署内、编审局直接领导的新华辞书社编纂出版的《新华字典》。人民教育出版社成立后，新华辞书社即归属人教社，由魏建功负责。叶圣陶对编好这本小字典的工作十分重视，他从 1950 年 7 月 27 日《新华字典》编纂工作开始启动，一直到 1953 年 12 月 4 日编纂工作完成即将付印时止，不仅与吕叔湘、魏建功等语言学专家和辞书社同人一起商讨字典的编写体例等事项，还参加了对字典释义的讨论、审稿、修改。在叶圣陶 1950～1954 年的日记中，与《新华字典》有关的记事即有 50 处。如：“上午，与辞书社同人会谈，商讨小字典之编法……逐项讨论，各有解决，谈半日而未完，俟他日续谈。”“看字典之缮清稿十余页，一一提出修改意见。”“与建功商字典稿之修订。余近于此事颇感兴趣，两人共商尤有味。”“午后一点半起，与辞书社诸君共谈。据所写稿子为讨论，研究其字之义类与用例，颇有兴味，较之一般开会，意义多矣。”“上午看建功、家霖重复改定之字典稿七页，亦提意见二十余条。编撰之事确亦至难，每改一次，以为无病，而他日重看，又见疵类，欲求精审，

① 张光璐：《编辑工作杂记》，见《人民出版社成立四十周年纪念文集》，北京，人民出版社，1990。

谈何容易。""建功、家霖草成一关于字典之宣传件，嘱余看之。为逐句推敲，加以润饰，费一时许而毕。"[①]《新华字典》只有60多万字，但内容却凝聚了我国老一辈语言学家、教育家以及辞书工作者的智慧和心血，并经多次修订，成为我国家喻户晓、发行量最大的一本字典。

他"通向世界的窗口都关上了"，仍然坚持完成一生中审读的最后一部书稿

1966年"文化大革命"爆发后，叶圣陶跟教育界、出版界绝大多数领导人一样，被剥夺了工作的权利。"文革"后的头几年，他停止了一切编辑出版活动。1972年后，又开始陆续接受一些友人和出版社送来的书稿请他审阅。

1979年下半年，我国新编的集古今汉语语词之大成的巨著《汉语大词典》，聘请14位全国著名语言学家组成了学术顾问委员会，叶圣陶是其中之一。他对这部大词典的编纂工作很关心，对于词典编纂处有关词典工作情况的汇报材料和送审的词典试写稿，他虽然视力很差，仍然用老花镜加放大镜仔细阅读并提出意见。

1984年10月，叶圣陶不顾90岁高龄，接受中央统战部的委托，担任了《周恩来统一战线文选》一书的审读工作。当时，他的左眼已经失明，右眼也仅见一点光亮，用他自己的话说，他"通向世界的窗口都关上了。"就在这样的情况下，他仍然以极大的毅力，坚持完成了他一生中审读的最后一部书稿。

叶圣陶赋诗祝贺中国出版工作者协会成立

成立中国出版工作者协会是全国出版工作者多年的愿望。早在新中国成立之初，胡愈之、黄洛峰发起成立"中华全国出版工作者协会"筹委会， 中宣部出版委员会于1949年10月7日举行茶话会讨论成立协会的

---

① 叶圣陶1950年7月～1953年12月的日记，见《叶圣陶出版文集》，北京，中国书籍出版社，1996。

祝出版工作者協會成立

所供糧食屬精神四化宏圖此後勤今日偕
来成協會不勝欣躍祝長春
哲文科技萬千編近歲書林遠勝前猶有向
間歎息從知供應待深研 行首脱隅字
選題訂稿校讐三唯審唯精為指南能在胸
中存讀衆孜孜矻矻味弥甘
印刷流行我最先於今落後若干年急追
機技兼重切望同心緊着鞭

一九七九年十二月 葉聖陶

圣陶附告：

拙诗如需付排，自必改用简体字。但是第三首的"讐"字已经简化为"仇"字，而"校仇"将使谁都看不懂。因此希望这个字仍用繁体的"讐"。

叶圣陶赋诗祝贺中国出版工作者协会成立（1979年12月）

事宜，叶圣陶作为教科书编审委员会代表首先发言表示赞同。当晚他在日记中记道：“此后必将成立全国出版工作者协会，盖事实上有此需要也。”但由于种种原因，这个愿望直到30年后才实现。

1979年12月20日，中国出版工作者协会成立大会在湖南长沙举行。叶圣陶接到协会即将成立的通知后十分高兴，特地赋诗祝贺。在题为《祝出版工作者协会成立》的贺诗中，表达了他的编辑出版观，对出版工作的各方面提出了殷切的期望。其中第三首是专写编辑工作的：

选题订稿校讐三　唯审唯精为指南
能在胸中存读众　孜孜矻矻味弥甘

这首七绝诗的内容，既是叶圣陶一生在编辑工作中“严肃认真、精益求精”奉献精神的如实写照，也是他对现今的编辑工作者提出重视书稿质量应注意遵守事项的忠告。

1999年12月是中国版协成立20周年，版协领导决定编辑出版一册以图片为主的《中国版协二十年(1979—1999)》纪念册，由版协主席宋木文亲任主编，我受命担任这本纪念册的责任编辑。册中收入了叶圣陶和其他领导人的贺词、贺诗。我在版协收集资料时，意外地发现叶圣陶送来贺诗的同时还附有一页“圣陶附告”的说明：

拙诗如需付排，自必改用简体字。但是第三首的“讐”字已经简化为“仇”字，而“校仇”将使谁都看不懂。因此希望这个字仍用繁体的“讐”。

从这篇“圣陶附告”的内容中，也反映了叶圣陶在编辑工作中“处处为读者着想”的可贵精神。

最后的奉献

1986年春，江苏教育出版社计划将叶圣陶所写的大量文章和讲话等，编一部比较全的集子，经和叶至善商定，这部书定名《叶圣陶集》，由叶圣陶的三位子女——叶至善、叶至美、叶至诚编辑，其中挑起重担的则是长期和父亲共同生活的叶至善。

《叶圣陶集》共编了25卷。其中头4卷于1987年10月14日问世，出版社将8本新书(平装、精装各4本)送到叶老寓所。据出版社责任编辑缪咏禾回忆：“圣陶先生抚摩着带着油墨香味的新书，他的眼睛几乎完全看不见了。我想，他是凭着手的感觉在‘看’自己的书吧。圣陶先生虽然还嘀咕了一句‘又炒了一次冷饭’，脸上却带着自嘲又自慰、无奈又高兴的微笑。”①

1988 年《叶圣陶集》第 5 卷问世的时候，叶圣陶已于 2 月 16 日与世长辞。《叶圣陶集》的第 6 卷至 25 卷直到 1994 年 9 月出齐。2004 年 12 月这套书再版时，又增加了叶至善著的《父亲长长的一生》作为第 26 卷。

中国出版工作者协会成立后，时任国家出版局代局长、中国版协主席的陈翰伯提出倡议：筹建“出版之家”，作为出版工作者的活动场所，这一倡议得到各方面的赞同，叶圣陶是最早表示支持的老同志之一。当《叶圣陶集》的组稿工作刚一拍板时，叶圣陶就表示，将这部书的全部稿酬捐献给中国版协，作为筹建“出版之家”的经费。叶圣陶逝世后，叶至善遵照父亲生前的嘱咐，将《叶圣陶集》的全部稿酬和他本人的部分稿酬共计 27 万元，捐献给“出版之家”。

在新闻出版署新老领导和部分出版单位的大力支持下，“出版之家”于 1997 年 5 月 12 日在北京落成。中国版协在举行了简朴的落成仪式后，接着举办了首次活动：召开“叶圣陶编辑思想研讨会”。

“出版之家”建成后，中国版协的一些专业工作委员会等机构在这里多次召开了各类研讨会、座谈会、茶话会等活动。当人们跨进这所有 1 000平方米建筑面积的地方时，首先看到的是叶圣陶手书“出版之家”的 4 个熠熠生辉的金色题词，在门厅的正中端坐着叶圣陶的塑像。这位一辈子为读者奉献精品书刊的编辑家，在他将要走完生命之旅的时候，没有想到要为自己的儿孙们留下什么，却把凝聚了他一生心血的《叶圣陶集》700 多万字所获得的全部稿酬捐献出来，和“出版之家”的整座建筑融为一体，使它成为长期为出版工作者服务的场所。他为出版工作所做的最后的奉献，也化作了一种精神力量，永远昭示后人。

---

① 缪咏禾：《〈叶圣陶集〉出版琐记》，见《叶圣陶编辑思想研究》，北京，开明出版社，1999。

韬奋的编辑实践与编辑思想

雷群明

邹韬奋（1895～1944） 江西余江人。原名恩润，笔名韬奋。1921 年毕业于上海圣约翰大学。1922 年任中华职业教育社编辑股主任，主编《教育与职业》月刊。1926 年 10 月接任《生活》周刊主编，对刊物内容进行大胆改革，关心社会问题，重视刊物与读者的联系，倡导为读者服务。1932 年创办生活书店，出版了许多进步书刊。1933 年参加中国民权保障同盟，当选为执行委员会委员。同年 7 月被迫流亡海外，曾先后在英、美、苏联等国进行社会考察，并研读了马克思主义著作。1935 年回国后，在上海创办《大众生活》周刊，同时参加抗日救亡活动。1936 年 3 月被迫赴香港后，创办了《生活日报》及《生活日报星期增刊》。同年 8 月回到上海，主持《生活星期刊》，不久该刊被查禁。11 月与沈钧儒等 6 位救国会负责人因进行抗日救亡活动被国民党政府逮捕，时称“七君子事件”。1937 年 7 月获释后，在上海主编《抗战》（曾改名《抵抗》）三日刊，在汉口、重庆主编《全民抗战》等刊物。皖南事变后，流亡香港，复刊《大众生活》，并任救国会海外工作委员会常务干事。日军侵入香港后，于 1942 年 1 月转入广东东江游击区，

11 月辗转到达苏中抗日民主根据地，随后又赴苏北抗日民主根据地。1943 年 3 月秘密赴上海治病，1944 年 7 月 24 日病逝。中共中央接受他在遗嘱中的申请，追认他为中国共产党正式党员。邹韬奋 1914 年到 1944 年 30 年间所写的全部著作和译作近 800 万字，已收入由上海人民出版社于 1995 年出版的《韬奋全集》(共 14 卷)。

邹韬奋同志是我国近现代史上一位杰出的爱国者和共产主义战士，也是著名的新闻记者、出版家和政论家。在 20 世纪的二三十年代，他以自己不倦的工作影响了千千万万的中国人。韬奋逝世后，中国共产党中央委员会追认他为正式党员，并且给予了崇高的评价："韬奋先生二十余年为救国运动，为民主政治，为文化事业，奋斗不息，虽坐监流亡，决不屈于强暴，决不改变主张，直至最后一息，犹殷殷以祖国人民为念，其精神将长在人间，其著作将永垂不朽。"党和国家领导人毛泽东、朱德、周恩来、江泽民等都对他给予了高度评价。1944 年 10 月 11 日，在延安，由周恩来、邓颖超、周扬、张仲实等拟订并经毛泽东批阅了《纪念和追悼韬奋先生办法》，周恩来亲笔加上了"提议以韬奋为出版事业模范"的内容。当时的陕甘宁边区文教大会"一致确认先生是中国新民主主义的新闻出版事业的模范"。

1944 年，韬奋在他的绝笔《患难余生记》中说："我差不多出了学校就踏上编辑之路"。这是韬奋自己定出的最早界说。

韬奋的编辑之路可以分为"练习"期和实践期两段：1. "练习"期。1919 年，参加《学生联合会日刊》编辑工作；1922 年，入中华职业教育社为编辑股主任，主持《教育与职业》月刊，编译"职业教育丛书"；大约在 1921 年年底或 1922 年初，应张竹平之邀，去《申报》做了"三星期练习"；1927 年年初，又在《时事新报》编辑副刊"人生"兼秘书主任，做了"一年'练习'"。2. 实践期。从主持《教育与职业》月刊起，他先后主持和创办了《生活》周刊，《大众生活》周刊，《生活日报星期增刊》(后改为《生活日报周刊》、《生活星期刊》)，《抗战》三日刊，《全民抗战》，《生活日报》及生活书店。韬奋在长期的书报刊编辑实践中，对这一行有许多体会很深的甘苦之言，其中许多思想对于今天的编辑出版工作仍有着相当重要的指导和借鉴作用。笔者以为，以下几个方面尤其值得我们继承和发扬。

与时俱进　坚持进步的出版方向

韬奋多次指出："进步文化事业是指有益于大众、有益于革命的文化事业，只有这样的进步文化事业才能随着时代的进步而一同进步(就另一意义说，同时也是时代进步的推动力)"，"真有生命力的刊物，和当前时代的进步运动是不能脱节的"。韬奋在接办《生活》周刊之后，就把追求进步作为办刊的目标之一。他曾明确表示，《生活》周刊的态度"是常常在那里求进步"。从最初的"内容偏重于个人的修养问题"，把"力求政治的清明"与"实业的振兴"当作目标，到后来，"《生活》周刊应着时代的要求，渐渐注意于社会的问题和政治的问题"。1930 年在第 6 卷第 1 期《我们的立场》中他说："我们不愿唱高调，也不愿随波逐流，我们只根据理性，根据正义，根据合于现代的正确思潮，常站在社会的前一步，引着社会向着进步的路上走。所以我们希望我们的思想是与社会进步时代进步而俱进。"1932 年 12 月，他在《生活》周刊第 7 卷第 5 期上答复读者时又明确表示：要"确立从社会作出发点的人生观"，"我是做报馆主笔吗？我便要把正确的思想灌输给儿童青年，决不做反革命开倒车者的代言人"。1935 年，他在《大众生活》上答复读者来信中说："我们不是为本刊而办本刊，只不过把本刊作为努力于我们的大目标的一种工具"，就是"要借本刊对民族解放前途，对大众解放前途，尽一部分的贡献。"韬奋还要求"主持一种刊物的人，胸中当然应该有若干目前所特殊注重的要点；所明揭的宗旨尽管不变，而在当前所特殊注重的若干要点也许在若干时后因时势要求与社会需要之变迁而有新陈代谢之必要。"正因为如此，韬奋办的各种报刊才能成为广大青年读者走向进步、走向革命的良师益友。

竭诚为最大多数群众服务

胡愈之在《韬奋与大众文化》中说："鲁迅的写作方法，采取高级形象化，而韬奋则采取低级形象化，对于落后的大众，低级的形象化自然比高级的形象化更容易接受，所以就作品的永久价值来说，韬奋断不能和鲁迅比较，但就宣传教育的作用来说，韬奋对于同时代的影响，却比鲁迅还要来的普遍。"韬奋的这种广大的影响是与他一贯竭诚为最大多数群众服务分不开的。

韬奋坚持编辑出版工作要为最广大的人民群众服务，特别要为文化水平低的工农大众服务，反对只为少数人服务。1926 年，他就提出"《生活》的目标在全社会"；1936 年，他办《生活日报》时，指出报纸三个"必须"，即：一、必须是反映全国大众的实际生活的；二、必须是大众文化的最灵敏的触角；三、必须是全国人民一天不可缺少的精神食粮。这正是为最大多数群众服务原则的具体化。抗战时，他也声明，他的读者对象是除汉奸外的"整个民族的各阶层"，他提出的生活书店的三原则之一就是"促进大众文化"。"因此我们在出版方面，不能以仅仅出了几本高深理论的书，就认为满足，必须同时顾到全国大多数人的文化食粮的需要"。

从这种思想出发，韬奋强调要注意"大众化"、"通俗化"，就是"要尽可能用口语文来写论文和新闻"，"使一切初识字半通文的妇女们，孩子们，工友们，农夫们，都能看懂"。他在这方面身体力行，带头写通俗化的文字，把革命的道理深入浅出地讲给读者听，即使过了半个多世纪以后的今天来读，还觉得那样通俗易懂，平易近人。他在自己主持的刊物和书店里也极力提倡通俗易懂的读物，极力推荐如陶行知的诗文和他办的通俗刊物，柳湜的《街头讲话》等书，而对某些让人"看了半天，佶屈聱牙，生吞活剥，莫名其妙"的翻译书，就不客气地提出了批评。

为了实现"大众化"、"通俗化"，他主张专家要为大众写普及读物，认为"极力使专门的学术通俗化，实在是专家对于大众教育应负的责任"。对于那种路子越走越窄的所谓专门家，他也是持批评态度的。他说："中国文化界有个很大的危险，那便是'关门主义'，守着千篇一律的宗派的方式，隔膜的理论，不顾到中国大众的现实需要和容受的力量，因此把它的影响范围越缩越小，简直和大众不相涉。文化工作是为着少数人干的呢？还是要为着大多数人才干的？我们先要认清这个基本问题。"

坚持事业性与商业性的统一

韬奋从一开始，就坚持编辑出版工作要做到"事业性"与"商业性"的统一，把努力于进步的文化事业放在第一位。"我们这一群的工作者所共同努力的是进步的文化事业，所谓进步的文化事业是要能够适应进步时代的需要，是要推动国家民族走上进步的大道。我们在上海开始的时候，就力避'鸳鸯蝴蝶派'的颓唐作风，而努力于引人向上的精神食粮；在抗战建国的伟大时代中，我们也力避破坏团结的作风，而努力于巩固团结坚持抗战及积极建设的文化工作。这可以说是我们的事业性的含义。为着要充分顾到我们的事业性，我们有时不惜牺牲，我们的同事往往为着抗战建国的文化事业而受到种种磨折与苦难，毫不怨尤。但是在经济方面，因为我们要靠自己的收入，维持自己的生存，所以仍然要严格遵守量入为出的原则。这里便牵涉到所谓商业性。我们的业务费，我们的资金，既然要靠自己的收入，所以我们不得不打算盘，不得不赚钱。这可以说是我们的商业性的含义。"

他说："因为我们所共同努力的是文化事业，所以必须顾到事业性，同时因为我们是自食其力，是靠自己的收入来支持事业，来发展事业，所以必须同时顾到商业性，这两方是应该相辅相成的，不应该对立起来的。""我们的事业性和商业性是要兼顾而不应该是对立的。诚然，这两方面如超出了应有限度，是有对立的流弊。例如倘若因为顾到事业性而在经济上作无限的牺牲，其势不至使店的整个经济破产不止，实际上便要使店无法生存，所谓皮之不存，毛将焉附，机构消灭，事业又何从支持，发展更谈不到了。在另一方面，如果因为顾到商业性而对于文化食粮的内容不加注意，那也是自杀政策，事业必然要一天天衰落，商业也将随之而衰落，所谓两败俱伤。"

在兼顾事业性和商业性而把事业性放在首位的前提下，韬奋不但不反对赚钱，而且主张"在不违背我们事业性的范围内，必须尽力赚钱"。首先，他认为，只有靠自己赚钱才能维护出版社公正和独立的地位，"因为如此才能保持我们言论上及纪事上的大公无私的独立精神，才能绝对不受任何私人任何团体的牵制"。其次，为了维持事业也必须赚钱。他说："我们为着要发展事业，在不违背我们事业性的范围内(我们当然不专为赚钱而做含有毒菌落后的事业)，必须尽力赚钱，因为我们所赚的钱都是直接或间接用到事业上面去。"

不过，韬奋同时强调：赚钱必须"坚守着合理正当的途径，决不赚'不义之财'"。他认为，如果违背进步文化事业的宗旨，"专为赚钱而做含有毒菌落后的事业”，或者“对于文化食粮的内容不加注意”，这样的赚钱实际上是一种“自杀政策”。

此外，韬奋还特别反对新闻出版单位滥登广告“赚‘不义之财’”。他说：“拉广告是赚钱之一道”，但是，《生活》周刊“登广告的条件却非常严格，不肯为着老孔(指孔方兄，勿误会!)而有丝毫的迁就”，“凡不忠实或有伤风化之广告，虽出重金，亦不为之登载。”明确提出：“略有迹近妨碍道德的广告不登，略有迹近招摇的广告不登，花柳病药的广告不登，迹近滑头医生的广告不登，有国货代用品的外国货广告不登。”在谈到《生活日报》在广告的登载及选择方面的特色时又强调说：“报纸上面登载广告，不应该专为了报纸的营业收入而应该同时顾到多数读者的利益。有些广告是含有欺骗性质的，有些广告提倡迷信，或伤风败俗，报纸为了广告费的收入，加以登载，在法律和道德上，都要负重大责任。”因此，作为一份“代表民众利益的报纸”，“对于广告的刊登，要有他严格限制。凡是骗人害人的广告，一概拒绝不登。”对于上海某报登载犯有侮辱中国少女劣行的渣华公司的广告，韬奋毫不客气地谴责它是一种“死要钱不要脸的勾当”。

值得深思的是，韬奋坚持不赚“不义之财”，最终却是赚了钱。他所主编的《生活》周刊、《大众生活》周刊最高发行到 15.5 万份和 20 万份，创造了旧中国期刊发行的最高纪录，创造了可观的利润，而那些一心想赚钱，企图以黄色、凶杀、迷信和低级趣味等内容的出版物来招徕读者的出版商，不但“身与名俱灭”，而且，经济上也并没有捞到多少好处。现在，有些出版者出版的所谓的“畅销”读物，正在不顾“文化食粮的内容”而大赚“不义之财”，早晚要走向“自杀”之路的。

“以读者的利益为中心”

编辑出版各个环节都要以读者利益为中心，才能把工作做好。韬奋认为：编辑归根到底是为读者服务的。他说：“做编辑的人好像是读者所用的厨子，所差异的，不过厨子所贡献的是物质食粮，编辑所贡献的是精神食粮。”因此，他多次强调：办出版要“以读者的利益为中心”。具体说来，主要是：

1. 要努力满足读者的正当需要

韬奋说："要用敏锐的眼光，深切的注意和诚挚的同情，研究当前一般大众读者所需要的是怎样的'精神食粮'，这是主持大众刊物的编者所必须负起的责任。"他强调，任何读物都应该考虑如何为读者乐于接受的问题，就是既要对人的身心健康有益，又要使人喜闻乐见甚至一见倾心，爱不释手，这应该是编辑时刻要注意的一个重要问题。韬奋认为，"精神食粮"可以分为两大类：一类是"硬性读物"，它们"每偏于专门性"，往往比较"艰深"，比较"索然无味"，只有硬着头皮才能看得下去；一类是"软性读物"，它们"每偏于普遍性"，往往比较"轻松有趣"，比较能"使人心旷神怡"。虽然"两者都是社会上不可少的精神滋养料"，但是，他希望："硬性读物能尽量的软一些，软性读物能纯正而导人趋于身心愉快德慧日增的境域。"正是由于有了这种对精神食粮的切实的分析研究并相应采取有关措施，韬奋才可能在满足广大读者的需要方面，做得很有成绩。

在《生活》周刊主张"软性读物"的同时，韬奋也明确反对那种软绵绵的靡靡之音和色情暴力内容。1927 年，读者桂朔生写信反映社会上黄色小报盛行，并指为"怪物"。韬奋在答复中指出：一些小报把"近于'诲盗诲淫'的材料，迎合一般卑下的心理"作为办刊根据，"那就无疑的应在'打倒'之列"。

2. 讲究诚信，自觉维护出版单位的信誉

韬奋历来十分注重信用问题，把信用看作是生命，是品牌。他办的报刊和书店，除《抗战》之外，都用"生活"的品牌，全力加以爱护和培植。他说："我深信'信用是刊物的第二生命'，故我对于《生活》的信用必用不顾一切的不避嫌怨的全力保全它，绝对不许因任何人任何事而损及它。""获得社会信用的刊物，就表面上看起来，好像只要拿出这个刊物的名称，信用便随在后面，其实它的名称所以能引起信用，并非'名称'的本身有何神奇的力量，全靠它的精神确能和从前一贯。倘若虽仍用旧名，而内容已掉了枪花，名存而实亡，读者非愚呆，谁再愿给与原来的信用？刊物的信用既失，刊物的本身当然只有'料理后事'的一条路走。"就是说，无论出版社还是刊物出版单位，都应该以全力确立和维护自己的信用。特别是在社会上已经建立起信用的书刊出版单位，更要像爱护生命一样来爱护这种信用。

信用从何而来？它与编辑，尤其是主编的思想和品格密不可分。它要靠办刊人的骨气来支撑。韬奋说：“我深信没有骨气的人不配主持有价值的刊物”。所谓有骨气就是要能够在任何情况下，都能坚持“言论上及纪事上的大公无私的独立精神”，“能保持这种精神的便可仍得读者的信任，否则读者所给与的信任亦随时可以收回”。正因为如此，他对那些“虽居主持舆论地位而每日仅在评坛上作几句不关痛痒的格言式的评论”的“饭桶”主笔给以尖锐批评，认为他们的刊物“使人看了但觉暮气沉沉，摸不到他的头脑，那就是办了几百年，也未见得于社会国家有多大益处”。

信用还要靠编辑坚持办刊宗旨，对读者负责。韬奋说“我职责所在，对于发刊的稿件自不得不负责任，当然须以读者的利益为中心，须以文字内容有精彩为前提，不应以情面而敷衍。但因此开罪于人者实已不少。我既不忍以我所爱护的《生活》为敷衍情面的牺牲品，只得听人诬蔑，诬蔑果有大效，至多使《生活》‘疾终正寝’罢了，没有什么大不了的事。若我以《生活》篇幅敷衍情面，则《生活》不难成为上海人所谓‘垃圾马车’，虽生犹死，不如‘疾终正寝’来得爽快。我因为对此点看得很透，所以决意：与其敷衍，不如不办；如其要办，决不敷衍……我在职一日，必努力一日，宁愿卷铺盖，决不肯昧着天良敷衍。”

3. 为读者严格选稿

出版物的生命在于质量。坚持和提高出版物的质量，首先在于坚持严格取稿。为了办好刊物，韬奋在取稿上坚持了严格的标准。韬奋对于稿件的取舍标准兼顾了内容和形式两个方面。他在接办《生活》周刊之后，便把“有趣味、有价值”作为“最注重的一个标语”。韬奋所说的“有趣味”并非是拿“肉麻当有趣”的低级趣味，而是指联系实际的、乐于被人接受的东西。他说：“空论是最没有趣味的，‘雅俗共赏’的事是有趣味的事实”。这种注意文字的“雅俗共赏”和联系实际的趣味性，是韬奋始终坚持的原则。韬奋说的“有价值”，则在前后期是有一些变化的。早期他所说的“有价值”，“是必须使人看了在‘进德修业’上得到多少的‘灵感’”，实际上是谈抽象的道德修养；后来，则宣传爱国、宣传革命，成了韬奋心目中最有价值的内容。

在这样的选稿标准面前，韬奋坚持做到“取稿凭质不凭名”，严格地一视同仁。他说：“我取稿向采严格态度，虽对我所敬佩的师友亦然；取稿凭质不凭名，虽有大名鼎鼎的文稿赐下，倘拜读之后觉得太专门，太枯燥，或太冗长，不适于本刊之用者，也不客气的婉谢，或说明未拟刊布的理由以求曲恕。”“我对于选择文稿，不管是老前辈来的，或是幼后辈来的，不管是名人来的，或是‘无名英雄’来的，只须好的我都竭诚欢迎，不好的我也不顾一切地不用。在这方面，我只知道周刊的内容应该怎样有精彩，不知道什么叫做情面，不知道什么叫做恩怨，不知道其他的一切。”为了对读者负责，韬奋不仅要求稿件内容精彩，而且要求形式为读者所喜爱，有的稿件即使内容有价值但表达方式不易为广大读者所喜欢，他也只得忍痛割爱。有一次茅盾的小舅子也是韬奋的老朋友孔另境先生寄来一篇稿子，韬奋因为其中“所引历史文言较多”，终于作了退稿处理。在生活周刊社时，对于他的“顶头上司”黄炎培先生的稿件，他如认为不合适，也要反复商量直到修改满意为止。对于老朋友陶行知要求登宣传他的乡村教育的文章，他也只是答应看了之后再说，好就登，不好就不登。

韬奋对待稿件这种态度和做法，得到了多数作者的谅解和支持，也招致了极少数作者的不满，甚至攻击。遇到这种韬奋称之为“因公招怨”的情形，他的态度是宁可听人污蔑攻击，决不在原则上让步。

对于“名家”，韬奋是尊重但不盲从和迷信。对于那些有真才实学的、名实相副的名家，他十分尊重，并重视发挥他们的作用，以争取他们的书稿为光荣。但是对那些名不副实的“名家”，他是区别对待的。他曾指出：“有些所谓作家，你虽然东看到他的大名，西也看到他的大名，但是也许买到他的大作来看，却不免感觉到硬着头皮看下去也不懂，或是味同嚼蜡，看着就想睡觉。”即使是名实相副的“名家”，韬奋也反对“猫捉老鼠”式地总是盯住不放的做法。他对于当时社会上某些人乱拉“名家”以光门面的做法深不以为然。曾尖锐批评说：只要谁一旦成名，于是，“这里请你做校董，那里请你做董事；你的文章尽管狗屁不通，有人争先恐后的请你做广告；你的字尽管写成鬼样子，有人争先恐后的请你题签；……”他还批评有些编辑争向“名人”约稿，造成了不良的后果。他说：“现在的杂志界似乎有一种对读者不很有利的现象：新的杂志尽管好像雨后春笋，而作家却仍然只有常常看得到他们大名的这几个。在东一个杂志上你遇见他，在西一个杂志上你也遇见他。甚至有些作家因为对于催稿的人无法拒绝，只有一篇的意思，竟‘改头换面’做着两篇或两篇以上的文章，同时登在几个杂志上。这样勉强的办法，在作家是苦痛，在读者也是莫大的损失，是很可惋惜的。”

4. 坚持质量第一

韬奋要求编辑加工要精益求精，认真负责把好书稿文字质量关。他刚接办《生活》周刊，就宣布要以“没有一个错字”为“鹄的”。不管工作如何忙，他都不肯有丝毫放松。不仅对原稿认真进行编辑加工，而且认真看校样。韬奋说：“不愿有一字或一句为我所不懂的，或为我所觉得不称心，就随便付排”。“看校样时的聚精会神，就和在写作的时候一样，因为我的目的要使它没有一个错字；一个错字都没有，在实际上也许做不到，但是我总是要以此为鹄的，至少使它的错字极少。每期校样要三次，有的时候，简直不仅是校，竟是重新修订了一下。”以一个几乎包办全期刊物的编校和部分写作任务的“光杆编辑”，能做到这样，实在不能不令人敬佩。

5. 发扬创造精神

韬奋对所有的工作人员都要求有创造精神，对编辑尤其如此。他说：“我们以为无论做人做事，宜动些脑子，加些思考，不苟同，不盲从，有自动的精神，有创作的心愿，总能有所树立，个人和社会才有进步的可能。”对于当时一般人只知道“一色一样丝毫不改的学样，很少创造的精神”，提出了尖锐的批评。他在《经历》中曾经总结了《生活》周刊的创造精神，他办的生活书店实行民主集中制和股份制，《生活日报》提出的广博的言论、统一性、研究化、文字大众化等特色和报刊结合等等，都是创造性的体现。陶行知就曾经写诗称赞《生活日报》说：“大报不像大报，小报不像小报，问有什么好处？玩的不是老套。”着眼点就在于创造性。

韬奋主张编辑更要有创造精神，反对那种只知跟在别人屁股后头爬行的“肉麻的模仿”。编辑工作的“创造精神”表现在什么地方呢？首先是要有时代的特色，要站在时代的前列。韬奋曾总结了自己所办的几个刊物，说：“《生活》周刊以及它的姐妹刊《新生》、《大众生活》、《永生》、《生活星期刊》，都是有它们的特殊时代的需要，都各有它们的特点。历史既不是重复，供应各时代的特殊需要的精神粮食，当然也不该重复。”

所以，韬奋主编的刊物，总是力求把反映当前时代的最新内容传给读者，即使是一些老生常谈的问题，也能赋予它以新的时代的特色。

创造精神的另一个表现就是要有自己的个性和特色，反对“尾巴主义”。韬奋说：“最重要的是要有创造的精神，尾巴主义是成功的仇敌。刊物的内容如果只是‘人云亦云’，格式如果只是‘亦步亦趋’，那是刊物的尾巴主义。这种尾巴主义的刊物便无所谓个性或特色；没有个性或特色的刊物，生存已成问题，发展更没有希望了。要造成刊物的个性或特色，非有创造的精神不可。”他在第一次流亡期间考察英法等国的新闻事业时，一再提到报纸要有自己特色的重要性。如说英国的报纸“第一可注意的是各报有各报的特点，极少雷同”。谈到法国的晚报《巴黎时报》销路虽小但有影响时说：“可见办报必须有其特点，有了特点，销数虽少，还是有它的力量。”报刊是如此，图书也是如此。

创造精神还表现在形式上的不断革新，时时给人以新鲜的感觉，而不是几十年如一日的老面孔。韬奋认为，形式与内容有着密切的关系。“‘形式’往往影响到‘精神’，所以要振作‘精神’，往往不得不一新‘形式’。”这话用之于出版物，无疑也是适合的。

创造精神从何而来？韬奋认为，主要来自对读者的高度责任感。1930年他在介绍当时出版的两个刊物时说：“若稍稍为读者方面着想——稍稍为读者的时间与目力乃至经济方面着想，同时也就是为刊物的本身价值着想——似乎应该注意到一种刊物应有一种刊物自己的特色，也就是所谓独辟蹊径，不肯落人窠臼，自开一条新路来走，尤当注意内容之有精彩，使读者看了一遍，多少有所得，不觉得是白看。”他对于自己所主办的刊物的来稿要求，也是“注意简练隽永，自辟蹊径，力避沉闷陈腐或雷同重复之作”。

有了对读者高度负责的责任感，编辑人员还要时时留心时事，注意学习，逼着自己去动脑筋。韬奋曾说：“没有前例可援，没有榜样可仿，也有特别的益处，这益处就是我们可以独出心裁，想出新的办法来适合我们实际上的需要，使我们进步得更快，使我们得到更圆满的结果。”韬奋要求：“主持一种刊物的人，胸中当然应该有若干目前所特殊注意的要点；所明揭的宗旨尽管不变，而在当前所特殊注重的若干要点也许在若干时后因时势要求与社会需要之变迁而有新陈代谢之必要。”这是就内容方面的创造精神来说的。在形式方面，韬奋则多次强调要随时从同行和群众中学习和得到启发，不断改进和创新。办刊物的人必须大量浏览各种刊物，包括国外的刊物。但是，浏览这些东西，为的只是扩大眼界，增益见闻，作为自己创造的出发点和避免无意的雷同——“撞车”，决不能没有出息地照搬照抄。跟在别人后面“亦步亦趋”。韬奋这里说得较多的是办刊物，但是出版图书，又何尝不是如此呢？

6. 真诚热情对待读者

韬奋 1926 年接办《生活》时，第一个措施就是增设“读者信箱”专栏。这种专栏虽然不是韬奋首创，但是，在对于读者来信的热情和答复的认真方面，在中国能够和韬奋比肩的人恐怕不多。他说：“做编辑最快乐的一件事就是看读者的来信，尽自己的心力，替读者解决或商讨种种问题。把读者的事看作自己的事，与读者的悲欢离合，甜酸苦辣，打成一片。”对于读者的来信，不管是与出版有关的还是无关的，他都要拆阅和答复，而且答复来信的热情“不逊于写情书”。有些来信问的问题，他自己不懂，还代为请教专家，然后再作回答。为此，即使忙到深更半夜也不以为苦，不以为烦，而是以此为乐，以此为荣。

韬奋对于答复读者来信这件事不仅形式上十分注重，而且在内容上也极端认真负责。他曾说：“信箱里解答的文字，也是我所聚精会神的一种工作。我不敢说我所解答的一定怎样好，但是我却尽了我的心力，有时并代为请教我认为可以请教的朋友们。”譬如，关于戏剧方面的问题请教过洪深，关于医学方面的问题请教过俞凤宾、曾耀仲，关于法律方面的问题请教过沈钧儒、陈霆锐、张友渔，关于经济方面的问题请教过王志莘、潘序伦等等。有次，他收到一封读者来信问起关于苏联的宪法的问题，他就特地从九龙渡海到香港去请教张友渔，然后再回答读者。有时他不能亲自去，便写信去问，信中附上贴好邮票的信封，只要有关专家收到后批上意见便可寄回，再由他们答复读者。这种宁肯自己麻烦，多为别人着想的精神使许多人深为感动。

7. 为读者着想，努力降低成本，降低书刊定价

不忘读者，还表现在努力减轻读者的经济负担上。韬奋办出版，希望以低廉的价格让更多的读者分享到精神食粮，同时又能积聚足够的发展资金。他注意书刊内容的精警，主张“与其‘多而松懈’，不如‘短小精悍'”，这也是原因之一。因此他办的《生活》周刊和生活书店的书刊，定价一般都比较低，有些书刊还因此亏本。当印刷成本因为原料价格上涨等原因而提高时，只要能够维持，总是尽量不提高定价，“不愿增加读者的负担”。

对编辑的素质要求

要做好编辑出版工作，关键是要提高编辑的素质。韬奋要求编辑首先要爱岗敬业。他说：编辑必须热爱本职工作，“视事业如生命”，而不能仅仅是为了谋一个“饭碗”。他说：“我觉得我们做事，要做到使人感到少不了你。这并不是要包办或有所要挟的意思，是说我们要尽我们的心力把职务上应做的事(这里指的当然是有益人群的事，不是残害人群的事)，做得尽量的好，使人感到你确能称职，为着这个职务起见，不肯让你走开，或至少觉得你的走开是一件很可惜的事情。”他说自己“凡是担任了一件事，总是要认真，要负责，否则宁愿不干。”其次，韬奋还要求编辑不要计较个人的名利和得失，要有甘当“垫脚石”和“无名小卒”的自我牺牲精神。韬奋办《生活》周刊时，曾把刊物比作一个“花园”，而把编辑比作“花匠”，要“各就个性尽量为人群努力，使人多少得点益处”，“能尽其心力为社会多争些正义，多加些光明”。

具体来说，韬奋对编辑的素质提出了四项基本要求：

1. 大公无私。在对待出版物方面，韬奋要求做到“严格的大公无私”：“在言论方面尽管仁者见仁，智者见智，但动机要绝对的纯洁，要绝对不肯夹杂私的爱憎私的利害在里面，要绝对能秉着自己的良知说话，不受任何私人或团体的指使威吓利诱，或迁就私人的情面而作违心的言论。”在物质利益方面，韬奋历来主张，要严格分清“公私经济的界限”，自觉“养成国民的清廉操守”，坚决反对贪污腐败、公私不分、假公济私、损公肥私、以私害公等不良行为。2. 思想深入。就是要有“敏锐的观察与卓越的识见”，“遇到一件事或是一个问题，不要人云亦云，总要运用自己的脑子深入的想他一下，这种功夫实含有分析，组织及创造等要素的能力”。3. 文笔畅达。即要求编辑不仅要能编能写，还要能够写得好，写得通俗。4. 至少懂一国外国文。它可以用来搜集材料，储蓄思想提高自己的编辑水平。

韬奋认为，编辑只要在坚持“工作第一”前提下，在工作中注意积极的职业修养和继续学习，就完全可以达到这些要求，在工作中做出“最大的贡献”。

略论冯雪峰的编辑出版工作

陈早春

冯雪峰(1903～1976)　浙江义乌人。原名福春，笔名画室、洛扬。1921年在杭州参加新文学团体晨光社。次年与汪静之、应修人等组织湖畔诗社。1927年加入中国共产党。1929年10月受党组织委托，负责与鲁迅联系。1930年先后参与发起组织中国自由运动大同盟和中国左翼作家联盟。1931年后，曾任中共左联党团书记、中共上海中央局文化工作委员会书记、中共江苏省委宣传部长等职。1933年到中央苏区，任瑞金中共中央党校教务主任、副校长。1934年参加中国工农红军长征。1936年任中共上海办事处副主任、中共中央东南局文化工作委员会委员。1943年后，在重庆、上海等地从事文化工作和统战工作。建国后，历任华东军政委员会委员，上海市文艺工作者协会主席，上海市文联副主席，鲁迅著作编刊社社长，人民文学出版社社长兼总编辑，《文艺报》主编，中国作家协会副主席，中国文联第一、二届委员。是第一届全国人大代表，第一届全国政协代表。著有《雪峰文集》(4卷)；译有《新俄的文艺政策》、〔俄〕普列汉诺夫的《艺术与社会生活》、〔苏〕卢那察尔斯基的《艺术之社会的基础》、〔德〕梅林的《文学评论》等。

冯雪峰一生的业绩是多方面的，尽管历史投射的阳光有时要遭到某些行星或恒星的阻挡，使庞然存在的东西也黯然无色。但存在终归是存在。雪峰作为革命家、诗人、作家、文艺理论家、鲁迅研究专家的存在，现在已在冉冉升起的曙色中显露出来了，得到了公正的承认。但他作为著名的编辑，堪称为无产阶级出版事业开创者之一的功绩，曾经笼罩着它的那层夜色还未完全褪去，需要我们睁着眼睛去分辨。

曾几何时，冯雪峰在现代编辑出版史上的地位和影响被抹得一干二净：是他主编的刊物，要么大换动头术，把主编的头衔安到别人的头上；要么避而不谈，好像刊物这玩意是路旁的自生自灭的野草，无需人去料理。其实，冯雪峰一生在编辑出版事业中耗费了大量的心血，编辑出版过大量有影响的书刊。他的编辑出版活动是与他的革命活动、文学活动相始终同命运的。他在这方面的业绩不容抹煞，也是抹煞不掉的。

早在20年代初，湖畔诗社所出的诗歌集和刊物，都是雪峰和他的诗友们自行编辑出版的。20年代末至30年代初，正当他从事马克思主义文艺理论翻译的鼎盛时期，在鲁迅指导下，他主编了我国第一部具有相当规模和影响的“科学的艺术论丛书”，较为系统地介绍了马克思主义经典作家的美学著作以及苏联的文艺政策。“左联”时期，他主编了“左联”的机关刊物《萌芽月刊》(后名《新地》)、《前哨》(后名《文学导报》)，与鲁迅等合编《十字街头》，帮助丁玲编辑《北斗》，还编辑过“文总”的刊物《世界文化》，主持过党的对外宣传的通讯社，并团结和影响了众多的刊物和出版单位，以它们作为团结广大革命和进步作家反对国民党反革命文化“围剿”、发展无产阶级革命文学的强大阵地。鲁迅逝世后，为了学习并发扬鲁迅精神，他授意并安排胡风编辑“工作与学习丛刊”，并亲自向鲁迅的亲友和学生们约稿。抗日战争和解放战争时期，他为了革命工作的需要，在党内和党外不承担任何职责，只是以个人的名义从事统战工作和文化工作，但他仍与革命和进步文化、出版界保持着广泛的联系，并给一些中间势力以革命的影响。如他曾义务地为《东南日报(丽水版)·笔垒》审稿和撰稿。他是全国抗敌文协机关刊《抗战文艺》的作者，也是其后一阶段的主编。他指导和支持了《文萃》周刊、《文汇报·笔会》等的编辑出版。在国统区，为革命作家丁玲编辑文集，输送解放区革命文学的稿件，为识与不识的革命和进步作家的文稿写序，为他们联系出版以至帮助他们解决生活困难。1948 年至 1949 年间，党组织安排他在苏联塔斯社上海分社办的时代出版社从事编审工作，帮助和培养了不少翻译家。在这里，他还代罗果夫编了《鲁迅论俄罗斯文学》一书，并写了长篇序言。在这段时期中，他对促进中苏文化交流做出了贡献。

中华人民共和国成立后，冯雪峰的主要工作是在编辑出版方面。1950 年 7 月，任“文艺创作丛书”编辑委员会主任委员。11 月，任鲁迅著作编刊社社长兼总编辑。1951 年 2 月，与唐弢合编《文艺新地》月刊。同时在北京筹建人民文学出版社，4 月任该社社长兼总编辑。1952 年 2 月，兼任中国作家协会机关刊《文艺报》主编。他在人民文学出版社任职时间最长，主持工作至 1957 年，一直工作到 1976 年逝世。

冯雪峰是以革命家的姿态、理论家的素养、诗人和作家的经验来从事编辑出版事业的。因此他在这方面的工作，无不具有宏伟的目标、出师必果的战绩。他孜孜以求的，是开创和建立无产阶级革命文学和社会主义文学。

1928 年他着手编辑的“科学的艺术论丛书”就是基于这样的目标，以此作为他的编辑思想的。

“五卅”运动之后，雪峰就感觉到“在青年和先进的工农群众中激荡着的，对于革命理论，对于生活和现实社会及历史的理解等等思想问题和要求，正式作为主要的课题提到文化和文艺运动的日程上来了”。[①] 他狠狠地抓住这个时代的主要课题，自 1926 年起，倾注全力从事苏联文艺和马克思主义文艺理论的译介工作。1928 年初他到上海时，正值“革命文学”论争激烈展开，他冷静地观察到了革命文学倡导者理论修养的欠缺，深深感到理论建设的必要性，要“用马克思主义的 X 光线去照彻现存文学的一切”。[②] 这时，他就有了系统地介绍马克思主义文艺理论、编辑出版这类丛书的打算，而且感到要完成这个工作，光凭一己的力量是不行的，所以他反复劝导周围的朋友要出版一些“有意义”的书，以致戴望舒、苏汶、刘呐鸥等都在他的影响下，试探地从事这类工作。这年年底他从

---

① 冯雪峰：《论民主革命的文艺运动》，见《雪峰文集》第 2 卷，北京，人民文学出版社，1983。

② 冯雪峰：《〈社会作家论〉题引》，见《雪峰文集》第 2 卷，北京，人民文学出版社，1983。

故乡义乌折返上海时，这一计划立刻提上了日程，并联系好了水沫书店作为这套丛书的出版单位。

当时鲁迅也以给起义的奴隶们输送军火的革命抱负，和以普罗米修斯将天火盗给人类而自己甘受戕害的牺牲精神，正在从事马克思主义文艺理论的研究和译介。雪峰为了实现自己的计划，便去争取鲁迅的指导和帮助。1928 年 12 月 9 日，他在柔石带领下去见了鲁迅，据他在《回忆鲁迅》中说，他去见鲁迅时的谈话中心，是翻译和编辑这套丛书："我去见他的主要目的，是那时正从日本文翻译转译马克思主义的文艺理论作品，碰到的疑难，没有地方可以求教，知道鲁迅先生也在从事马克思主义文艺理论的翻译工作，所根据的也是日本文译本，所以我去见他，是想请他指教。并且同他商量编一个马克思主义文艺理论的翻译丛书。"

这套丛书的书目，是雪峰与鲁迅共同拟定的，最初拟定 12 种，后来增至 16 种，实际出版了 8 种。其中雪峰译的有 4 种：苏联卢那察尔斯基的《艺术之社会的基础》，苏联沃罗夫斯基的《社会的作家论》，俄国普列汉诺夫的《艺术论》，卢那察尔斯基的《文艺与批评》，俄共(布)在 1924 年至 1925 年间的有关文艺问题的文件汇编《文艺政策》。他们两人的翻译几乎占去了这套丛书实际出版的全部。其他拟约请的译者还有夏衍、冯乃超、林伯修等。后来他们的计划因各种原因未能实现。

这套丛书自 1929 年 5 月起陆续出版，由水沫书店、光华书局承印。排印美观，校对精审，差不多都是译者亲自校的。装帧设计也很讲究，封面是由著名书籍装帧家钱君匋统一设计的，面料用浅灰色布纹纸，套用红黑两色，一律毛边装帧，显得端庄、朴实。书发行出去，反应颇好，有些书店争相承印。更为重要的是，它的选目是经过严格挑选的，从几次不同的预售广告中可以看出，计划曾不断地修订，一些已成型并发出预告的书，最终还是被剔除了。它所侧重译介的，是普列汉诺夫、卢那察尔斯基等马列主义经典作家的著作。这些作家大都是第二国际中的翘楚，他们的著作代表着时代的水准。把他们的理论遗产译介过来，对我国无产阶级文艺理论的建设，无疑起到了开源的作用。尽管这种译介工作由于国民党当局的压迫，没能按计划完成，于 1930 年就中断了，已刊行的也多遭查禁，流布受到了限制，但它毕竟是左翼文艺运动中的一项壮举，而所出的几种，也还是具有一定规模的。

冯雪峰编辑的这套丛书，对于统一当时左翼文学运动的指导思想，无疑是起过重大作用的。它为“左联”的成立，至少在理论准备上奠定了基石。同时，它也教育了一代年青的革命作家。据丁玲说，“左联”五烈士之一的胡也频“接触革命理论，是从 1928 年在上海阅读鲁迅与雪峰翻译的苏联文艺理论开始的。他的革命实践是从 1930 年春在济南高中教书时开始的”[①]。他在济南高中“成天宣传马克思主义，宣传唯物史观，宣传鲁迅与雪峰翻译的那些文艺理论，宣传普罗文学”[②]。这里反复说到的“鲁迅与雪峰翻译的那些文艺理论”，就是雪峰在鲁迅指导下编辑的“科学的艺术论丛书”。

当雪峰正在翻译马克思主义文艺理论，编辑“科学的艺术论丛书”时，就已着手筹备并编辑文学刊物《萌芽月刊》了。这也是一份着眼于无产阶级文艺理论建设和创作实践的刊物。

还在 1929 年冬季，冯雪峰考虑到革命作家内的纷争已经结束，新的阵营即将形成，便萌发了为此新阵营提供一个活动园地的决心，开始在筹办《萌芽月刊》了。他积极奔走于朋友之间，组织稿件，而有关翻译的稿件，准备了好几期，以至后来刊物出版时，基本上没有用过外稿。

《萌芽月刊》于 1930 年 1 月正式创刊，自第 3 期起成为“左联”的机关刊物，出至第 5 期时遭国民党当局禁止，第 6 期改名《新地月刊》仅出一期。这六期为第 1 卷，原拟续编第 2 卷，但未能实现。

顺便说一句，冯雪峰是《萌芽月刊》主编的身份，自 50 年代末期起，竟被公然“取消”了。在我们出版物中，包括像富有文献价值的《〈萌芽〉影印本出版说明》中，都施行着“换头术”，避谈冯雪峰的名字。好在早于 30 年代，鲁迅、茅盾在编《草鞋脚》小说集时，附上一份由他们两人署名的《中国左翼文艺定期刊编目》，其中说及《萌芽月刊》时，特别点明“这个刊物是冯雪峰主编”，这才使我们敢于恢复原来面貌，也庶几可以使冯雪峰免去“专擅”、“掠美”之嫌。

《萌芽月刊》的编辑出版，是得到过鲁迅的支持和指导的，也受到了鲁迅的重视。它还在出版时，鲁迅就在给友人的书信中，称赞它“较急

---

① 丁玲：《也频与革命》，见《丁玲文集》第 5 卷，长沙，湖南人民出版社，1984。

② 丁玲：《一个真实人的一生》，见《丁玲文集》第 5 卷，长沙，湖南人民出版社，1984。

进”，“销行颇多”，并常常将它赠送友人。

这个刊物在左翼文学运动中，是起了相当大的作用的。

首先，正如茅盾、鲁迅《中国左翼文艺定期刊编目》中说：“这个杂志对于马克思主义文艺理论以及外国普罗文学名著的介绍是尽过力的。”它创刊伊始，就郑重声明其宗旨说：“翻译方面我们预定了一个计划，就是想将新俄的几个优秀的作家，给以介绍。但同时，西欧诸国度的作品，也想择其倾向比较正确的，介绍一些论文则专限于关于‘科学的’艺术论的论著，和论述各国新兴文艺的文章，及社会的文艺批评等，加以介绍。”[①]该刊每期都贯彻了这个宗旨，它先后介绍和翻译了苏联高尔基、法捷耶夫、革拉特柯夫、雅各武莱夫和法国巴比塞等著名作家及其作品，特别是连载的鲁迅所译法捷耶夫的《毁灭》，更是无产阶级文学建设时期一本“很合时宜”的书。至于“科学的”艺术论的翻译和介绍，更为编者所重视，几乎每期都载有好几篇这方面的文章。特别值得注意的是，当时在无产阶级文艺理论领域内，国际上普遍崇奉着普列汉诺夫的“正统地位”，而普遍轻视马克思、恩格斯对文艺学的建树。在此情况下，冯雪峰接连摘译了马克思的《政治经济学批判导言》、《评普鲁士最近书报检查法》和《第六届莱茵省议会的辩论(第一篇论文)》，全文翻译了列宁的《党的组织和党的文学》，把他在文艺学方面的翻译重点转移到了革命导师方面。他的这些译文，主要刊载在《萌芽月刊》上。

其次，它“对于胡适博士所领导的‘新月派’，加以猛烈的攻击”[②]。成为“左联”与新月派斗争的前哨阵地。新月派是从“五四”文化新军中分化出来的资产阶级文化派别，是攻击无产阶级文学运动最早出阵也最为猛烈的一个文化派别。《萌芽月刊》以排炮式的文章对它进行了反击，充分揭露了它依附国民党的阶级本质，批判了它那资产阶级“人性论”的文学主张。鲁迅那些使论敌铩羽而去的重要文章，如《新月社批评家的任务》、《“硬译”与“文学的阶级性”》、《“丧家的”“资本家的乏走狗”》等，都

① 冯雪峰：《〈萌芽月刊〉第一卷第一期编者附记》，见《雪峰文集》第2卷，北京，人民文学出版社，1983。

② 茅盾、鲁迅：《中国左翼文艺定期刊编目》，见《草鞋脚》，长沙，湖南人民出版社，1982。

是在这个刊物上发表的。雪峰也发表了《常识与阶级性》、《讽刺文学与社会改革》等文章，参与战斗。

另外该刊在创作方面，提出了比较切合中国社会现实和作家现实情况的主张："'萌芽'登载创作(无论小说、诗歌、戏曲以及其他)的标准，是比较宽大的，在形式方面，我们也不嫌平常和幼稚，在思想——即作品内容方面，我们容许作者底世界观或人生观及意识底比较不正确和不纯粹。只要成为一篇文章，而在思想上，不开倒车的，或像一条缚足的绳(例如颓唐的，绝望的东西)似的东西，'萌芽'是一概要登的。"[①]这比起当时某些左翼文学理论家的主张来，的确缺少高昂激越的调子，但却能团结作家队伍中的大多数小资产阶级作家，吸引他们参加到新民主主义的文化建设中来，同时也给那些自认为已经"奥伏赫变"为无产阶级作家的人们，撤去了傲慢或懒惰的凭借。这种切合实际的要求，也就必然获得实际的成果。这个刊物所载柔石、张天翼、魏金枝等人的创作，完全跳出了过去"革命文学"那套"革命加恋爱"的窠臼，为读者开辟了新的视野。而柔石的小说《为奴隶的母亲》、殷夫的诗《一九二九年的五月一日》等名篇，更是无产阶级革命文学的可喜收获。

《萌芽月刊》发表创作的这一编辑思想，是在研究了中国社会现状、中国革命性质和总结了"革命文学"论争经验的基础上形成的。早在1928年，雪峰就主张对资产阶级、小资产阶级作家采取"宽容的态度"[②]。这种思想，实际上是新民主主义革命阶段文艺战线上的统一战线思想。雪峰从他从事革命文学活动、编辑革命文学书刊的第一天开始，总是以坚持无产阶级文学的方向，尽力寻求建立文艺界统一战线的途径以造就大批反帝反封建的文艺战士作为自己的职责。

冯雪峰主持"左联"工作期间，他的这一思想得到了充分的体现。

在此时期，他除主编"左联"的机关刊物如《前哨·文学导报》以作为革命文学阵营反对国民党文化"围剿"的主要阵地之外，还利用和影响一切中间势力以配合革命主力的斗争。

---

① 冯雪峰：《〈萌芽月刊〉第一卷第一期编者附记》，见《雪峰文集》第2卷，北京，人民文学出版社，1983。

② 冯雪峰：《革命与知识阶段》，见《雪峰文集》第2卷，北京，人民文学出版社，1983。

在“左联”刊物已被完全取缔的情况下，他率先在并非“左联”刊物的《文艺新闻》上发表文章，揭露国民党秘密杀害“左联”作家的罪行，一反过去“左联”盟员一般只在自己的机关刊物上发表文章的惯例。接着，雪峰又派出“左联”盟员直接参加《文艺新闻》的采访、编辑工作，使它接受“左联”的影响，但又不改变它那“客观报导”的方针，让它在白色恐怖中安处公开合法的地位，曲尽革命的作用。雪峰利用和影响《文艺新闻》一事，为以后“左联”作家打入敌阵、利用合法斗争、增广战线、扩大影响提供了范例。

雪峰为丁玲主编的《北斗》杂志所制订的编辑方针，更能说明这一问题。1931 年五六月间，雪峰为了扩大革命文学的影响，在文艺界造成生机蓬勃、四面出击的局面，他授意丁玲主办《北斗》杂志。丁玲就此回忆说：“冯雪峰对我说，中央宣传部研究了，说有个工作要找我来做比较合适。他说，现在有的人很红，太暴露，不好出来公开工作；说我不太红，更可以团结一些党外的人。……冯雪峰说，《北斗》杂志表面上要办得灰色一点。”①《北斗》在这思想的指导之下，争取到了公开出版的合法地位。它以发表创作为主，作者的队伍极为广泛，除左翼作家外，还包括了像谢冰心、陈衡哲、凌叔华、沈从文等许多非左翼作家。它所组织的读者座谈会，广泛地联系和引导了读者，扩大了革命文学的影响。

冯雪峰领导“左联”的重要功绩，是重整了几乎溃散的队伍，团结了小资产阶级作家，逐渐从“左”的路线下挣脱出来，改变了原来侷处一隅单一作战的状况，在理论和组织路线上作了不少策略上的调整和改变，形成了颇具声势的四面出击、灵活多变、实际有效的战斗局面。所有这些，大都是通过刊物的编辑出版取得的。

革命文学是在斗争中产生的。国民党反动派总是以非文化的手段来对付无产阶级的文化，它用以“抵制左翼文艺的，只有诬蔑，压迫，囚禁和杀戮，来和左翼作家对立的，也只有流氓，侦探，走狗，刽子手”②。雪峰编辑革命文学书刊，无不以大无畏的革命精神，与国民党反动派及其反动文化展开血刃战。

---

① 丁玲：《关于左联的片断回忆》，见《丁玲文集》第 5 卷，长沙，湖南人民出版社，1984。

② 鲁迅：《黑暗中国的文艺界现状》，见《二心集》，北京，人民文学出版社，1973。

如果说，他在编辑《萌芽月刊》时与新月派的斗争还属于思想斗争范畴的话，那么，他在编辑《前哨·文学导报》时所进行的斗争，就要复杂艰巨得多，它既是思想斗争，也是政治斗争，是革命文学生死存亡的斗争。

1931年2月“左联”五烈士牺牲后，“左联”面临着严峻的形势。当时，“左联”的一切活动遭到取缔而中止，许多盟员被捕被杀，在幸存者中，有的动摇而退缩，有的消极而右倾，有的甚至叛逃而附敌，坚持斗争的寥寥无几，“人数从九十多降至十二”[①]。正当此危急时刻，雪峰出任“左联”党团书记。他起手第一件事，就是重建自己的舆论阵地，使受压至窒息状态的“左联”苏醒和振奋起来。为此，他与鲁迅商定，秘密编辑出版“纪念战死者专号”的《前哨》，用以突破国民党的高压政策，揭露蒋介石大批屠杀青年革命作家的罪行，并激励一切踏着烈士血路前行的继起者。

在“左联”完全被打入地下的情况下，编辑出版这样的刊物，困难是相当大的。组稿、写稿、搜罗烈士照片等等属于编辑方面的事，有他和鲁迅、茅盾等几个人，也就可以对付了，但印刷却很困难，没有印刷厂敢于承印。雪峰好容易通过一个本家的介绍，找到了一个小印刷厂。老板的条件是相当苛刻的：要几倍的排印费；不准印正报头和照片，以免在印刷过程中万一引起外人的注目，招致危险；从排版到印刷必须在一个晚上完成，天亮之前务必将成品搬出厂门。这些条件，雪峰均一一答应了。烈士的照片，是在雪峰家印的，报头“前哨”两字由鲁迅手书后，将两字分开，分别找两处木刻工刻制。然后将这些秘密地运往安全地带，由雪峰、适夷、江丰和应修人等，一一敲印报头，粘贴照片，与正文装订成册。

《前哨》刊头上大书“中国左翼作家联盟机关杂志”，表明了“左联”傲然卓立的存在。作为“纪念战死者专号”，发表了烈士的小传，刊登了他们的照片，宣传了他们的功绩；发表了“左联”的宣言，以及鲁迅、雪峰等人的纪念文章，指控了国民党反动派残杀作家，摧残文化的种种既残暴又卑劣的罪行，号召全世界的革命文学和文化团体以及一切为人类进

① 茅盾：《关于“左联”》，见《左联回忆录》上册，北京，中国社会科学出版社，1982。

步而工作的著作家和思想家，声援"左联"的斗争。这一期《前哨》虽是秘密发行，但由于它揭露和控诉了骇人听闻的惨案，一下就销行两三千份，产生了深刻的影响，有如大夜弥天时炸响了惊雷，透出了曙色。刊物又经史沫特莱传到了国外，有关文件译成了英、日、俄等各种文本，得到了国际革命作家联盟以及德、英、奥、日等国革命作家的声援。就这样，冯雪峰通过《前哨》，把"左联"与国民党反动派的斗争，轰轰烈烈地搬上了国际斗争的舞台，从而产生了国际影响。从此，"左联"加强了与国际的联系，使它的运动日益具有国际的声势和愈来愈加壮大的威力。

《前哨》所产生的国际性的影响，编者也许没有完全预料到，但他们编就之后，感到这是做了一件可以告慰死者、激励后人的事，是革命者冲破"铁屋"、大张正气的事，也是他们蔑视反动派淫威、检阅自己力量的事。为了纪念它，鲁迅和雪峰均各违惯例，两人都举家同往春阳馆照相。相片洗出后，鲁迅在照片下端，亲笔写上了他们留影的时间和地址："20，四月，1931，上海。"从而为无产阶级革命文学一段可歌可泣的斗争经历留下了历史的见证。

"前哨"两字有着耀眼的光芒，为避免敌人注意以减轻印刷上的困难，从第 2 期起，就改名《文学导报》，于 1931 年 8 月 15 日出版，同年 11 月 5 日出至第 8 期停刊。"《文学导报》出版的时候，正值白色恐怖非常严厉，各种公开的左倾刊物被严禁的时候，也就是国民党的所谓'民族主义文艺运动'开始活动组织的时候。……《文学导报》对于国民党的民族主义文艺运动连续给以尖锐的攻击；对于'大众文艺'的建设有过热烈的讨论和建议。左联对于文学运动的重要决议案也在这刊物上发表。"[①]这个刊物是左翼文学运动中的重要文献，因它记录了左翼文学运动在斗争中求发展的重要史实。

斗争，迎来了全国人民的解放，也迎来了社会主义文学的繁荣。冯雪峰作为编辑出版家，在新民主主义革命阶段，是革命文学的开路先锋，在社会主义革命和建设阶段，是培植社会主义文学的园丁。他在主持人民文学出版社工作期间，充分展示了自己作为园丁的抱负和才能。

---

① 茅盾、鲁迅：《中国左翼文艺定期刊编目》，见《草鞋脚》，长沙，湖南人民出版社，1982。

人民文学出版社是我国规模最大的文学专业出版社。当它草创时期，冯雪峰就高瞻远瞩地根据列宁有关无产阶级文化建设的学说，制订了“古今中外，提高为主”的出版方针，充分表现了无产阶级要利用一切文学遗产以建设和繁荣自己文学事业的宏伟抱负。在建国初期，提出这样的出版方针是需要相当胆识和胆量的。那时，人们往往囿于对文学与政治关系的机械理解，急功近利地要求文学为当前的政治运动和指导运动的政策服务，而且认为文学中的“名洋古”有碍无产阶级新兴文学的发展和民族自尊心的发扬，主张文学出版事业应以当代为主，普及为主。冯雪峰不为时论和习俗所左右，坚持着自己所确定的出版方针。

在他这一方针的指导下，古今中外的文学作品有如雨后春笋，在人民文学出版社相继出版了。新创作有“中国人民文艺丛书”(解放区优秀作品)、“文艺建设丛书”(建国后重要新作)。现代文学有《鲁迅全集》、《三十年集》(再版)、《瞿秋白文集》以及著名作家的选集和优秀作品的单行本。古典文学有《水浒传》、《红楼梦》、《三国演义》、《西游记》的新校本，以及屈原、李白、杜甫等人的全集或选注本。外国文学首先出版了苏联和东欧社会主义国家的革命作品，如《毁灭》、《铁流》、《恰巴耶夫》、《钢铁是怎样炼成的》、《绞刑架下的报告》等。同时也注意普及读物的出版，为此编辑出版了“文学初步读物”九十余种，“文学小丛书”一百五十余种。1954年王任叔来社协助冯雪峰的工作，继起开拓了雪峰的路线，“古今中外，提高为主”的方针得到了全面的贯彻。

冯雪峰为了贯彻自己制订的这一方针，身先士卒地抓了许多影响全局的工作，编辑了许多重要书稿。

针对当时读书界普遍存在的不能正确对待古典文学遗产的现象，雪峰在发表有关理论文章的同时，还面命耳提地帮助编辑端正业务指导思想，要求他们在整理古籍时，不得将现代人的观点强加于古人，对作品进行随意的增删(这在现在已成了常识，但在当时却是一个未曾被认识的真理)。编辑整理要有“科学家的精神”，而整理的目的，只在于“给读者一个可读的本子”。他还具体指导了《水浒传》、《三国演义》、《红楼梦》等古典小说的整理工作，包括底本的确定，体例的制订。这方面的工作，当时在社会上产生了广泛而深刻的影响。当1952年《水浒传》整理本初次面世时，《人民日报》发表了社论，各大学、中学、报馆、图书馆、研究所，甚至一些演剧队都纷纷邀请该书的责任编辑聂绀弩去做报告，北京旧书摊上早曾廉价抛售的古旧小说，价钱顿时提高了，人们普遍议论，“看来共产党还是需要过去的文化的”。仅仅《水浒传》一书的出版，就改变了社会上对古代文学遗产的糊涂观念，对当时以及后来的古典文学的教学和科研，产生了有益的影响。

冯雪峰是浴血奋战过来的革命战士，他对革命烈士怀有深厚的感情，也深知他们的遗文在社会主义革命和建设时期具有巨大的精神力量。中华人民共和国刚一成立，他就着手搜集和整理烈士作家的遗文。人民文学出版社出版的方志敏的《可爱的中国》、《应修人潘漠华选集》，都是他一手编辑的，4 卷本《瞿秋白文集》的编辑，虽然成立了一个编辑委员会，实际上是他一个人在挑大梁。他在编辑这些书时，倾注了深厚的感情和不知疲倦的精力，经常不分昼夜地在搜集、整理、编辑、作注、撰写前言和出版说明，装帧设计，包括用料等等琐细工作，他也一一过问，或亲自操劳。除此之外，他还主持整理编辑了“左联”烈士胡也频、柔石、殷夫和“左联”作家叶紫的选集。

冯雪峰在编辑出版鲁迅著作方面，更是寄托了出版家的抱负，倾注了大量的心血。在他看来，鲁迅是中国新文学的鼻祖，一生体验着革命现实主义文学的产生和发展的全过程，鲁迅的著作，是可以充当人民教科书的宝贵的精神财富，是社会主义文学的历史源泉。在人民当家做主的新社会里，应该刻不容缓地将鲁迅的思想和文化财富交还给人民。为此，他在解放初期艰难的物质条件下，多方奔走，争取到了鲁迅家属和出版者的全面合作，仅在三个月内，就影印出版了以前未曾面世的《鲁迅日记》，且根据不同读者的需要，设计了三种不同的装帧。鉴于当时出版商时有滥印、偷印鲁迅著作的情况，他在征得鲁迅家属的同意后，请求政府将鲁迅著作的全部版权归国家所有，以便有计划、有系统、高质量地出版鲁迅的著作。为应读者急需，他再版了 1946 年版的《鲁迅全集》，并以《三十年集》的旧纸型，大量翻印鲁迅著作的单行本。与此同时，组织力量重编附有注释的《鲁迅全集》。在短短几年中，他主持搜集了鲁迅的大量书信和佚文；对鲁迅的全部创作、翻译、书信、日记，都根据手稿或初版本作了认真的校勘；创作、书信部分均作了相当详实、严整的注释，其中绝大多数注文，都经过他字斟句酌的审订，不少思想性强、涉及面广的注条和题解则由他亲自撰写；初步搜集和整理了鲁迅辑录和校勘的古籍；调查了《鲁迅日记》涉及的大部分人物。在此基础上，相继出版了10卷注释本《鲁迅全集》、10卷本《鲁迅译文集》和24种注释单行本。注释本《鲁迅全集》的出版，集中了鲁迅研究的成果，包罗了中国现代文化史和文学史的重要史实，具有很高的学术价值，引起了国内外学术界和出版界的普遍重视。

“古今中外，提高为主”，“提高”体现在新的创作上。如何奖掖新进，培养青年作家，提高创作水平，繁荣社会主义文学，是冯雪峰办社的主要目标，也是他工作的主要着力点。他一手所抓杜鹏程的《保卫延安》的编辑出版，充分表现他对出版目标的执着，和对青年作家的爱护和关怀。

1953年冬，冯雪峰主动从编辑部要来《保卫延安》的书稿。这种稿子由于写了党的重要史实和彭德怀这样的高级将领，看过稿的出版单位不少，但谁也拿不定主意，不敢签发。雪峰接读这部稿子，他以思想家的深邃眼力和艺术家的敏锐感觉，肯定它是一部具有史诗性的作品。他在审读过程中，未待审读完毕，就多次去信约作者面谈，与作者同享创作成果的喜悦，并坦率地交换意见。在这段时期中，他完全沉醉在兴奋和喜悦中。他在家里熬夜看，也按捺不住地向家人说。据杜鹏程《回忆雪峰同志》中所记：“一天夜里，家里人全睡了，他坐在写字台前的台灯下看……深夜时分，他的夫人听见他咳嗽得很厉害，起来一看，炉火熄了，他又没有披大衣，结果手脚冻僵了，而头却烫烧，患了重感冒。雪峰同志若无其事地站起来，搓着手，来回走着，说：‘这位作家在哪里住着？现在，我很想和他谈一谈。’他的夫人说：‘夜里四点了，你到哪里去找人……’然后他就激动地对她讲述作品的内容，讲到有些人物和场景时，眼里滚着泪水：‘我们的战士多英勇；中国人民付出了多么大的牺牲噢！’”

雪峰仅花了个把礼拜的业余时间，就处理了这部在别人看来是炙得烫手的稿子，交付编辑部签发。他对签发的同志说：“你们可以翻翻，也可以不翻，尽快发排。”他还为它写了《评〈保卫延安〉的地位和重要性》的洋洋近两万字的论文，高屋建瓴地对它进行了评析。当该书轰动、作家成名之后，雪峰又谆谆告诫杜鹏程说：“不要当了作家，就坐在北京当‘新闻人物’；什么作报告啦，介绍创作经验啦，这种风气不好，会毁坏人！”

雪峰在对待《保卫延安》时所表现的编辑道德观，编辑责任感，以及编辑“为人作嫁”的牺牲精神，只是无数事例中的一例。他一生的事业和成就是多方面的，有关他的编辑出版工作的情况，这里也只能挂一漏万地说个大概。但他不管在何种工作岗位上，不管是处于顺境或逆境，不管有多大的困难，他都能埋头苦干，不尚叫嚣，不计较个人得失。他曾经对人说过：“我是前进中一块铺路石子。”这种“铺路石”的精神，特别表现在他的编辑出版工作中。

巴金的编辑生涯

纪　申

巴　金（1904～2005）　四川成都人。原名李尧棠，字芾甘。1927年至1928年旅居法国，创作了处女作长篇小说《灭亡》。1928年回国后，曾任《文学季刊》编委，与靳以合编《文学》月刊。20世纪三四十年代，他曾任文化生活出版社总编辑14年，培育了大批文学青年。抗日战争时期，巴金与茅盾创办《烽火》，任中华全国文艺界抗敌协会理事。建国后，历任中国文联副主席，中国作家协会副主席、代主席和上海分会主席，上海市文联主席，《收获》、《上海文学》主编。是第六至十届全国政协副主席，第五届全国人大常务委员会委员。1982年获意大利国际但丁奖。1983年获法国荣誉军团勋章。2003年11月25日巴金百岁生日，国务院在上海授予巴金"人民作家"光荣称号。著译有《巴金全集》(26卷)、《巴金译文全集》(10卷)。

笔者曾在一篇文章里说过这样的话："要是翻开现代文学史看看也真有意思，我们不少革命的前辈作家差不多都做过编编排排的编辑，都跟我们的进步的出版事业有过密切的关系。鲁迅、茅盾、叶圣陶、郑振铎、巴金、靳以……都是这样。他们当中有的人先写作品，后编刊物；有的人先编刊物，后写作品；有的人就是双肩挑，编辑作家兼而任之。看来这不是偶然的巧合，该是职业本身使然，更具有崇高的意义吧。关于巴金，在这些人当中，似乎显得较为突出一些。他不单是编过刊物、办杂志，还具体领导过一个出版社的工作，主持过两家出版社的编辑业务。”再从他编的刊物选登的作品，推荐的新人，他主持的出版社所出版的多种丛书；都在读者群中与文学界产生过令人难忘的影响，不少的人和作品还留存史册，成为经典名作。因之，他不仅是闻名世界的大作家，更被目为对中国新文学事业作出过较大贡献的编辑家、出版家。笔者曾在几位好友的鼓励与督促下，编写过一本小书《巴金与文化生活出版社》，较详细地介绍了他主持这家出版社业务的始末，本文着重来谈谈巴金从事编辑工作的若干情况。

一

巴金于1928年12月自法返国，次年初即应朋友之邀出任自由书店编辑，并主编一本名叫《自由月刊》的小册子。他回忆说，店主允给月薪80元，自己觉得个人生活简单，支付半数即可。继在“说几句开场话”里第一条声明就说：“这刊物是模仿的，不是独创的。老实说一句，我们是看了开明书店的《开明月刊》后，才起了出版个刊物的心意。”第二条声明则说：“这刊物是广告，不是宣传……并不是一定要替自由书店的书籍吹牛骗人去买；我们只是想把这刊物弄的有趣一点，使大家愿意读，然后因此引起大家去买自由书店的书。这只是半文艺半广告的小刊物而已，并无其他野心。”在刊物第二期《编者的话》中更说：“《自由月刊》刚刚出版，我便亲自送了一册给《开明月刊》的‘主宰’先生。‘主宰’先生接到这本书，先用锋利的眼光从宽边的眼镜把这本薄薄的小书检查了一遍，然后微笑地用他的纯粹国语说道：‘完全偷开明的，但偷得不像。’我连忙恭而且敬地答道：‘如果偷得太像了，岂不要发生版权问题而吃官司么？’”①可谓老实人办老实事，说的是真话！不久，自由书店关门，他也就此失业，全靠写作为生了。

① 见《巴金全集》第17卷，72、75页，北京，人民文学出版社，1995。

1933 年的秋末，巴金自沪北上去了天津、北平看望三哥和朋友，这时他已是一个颇富名气的作家了。恰逢友人靳以与前辈郑振铎筹编大型综合杂志《文学季刊》。他不是刊物编辑人，却应靳以之邀住进了北海三座门刊物编辑部，自告奋勇地作了个义务编辑。他不仅热情力荐清华学子万家宝(即曹禺)的剧作《雷雨》，成为文坛佳话。丽尼的散文诗组和荒煤的短篇小说也都经他之手发表在这本刊物上。在此期间巴金不仅认识冰心，更结交了不少文坛新秀，诸如：李健吾、万家宝、萧乾、卞之琳、何其芳、毕焕午等人。萧乾后来撰文回忆："30 年代初期，北方知识界(尤其文艺青年)曾十分苦闷。那时侵略者的铁蹄已经踏到了冀东，而掌权者仍不许谈抗战。一些后来当了汉奸的士大夫却在书斋里握笔大谈明清小说，提倡清静无为。1932 年鲁迅先生到了北平，就像暗室里射进一线曙光。1933 年从上海又来了巴金和郑振铎两位，死气沉沉的北平文艺界顿时活跃起来。他们通过办刊物(《文学季刊》和《水星》)，同青年们交朋友，很幸运，我就是那时开始写作的。"巴金虽不是《文学季刊》的编辑人，倒是后来刊行的《水星》月刊的编委。多年后卞之琳在《星水微茫忆〈水星〉》一文中回忆当时情境时讲得更为具体："当时北平与上海，学院与文坛，两者之间，有一道无形的鸿沟……地域的交通，仅仅是表面的，却也说明了内在或潜在的趋向。我们，至少是我，当时还不知道'统一战线'这一名词，当然，更想不到今日的'双百方针'。我们没有拟发刊词，却有一种倾向——团结多数，对外开放，造桥架桥，《文学季刊》先这样办了，也就给他的附属月刊定了调子。"巴金那时年不过三十，血气方刚，一门心思藉文学致志于他的理想，以散发自己的青春热力。《季刊》被迫停刊时，他再返北平替主编靳以代写"告别的话"，以吐自己闷郁于心的不快。

1935 年夏，旅居日本的巴金竟在东京日本警察署的拘留所里被审询拘押了 14 个小时，其愤懑的心情难以言表。这时忽得老友吴朗西自上海来函，告诉他正与伍禅、丽尼二友商议筹建一出版社，已先发排两书，是仿"岩波文库"型的综合性丛书，定名"文化生活丛刊"，已署"巴金主编"之名，希望他尽快回国主持编务，共襄这个初创的事业。这个被文坛称作"多产作家"的巴金，此时正处于内心矛盾的极度苦闷之中：自己作品屡遭查禁不说，且处处受到外界的多样干扰。面对黑暗恐怖的现实，理想难以实现，眼看民不聊生，文化堕落，单凭自己那枝秃笔，徒自呐喊，又有多大用处？能做点实际工作，在启发民智，宣扬民主，积累文化，提高国民素质等方面，为求知的人民大众服务，该有多好！于是连忙摒挡一切于8月乘船归国，欣然出任了这个“朋友试办”的出版社总编辑职务，开始了他的新的生活，自此一发而不可止。

二

要知道出版社创建之时，正当半封建半殖民地的旧中国严重受到资本主义世界经济危机的影响，处于经济衰退、商业萧条的年代；又是文化革命统一战线第三个阶段的后期，反动统治阶级不甘心于失败加重两个“围剿”的岁月；这就使得整个中国人民经受着风雨为磐、民生凋敝、内忧外患两相逼的苦难日子。此时所谓“冒险家的乐园”和“十里洋场”的上海，从外表看去，依然是车水马龙，纸醉金迷，一派繁荣热闹景象；其实骨子里无处不隐含着凄凉悲惨的疮痍；道德濒于沦丧，文化日趋堕落，本已不景气的文化事业，就更加的不景气了。出版商多以赚钱为目的，争相印行市场销路好的媚俗之作，不愿出版那印数少的严肃的学术、文艺著述，更不用说揭露时弊、弘扬正气的书刊了。这些书刊随时都有遭到查禁和书店被砸的危险。这自然就给进步的文学创作和文学翻译事业造成了种种阻碍，对生活水平日益降低的广大读者来说，也就越来越难买到价廉质高的好书，给人以“文化沙漠”行将来临之忧。由巴金撰写的“文化生活丛刊”的广告词正表达了他们办社的宗旨：“在闹着知识荒的中国社会里，我们现在来刊行这部‘文化生活丛刊’，这工作并不是没有意义的。‘没有书读’，‘买不起书’……这样的呼声我们随时可以听到。在欧美有学问的部门已经渐渐普及到了大众中间。在那里我们遇见过少数的劳动者，他们的学识比得上一位中国的大学教授。但是在我们这里学问依旧是特权阶级的专利品，无论是科学、艺术、哲学，只有少数人可以窥见它的门径。一般书贾所看重的自然只是他们个人的赢利，而公立图书馆也只以收集古董自豪，却不肯替贫寒青年作丝毫的打算。多数人的需要就这样地被人忽略了。然而求知的欲望却是无法消灭的。青年们在困苦的环境中苦苦挣扎为知识而奋斗的那种精神，可以使每个有良心的人流下感激之泪。我们是怀着这种心情来从事我们的工作的。我们的能力异常薄弱，我们的野心却不小。我们刊行这部丛刊，是想以长期的努力，建立一个规模宏大的民众文库，把学问从特权阶级那里拿过来送到万人的面前，使每个人只出最低廉的代价，便可以享受到它的利益。至于以我们薄弱的能力能否完成这一宏大的志愿，那就完全靠着读者大众的支持了。本丛刊是真正的万人的文库：以内容精选、定价低廉为第一义，无论著译、编校，均求精审，不限门类，所有各个学艺部门，无不包罗。”这是巴金从事编辑出版工作身体力行的终生志愿，也是履行他说的“把心交给读者”的重诺。

不久这位到任的总编便相继推出“文学丛刊”、“译文丛书”、“新时代小说丛书”、“现代日本文学丛刊”等各式丛书。特别是前两种，算得诸丛书中最重要的、最具代表性的，也是对中国新文学发展贡献最大、影响深远的丛书。自此，巴金在这个总编辑职位上白尽义务、呕心沥血地整整干了十四个春秋。特别是在最初的两年里，几个志同道合的创办人全是义务劳动，埋头苦干。彼此配合得体，相处融洽，大家一门心思共同为这份事业奋斗，辛勤而又欢快，很快就给事业打下了较好的基础。新书涌出，价廉质高，受到广大读者的欢迎，在作、译者眼中赢得了好评，声誉鹊起，事业趋于兴旺。不妨看看巴金自己记述的他的某一天的生活吧：

我在大太阳下面跑了半天的路，登上了五十级楼梯，到了一个地方，刚刚揩了额上的汗珠坐下，你的信就映入我的眼帘。你那陌生而又古怪的笔迹刺着我的眼睛……我又去拆第二封信。……我把别的几封信都匆忙地读了，同你的信一起放在衣袋里。我和这个地方的人说了几句话，便又匆匆地走下这五十级楼梯，跑到街心去了。刚好前面停着一辆无轨电车，我一口气跑了过去。车子正好开动，我连忙跳了上去。车厢里的人很少，我占着宽敞的座位，便取出你的信来，仔细地但很费力地读了一遍，……电车到了一个站，我下了车。我半跑半走地到了另一个地方(北四川路)，又登上了几十级楼梯，在一个窄小的《文季月刊》编辑室里坐了下来，我开始校对我的一篇稿子。……有人来通知说，一个从乡下来的朋友在下面等着见我。我便走了下去，四年分别使我几乎不认识那个年轻朋友了。我们到附近的一个咖啡店里去谈了一个钟头。……我回到编辑室，看见写字桌上有一封从北方来的信，也是一个不认识的朋友写的。……过了一阵，一个电话打来，要我再到先前离开的那个地方去，有人在那里等我。我匆忙地走到无轨电车的站头。无轨电车又把我带到先前来过的地方。我又登了五十级楼梯走到三层楼上。在这里我和不曾约定而无意间碰在一起的几个朋友，谈了将近一个钟头的话。我又回到了一个多钟头前那个地方去。……①

这时的巴金不单是出版社的总编辑，又与南来的靳以合编由良友图书公司发行的《文季月刊》，因而两处奔跑。写稿、审稿、编排、发印等等忙个不停，加以读者来信又多，他又躬亲作复，还须接待各方朋友。这位已经名满全国的大作家，生活就是如此奔忙，恐怕也是今天的读者难以想象的。

可惜好景不长。“七七事变”引发全民抗战，“八一三”的战火让这个方兴正旺的出版社的业务陷于停顿。朋友们为了应变，也只好各奔东西了，就剩下巴金和陆蠡二人。陆守留社内伺机而动，巴金则全身心投入民族抗日救亡的大洪流中。他代表出版社接受了《文学》、《译文》、《中流》、《文季》四社的委托与茅盾联手编辑、发行战时唯一的文艺刊物《呐喊》与《烽火》，在《烽火》的创刊词里他写道：“中华民族开始怒吼了！……这里有炮火，有血，有苦痛，有人类毁灭人类的悲剧；但在这炮火、这血、这苦痛、这悲剧中，就有光明和快乐产生，中华民族自由了！”他还必须协助靳以主编的《文丛》月刊的编务与发行。原良友发行的《文季月刊》被当局禁了，改由文化生活出版社出版新刊。在血腥的战火硝烟里，他四处奔波，终于被迫离开广州逃亡到桂林。在《文丛》的《写给读者(一)》的编后语中叙说了当时的情境：“本期《文丛》付排的时候，编者(靳以)已经动身入川了……但是刊物还不曾付型，大亚湾的炮声就隆隆响了。我每天去印刷局几次催送校样，……也只能在 10 月 19 日的傍晚取到全部。那时敌骑已经越过增城，第二天的黄昏我们就仓皇地离开广州，第 21 期《烽火》半月刊虽已排竣，可是它没有被制成纸型的幸运，便在 21 日广州的大火中化为灰烬了……这本小刊物的印成，虽然对抗战的伟业并无什么贡献，但是它也可以作为对敌人暴力的答复：‘我们的文化是任

① 引自《我的故事》，见《巴金全集》第 13 卷，101 页，北京，人民文学出版社，1995。

何暴力所不能摧毁的。'"[①]

巴金重返沦为"孤岛"的上海之后，一边埋头写作，一边仍继续总编之职，与留守的陆蠡紧密配合，不仅续发"文化生活丛刊"、"文学丛刊"、"译文丛书"等丛书的多种书稿，还新编"烽火小丛书"、"文季丛书"、"文学小丛刊"等等。终因时局日趋恶劣，为了事业的发展，他又重赴内地，舟车辗转，于 1941 年冬到了战时陪都重庆，与老友吴朗西相会，共商社务。先后在桂、渝、蓉三地设置了总处及办事处，大力展开业务。叶圣陶还以诗表贺云："艺林声誉良非虚，英华谁不识璠玙。共指文化生活社，巴金著作曹禺书。"巴金除重印并加发原各丛书的书与稿外，又推出"烽火文丛"、"契诃夫戏剧集"、"剧作家选集丛书"中的"丁西林剧集"、"曹禺戏剧集"、"袁俊戏剧集"、"林柯戏剧集"、"李健吾戏剧集"等等。并将原"新时代长篇小说丛书"改名"现代长篇小说丛书"，收纳了老舍、沙汀、靳以、骆宾基、田涛、师陀等人的长篇作品。战时内地的艰苦生活且不去说，因战事累累失利，出版社连遭厄难，蒙受的损害可不小，身为总编并主管全部业务的巴金，总是默默无言、充满信心地竭力以赴。在写给朋友的信中还说："对战局我始终抱乐观态度，我相信我们民族的力量，我相信正义的胜利。在目前每个人应该站在自己的岗位上努力，最好少抱怨，多做事，少取巧，多吃苦。"又说："从事文化建设工作要有水滴石穿、十年如一日的决心。"抗战终于胜利了，出版社也在上海恢复了。为了这份事业，为了因事业而死在敌人魔爪下的好友陆蠡，更为了曾经大力支持的先辈和众多的著、译者以及广大的读者群众，他不但坚守在总编辑的岗位上，还负担起总经理的职责，独力撑起这个"破厦"，再次用自己的出版物，享誉于读者群与一同恢复的新同业中。他依然如故、孜孜不倦、任劳任怨地工作着，直到新中国成立后的这年年底才把这份几经艰苦战后再度复兴的事业，无愧又无私地移交到老友手中。

三

综观巴金担任总编辑的 14 年中，编发的各类丛刊、丛书，专集、选

① 见《巴金全集》第 17 卷，86 页，北京，人民文学出版社，1996。

集共24种，两百多个品名，外加三份期刊，无不经他之手问世。组稿、审稿、编稿、改稿、发排、校对，甚至补书(内地土纸书)以及深入印刷厂车间找工友商助。他不以为累，还自得其乐地说："因为人活着需要多做工作，需要发散、消耗自己的精力。我一生始终保持着这样一个信念：生命的意义在于付出，在于给予，而不是在于接受，也不是在于争取，所以做补书的工作我也感到乐趣，能够拿几本新出的书送给朋友，献给读者，我认为是莫大的快乐。"

就以"文学丛刊"为例吧，这是他上任之初的第一把火。在北平协助靳以编《文学季刊》时，这位有心人就编选过十本书稿交给立达书局，而书局迟迟不发印，压在手中。这时巴金进入自己人创建的出版社，全权主持编务，立即向书局索还书稿，改组重编，扩充内容，加约新稿。更得到鲁迅的大力支持。后来回忆往事时他说："我当时不过是一个青年作家。我第一次编辑一套'文学丛刊'，见到先生向他约稿，他一口答应，过两天就叫人带来口信，让我把他正在写的短篇集《故事新编》收进去。'丛刊'第一集编成，出版社登个广告介绍内容，最后附上一句：全书春节前出齐。先生很快就把稿子送来了，他对人说，他们要赶时间，我不能耽误他们(大意)。"在替这个"丛刊"写说明时，再一次言简意赅地向读者阐明自己编书的意图："我们既不敢扛起第一流作家的招牌欺骗读者，也没有胆量出一套国语文范本。我们这部小小丛刊虽然包括文学的各部门，但是作者既非金字招牌的名家，编者也不是文坛上的闻人。不过我们可以给读者担保的，就是这丛刊里面没有一本使读者读了一遍就不要再读的书。而且我们也力求低廉，使贫寒的读者都可以购买。我们不侈谈文化，也不想赚钱。然而，我们的'文学丛刊'却也有四大特色：编选谨严，内容充实，印刷精良，定价低廉。"丛刊自1935年始至1948年止，13年间先后印行了十集。每集16册，十集共160册。160本包括各种文学形式，收纳了86位作家的作品。这一大群作家分散在每一集里，既有文坛老将，又多后进新人。如第一集内，带头的是前辈鲁迅、茅盾、郑振铎的作品，继以当时名家沈从文、巴金、鲁彦、张天翼的新篇，加纳初露头角的艾芜、曹禺、丽尼、萧军、何谷天(即周文)、卞之琳等新秀的处女作殿后，展示了老、中、青三代的光辉，集集如此。前波后浪，相互推进，细流汇成江河，汹涌奔腾，蔚然壮观。不少新星后成大家，人与作品永载史册；而且这86位作者并非局限一隅，或全系某一学会与社团的成员。而是集南北作家，京海两派于一堂。既有共产党员，又多左翼阵线之士、进步学者，加上浴血前方的战士，后方的莘莘学子，包括教授、专家、职工，内中却没有一个反动统治者的御用文人，形成一支包罗很广的文艺劲军。既符合鲁迅先生的意愿，更及时地体现了抗日统一战线的精神。

“译文丛书”是在鲁迅亲自关怀下推出的另一大型丛书。筹划这样的丛书，原是鲁迅的梦想和宿愿。早在1934年12月6日他在写给孟十还的信中就说：“这十年来中，设译社、编丛书的事情，做过四五回，先前比现在还要‘笔富力强’，真是拼命地做，然而结果不但不好，还弄得焦头烂额。”[①]这套丛书先是出版社聘请黄源负责编辑，以鲁迅译的俄罗斯文豪果戈理的代表作《死魂灵》打头炮，继以茅盾译的弱小民族的文学作品集《桃园》。年后黄源返乡，改由巴金主持。头两种不同类型的译品，都出名家笔下，不单奠定了丛书的坚实基础，更表明了丛书今后的编译方向，继孟十还译的果戈理《密尔格拉得》之后，又印行了胡风转译于日文的台湾和朝鲜作家的短篇集《山灵》，更引起了读书界的注意。在当时的历史条件下印行这样的作品是寓有较大的社会意义的。此后“丛书”中陆续出版的各个国家的古典和现代名家的名著，受到了广大读者的欢迎，引起了出版人士的瞩目。纵观这套丛书，19世纪俄罗斯文学作品占了醒目的地位，自普希金以迄高尔基的各个时期的文学大师的佳著差不多均有译介。其中少的一部，多的达九部。如屠格涅夫不但有六大长篇小说、中篇《春潮》，还包含散文巨著《猎人日记》和回忆录。加上有“俄罗斯良心”之称的列夫·托尔斯泰的三大长篇名著，普希金的三本小说，冈察洛夫的《悬崖》和《一个平凡的故事》，陀斯妥耶夫斯基的《穷人》，库普林的《亚玛》，高尔基的《阿布洛夫一家》等等。而欧美文学方面，法有福楼拜、司汤达、莫泊桑、罗逖、梅里美、左拉、纪德；英有莎士比亚、狄更斯、勃朗特、王尔德、肖伯纳；德有雷马克、洛克尔等；美有杰克·伦敦；远至希腊名剧和神话，真可谓琳琅满目，百花齐放。不少作家还以选集方式作重点介绍，意在将世界文学宝藏有重点、有选择、有计划系统地

① 见《鲁迅全集》第12卷，582页，北京，人民文学出版社，1981。

展示在中国读者眼前，并为新文学作家扩大视域以作借鉴。规模与内容可与“文学丛刊”媲美，相得益彰，进而培育了不少文学翻译人才。既壮大了文学队伍，又开拓了文学阵地，为出版事业增了光。

回到上海的巴金，独担重任，再加编“水星丛书”，收何其芳、萧乾、严辰等新作，又以《西窗小书》命名专选欧美现代文学精品，除纳入卞之琳原译介的纪德名著外，新收英国作家依修午德的《紫罗兰姑娘》和法国作家阿拉贡作品《阿尔道夫》。旧作再印，新品不断，出版社再现光芒，享誉于图书界。

上海解放了。巴金重归作家队列，开始忙碌起来，社会活动也多了。1949 年 9 月 20 日寄自北京的家书里还说过这样的话：“……事实对文生社我以后也无法尽力了。……十本书的版税小康不主张补发，我已去信不坚持，只要他们能负起责任就好。文生社前途我颇悲观，我也预备放弃了。本来这时候我们应该有新的计划，出点新书，……以后不知怎样才好，实在可惜。”不久他终于辞去总编之职。

卸脱文生社职务的巴金，并不轻松，后来他又不得不应新创建的平明出版社之邀请去任总编。依旧白尽义务。反正自己尚有稿费收入，生活不成问题。这家新出版社在他的主持下，又以“新译文丛书”和“文学译林”等几种丛书而闻名于世。诸如“契诃夫小说选集”27 卷的汝龙译本，傅雷夫妇译介的《小癞子》和《约翰·克利斯朵夫》(重译本)，以及巴尔扎克的几本“人间喜剧”都是脍炙人口的好书，且不去说几十种现代欧美诸国的名家名著，如法斯特、亚玛多等，无法一一列举。《梅兰芳舞台生活四十年》更是一部引人注目的艺人新传。可谓新出版社又以新的出版物耀眼于新社会。

四

就前文所述，不妨来看看巴金又是怎样贯彻自己主张、实现自己重诺的，他说：“我过去搞出版工作，编丛书，就依靠两种人：作者和读者。得罪了作家我拿不到稿子；读者不买我编的书，我就无法编下去。我并不怕失业，因为这是义务劳动。不过能不能把一项工作做好，有关一个人的信用。我生活在‘个人奋斗’的时代，不能不无休止地奋斗，而搞好与作家和读者的关系也就是我的奋斗的项目之一，因此我常常开玩笑说：'作家和读者都是我的衣食父母。'我口里这么说，心里也这么想，工作的时候我一直记住这两种人。"他一开始主编丛刊就得到鲁迅、茅盾的支持。鲁迅晚年的著译全都交给了他主持的出版社。还向旁人推荐说："巴金工作比别人认真。"巴金一向尊崇鲁迅，素以先生的言行为榜样，他认为："文学艺术是集体的事业，这个事业的发展和繁荣，与每一个文学工作者都有关系，大家都有责任。编辑要是不能发现新的作家，不能团结好的作家，他的工作就不会有成绩。"还说："好作品喜欢同好文章排列在一起，这也是所谓'物以类聚'吧。刊物选择作家，作家也挑选刊物。""尽管我所服务的那个出版社并不能提供优厚的条件，可是我仍然得到各方面的支持。"因之他主持的出版社从来不感到缺稿不说，还曾伸出慷慨信义之手支援他人。萧乾怀念在上海与巴金交往最密切的 1936 到 1937 年时说："那是很热闹的两年，我们常常在大东茶室聚会。……我们议论各个刊物的问题，还交换稿件。鲁迅先生直接(指《译文》)或间接给这些刊物支持。……我们的刊物都敞开大门，但绝不让南京王平陵之流伸进腿来。那时上海小报上，真是文坛花絮满天飞，但我们必不在自己刊物搞不利于团结的小动作，包括对某些谰言加以反击。"可以看出巴金他们那时如何克服党派与宗派势力，超越流派与社团的局限，自然而然地追随于鲁迅左右形成了另一股新的力量。萧乾更深情地回忆说："巴金不仅自己写，自己译，也要促使别人写和译，为了给别人创造写译的机会与条件，他可以少写，甚至不写。"并举自己为例说巴金如何鼓励他写和译，不辞劳苦花时间替他代编作品集。其实又何止萧乾一人。巴金替早逝的女作家罗淑编选过三本集子，从广州逃亡到桂林后还替艾芜编《逃荒》，并在"后记"里写道："在这时候我们需要读自己人写的东西，不仅因为那是我们用自己的语言写成的，而且闪耀着我们的灵魂，贯串着我们的爱憎。……读着这样的文章会使我们做一个中国人——一个正直的中国人。"他替毕焕午、艾青编过集子，更替从来未见过面的、素不相识的青年作家田涛和郑定文同样认真地编选集子，收入他主编的"文学丛刊"中。

就这样，作为编者的巴金毫无私心地把优秀的新人新著推荐给读者，以累累佳著为祖国民族文化积累添上一份重礼。几十年后荒煤同志在《我认识的巴金老人》一文中还说："从 30 年代到 40 年代巴金主编的'文学丛刊'大约出了百部多种文体作品，团结作家面很广，也有不少共产党员和左翼作家。这套'丛刊'实际展示30年代开始了一个创作繁荣的新时代，这是文学史上异常光辉的一页，任何人也无法抹杀的!"同样在"译文丛书"以及后来替平明出版社主编的"新译文丛书"、"文学译林"等丛书里也是这样。丽尼在1950年写给笔者的信中就指出过："文生走古典名著的路，是应该的，主观上有这种能力，客观上也符合广大读者和政府方面的希望。但是要好好组织稿件非老巴不可。以为拉几本译稿不成问题，那是大错。……有真正好的译稿，不十分好的也带着好了。文生的译稿并不是本本都理想，但因好的较多，所以给读者的印象不同。别的书店何尝没有出古典名著？只因多数平庸，所以不能建立信誉。"[①]因之，至今尚有人为文怀念"巴金那派翻译家"们的一丝不苟的优良译风。要知道巴金那时约稿都是十分慎重而有所选择的，至于审稿，为了保证质量，对读者负责，往往不惜辛劳核对着原著修改译文。限于篇幅就不再举例以证了。为了我国的文化事业，"文化大革命"后，他在《随想录》之三里还在呼吁《多印几本西方名著》呢!

五

新中国成立后，上海市文联、市作协主办的《文艺新地》，《文艺月报》、《上海文学》等新刊，巴金也曾任过一阵子的主编，多系挂名，另有专职主编主持。1954年与老友靳以再度合作主编大型刊物《收获》，仍是靳以为主。"文革"后80年代复刊的《收获》，他仍任主编，却已无暇主持具体编务了，不过每在关键时刻，他敢于不顾风险，仗义执言，让不少佳作脱离困境面世；使一些新秀有机会显露才华，已有他人为文评述，恕不再赘述。

最后还是让我引用巴金自己的话来结束本文吧：

过去的事已经过去了。回过头去，倘使能够从头再走一遍几十年的生活道路，我也愿意，而且一定要认真地、踏实地举步向前。几十年的经验使我懂得多想到别人，少想到自己，便可以少犯错误。我本来可以

① 见李济生编著：《巴金与文化生活出版社》，上海，上海文艺出版社，2003。

做一个较好的编辑，但是已经迟了。然而我对文艺编辑出版工作还是有感情的。我羡慕今天还在这个岗位上勤奋工作的同志，他们生活在新的时代，他们有很好的工作条件，他们有机会接近作者和读者，他们编辑出版的书受到广泛的欢迎，一版就是几万、几十万册。寒风吹得木屋颤摇、在一盏盏煤油灯下看校样的日子永远不会再来了！丢掉全部书物仓皇逃命的日子永远不会再来了！他们不可能懂得我过去的甘苦，也不需要懂得我过去的甘苦。我们那个时代已经结束了。现在是高速度的时代。三十年不过一瞬间。一家出版社度过三十年并不难，只是在一切都在飞奔的时代中再要顺利地度过三十年就不太容易了。现在不是多听好话的时候。“建设社会主义精神文明”和“振兴中华”的两面大旗在我们头上迎风飘扬。但是真正鼓舞人们奋勇前进的并不是标语口号，而是充实的、具体的内容。没有过去的文化积累，没有新的文化积累，没有出色的学术著作，没有优秀的文艺作品，所有“精神文明”只是一句空话。要提供与“社会主义精神文明”相适应的充实的内容，出版工作者也有一部分责任。我相信他们今后会满足人民群众更大的希望和更高的要求。庆祝三十岁生日，总结三十年的工作经验，不用说是为了增加信心，做好工作。我写不出贺词，只好借用去年七月中说过的话来表示自己的心情：对编辑同志，对那些默默无闻辛勤劳动工作的人，除了表示极大的敬意外，我没有别的话可说了。①

---

① 引自《上海文艺出版社三十年》一文，见《巴金全集》第16卷，北京，人民文学出版社，1996。

富有开拓创新精神的编辑出版家赵家璧

曹予庭

赵家璧（1908～1997） 上海松江人。1932年从上海光华大学英国文学系毕业后，就任上海良友图书公司编辑，并任文艺图书出版部主任。其间结识了鲁迅和其他一些左翼作家，开始主编以左翼作家和进步作品为主的“良友文学丛书”。还陆续编辑出版了“良友文库”、“万有画库”及“中国新文学大系（1917～1927）”等。1937年，他在上海英文《大美晚报》社任中文《大美画报》主编，并复刊《良友画报》。1941年太平洋战争爆发，良友公司遭日军查封。1943年他在桂林重建“良友”，续出“良友文学丛书”，后将公司迁往重庆。1947年与老舍合办晨光出版公司，任经理兼总编辑。建国后，曾任上海人民美术出版社、上海文艺出版社副总编辑。并任中国出版工作者协会和上海市出版工作者协会的副主席、顾问，中国作协上海分会顾问，上海市政协常委，上海市编辑学会顾问。1990年获第二届“中国韬奋出版奖”。著作有《编辑生涯忆鲁迅》、《编辑忆旧》、《回顾与展望》、《书比人长寿》等。

在我相识的老一辈编辑出版家中，赵家璧同志除了对书稿编辑工作的认真和精致外，最大的杰出之处，就是他对所热衷的事业具有一种极富锐意的开拓、创新精神。

一

赵家璧在回顾他60年来的编辑工作时，动情地对我说：做编辑要注意两点：第一要"创"；第二要"闯"。"创"就是创业精神，创新精神，工作要有创造性。他认为编辑工作抓选题很重要。选题要准。准，就是切合形势需要、读者需要，要有新意、新鲜感。他说：编书有两种方法，一种是作者给什么稿子，就编出什么样的书；一种是编辑先有自己的设想，然后去组织相应的作者写稿，通力合作。至于设想从哪里来？这就要靠编辑去了解情况，掌握信息，了解读者需要什么样的书，当前市场上缺少什么样的书，编辑可以到书店、图书馆去看看别人出书。比较、借鉴得到"一角丛书"，还是他在光华大学英国文学系读书时，外文甚好，经常到出售外国书籍的西书店浏览。"一角丛书"的设想，就是看到美国出版的那套"小蓝书"(Little Blue Book)后受到的启发。他仿照它的售价一律是美金5分，而将"一角丛书"的售价也定为一律一角，并以此命名。当时恰逢"九一八"事变，全国都处在东北被侵略的悲愤之中。赵家璧立时编出了两本切合形势、切合读者需要的书，一本是胡愈之的《东北问题的国际观》，一本是罗隆基的《沈阳事件》。这套丛书由于内容配合时代需要，定价低廉，开本小，携带方便，受到了广大读者的欢迎，前后共出了80种，实销50多万册。

"良友文学丛书"的编辑出版，也是因为他看到美国出版的一套畅销书"近代丛书"(Modern Library)受到启发。这套丛书布面精装，"良友文学丛书"也采用这种形式，售价定为一律九角。又如《中国新文学大系(1917～1927)》，也是他在内山书店看到日本出版的各种丛书、文库、大系等，以及当时上海几家大书局出版的几套古籍大丛书后得到启发，他结合自己的思想和当时出版界、读书界的现状，而从文化积累出发，与茅盾等名家多次通信交谈后议定的。赵家璧面向世界，善于吸收外国出版物的优点，用现在的说法就是"引进"，但他说，引进不是盲目的，而应是结合中国国情的。

反映在赵家璧所编的书籍中的创新之处很多。譬如：

1. 出版物一定要配合时代步伐，反映时代面貌，这样才有旺盛的生命力。

2. 定价一律。如“一角丛书”的定价一律为每册一角，“良友文学丛书”的定价为每册九角，这对读者的购买有很大方便。

3. 开本独特，饶有情趣。有的采用50开本，有的采用长36开，也有采用长42开。如《中篇创作新集》就是采用长42开，每面排300字，天地宽敞，清楚悦目。有的书，精装还外加护封。

4. 装帧典雅，别具风采。如“良友文学丛书”采用软布面精装，米色道林纸印正文，而且还请名画家设计环衬，使书籍在形式上就别具风采，吸引了读者。又如《中篇创作新集》封面正中留一圆形空白，用黑色套印一幅动物，是一位英国版画家的作品，整套书排在一起，10种不同走兽的生动形态就跃然纸上。剧作家陈白尘对此一直不能忘怀，说：“这本书的装帧是可爱的。”

5. 先发行作者编号签名本。如“良友文学丛书”在正式发行前，先发行作者的编号签名本以吸引众多读者。这是一种上乘的宣传推广方法。

6. 内容丰富多样，兼容并蓄。如“一角丛书”、“良友文学丛书”的作者队伍，是各个方面、各个流派的专家，从而适应了多层次、多方面读者的需要。

在赵家璧的开拓精神中，敢“闯”也是一个重要方面。他常说，一个编辑要敢于和别人接触，敢于挑担子、挑重担子，不能老是跟在别人后面吃现成饭，干现成活儿。赵家璧1925年进入光华大学附中读书时，只是一个17岁的高一学生，就主编铅印《晨曦》季刊。这是一本32开，有10余万字的刊物。他在季刊上发表的第一篇文章《王尔德著陶林格兰画像画之介绍》，就很有自己的见解。1928年，他高中毕业时参加了《光华年鉴》的编辑工作，担任编委会的印刷出版部主任。在大学读书时，他又半工半读，为良友图书印刷公司主编一本图文并茂的《中国学生》月刊。接着，开始编辑“一角丛书”。他在编辑那部被誉为新文学史里程碑的“中国新文学大系(1917～1927)”时，还只是一个二十几岁的青年，并且在出版、著译界没有什么名望。但他敢于和名作家接触联系，只要是为工作，可以毫无顾虑。这套丛书10大册，除卷卷有名家写的长篇导言外，还有总序，而这篇《总序》就是他请著名学者蔡元培先生写的。当时，蔡元培是德高望重的学术界泰斗，担任中央研究院的院长，赵家璧单身登门访问，邀他写《总序》。蔡元培热情地接见了这位青年，并且大力支持了他。

二

赵家璧从事编辑工作 60 年，经他手编辑出版的书有几百种。他编的丛书最多，可以说是一位系列化丛书的编辑专家。他编的丛书，不仅内容好，而且形式，包括开本、装帧、印刷和用纸，都显得十分精美。这里，让我们看看他编辑出版过的丛书吧，光从书目就可看出他具有的丰富而卓越的才能。

一角丛书：出版 80 种，内容有政治、时事、经济、文艺、名人传记、社会科学、自然科学等。这套丛书的知识性、可读性颇强。作者有胡愈之、何思敬、周扬、夏衍、阿英、郑伯奇、丁玲、林克多、赵铭彝、钱亦石、欧阳山、袁殊、沈起予等，可谓阵容强大。

良友文学丛书：出版 47 种，作者有鲁迅、茅盾、丁玲、叶圣陶、沈从文、张天翼、郑振铎、丰子恺、谢冰莹、俞平伯、王统照、施蛰存、周作人、杜衡等，包括了各种流派的著名作者。后来在抗日战争期间于重庆重印时，又增添了巴金、老舍等人的作品。

良友文学丛书特大本：出版 4 种。后因抗日战争爆发而中止。有鲁迅的《苏联作家二十人集》，巴金、张天翼、沈从文的选集和自选集，篇幅均达 1 000 页左右。鲁迅编选的那本，就是他从 1928 年就开始计划编译的《新俄作家二十人集》，直到 1936 年 8 月才用《苏联作家二十人集》的书名，列为“良友文学丛书特大本”之一出版。

中国新文学大系(1917～1927)：出版 10 大卷，是对“五四”新文化运动以来第一个十年的新文学的理论、创作和史料的一次总结。茅盾说它是：“称得上是声势浩大。”冰心说它是：“这是自有新文学以来最有系统、最巨大的工作……”这套文学大系，由蔡元培作总序，胡适、郑振铎、茅盾、鲁迅、郑伯奇、周作人、郁达夫、洪深、朱自清、阿英等编选并作导言，全书选材 500 万字，分有理论、史料、小说、散文、诗歌等 10 大本。

良友文库：50开本，出版16种。内容包括短篇小说、散文、剧本、传记、理论等。作者有艾芜、王任叔、丰子恺、万迪鹤、刘半农、蹇先艾、穆时英等。

中国创作新集：出版10种。有左翼青年作家蒋牧良、周文、奚如、舒群、罗烽、白尘、欧阳山、草明、葛琴等的新作。

万有画库：出版40余种，36开本，为摄影图集。

双鹅丛书：有萨空了、邬侣梅等人的译作及马国亮等人的创作。

晨光文学丛书：出版40种，有巴金的《寒夜》，老舍的《惶惑》、《偷生》(即《四世同堂》第一、二部)，钱鍾书的《围城》及萧乾、师陀、田涛等人的作品。

晨光世界文学丛书：出版18种、20卷，有楚图南、彦祥、冯亦代、荒芜、罗稷南、毕树棠、张骏祥等人翻译的美国作家朗费罗、马克·吐温、德莱塞、海明威等人的作品。

外国名作家画传：出版5种，有满涛、以群、郑君里、柯蓝等编的契诃夫、高尔基、斯坦尼斯拉夫斯基、奥斯特洛夫斯基等的画传。

工厂文艺学作丛书：出版25种，有钱小惠、王昌定、鲍昌、阿凤等的小说、理论、美术作品等。

还有一套当时已经计划中的“世界短篇小说大系”：10卷本，分约黎烈文(法)、耿济之(俄)、傅东华(英)、郭沫若(德)、郑伯奇(日)、郁达夫(北欧)、戴望舒(南欧)、曹靖华(苏联)、巴金和鲁彦(新兴国家)、赵家璧(美)10人分别担任各卷编译并写导言。开本、装帧、印刷、用纸完全和“新文学大系”一样，可称之为其姊妹篇。1937年7月号的《良友画报》封底上已刊出发售、预售广告，可惜隔了一个月，“八一三”抗战爆发，这个计划未能完成。

以上粗粗框计，已经有300多种了，还不是赵家璧所编的全部书目，可见他付出了多么巨大的心血和劳动。

以上所举的丛书由于装帧、开本形式新颖，内容和作者阵容的优秀、强大，在市场上赢得了广大读者的热爱。像“中国新文学大系(1917～1927)”，至今犹为人称道，并在1982年由上海文艺出版社影印重版，装帧、用纸、印刷均属上乘。1983年又由该社社长兼总编辑丁景唐主持续编20卷本的“中国新文学大系(1927～1937)”，一千数百万字。由赵家璧任顾问，约请周扬、巴金、吴组缃、芦焚(即师陀)、艾青、丁玲、夏衍为理论集、小说集、散文集、报告文学集、诗集、戏剧集、电影集作序，陆续出版。

三

赵家璧认为编辑的开拓创新精神，来源于其对所从事的工作的热爱。只有热爱本职工作才会有创新、有革新精神，才不至于疲疲沓沓、懒懒散散。赵家璧本人就十分热爱出版事业。他认为编辑出版工作是高尚的工作，编辑是在为人民服务，在做积累文化的工作。在赵家璧的一生中，曾经遇到过大的挫折，但他始终不动摇。这里可以举一件事：1943 年，还是抗日战争的艰难年头。这一年的 2 月，他好容易辗转千里，从上海内迁到桂林。但是 1944 年 6 月，战争爆发，桂林全城奉命疏散，他又只好全家逃难，经贵阳到重庆。这时，有朋友劝他到昆明改行经商，不要再这样辛苦，又要携带妻小，又要携带图书纸型，生活又不好过，做生意则既轻松，又舒适。那时，也确有很多人靠做生意发了财，生活很优裕。但是，赵家璧谢绝了友人的劝告，仍然守着出版这一行业来到重庆。他设法向银行贷款，又靠朋友的帮助——像巴金、老舍都很同情、大力支持，给了书稿；终于在 1945 年 3 月于重庆恢复了良友复兴图书公司的业务。巴金在《寒夜》的《后记》中说：

……1944 年冬天在桂林沦陷时，我坐在重庆民国路文化生活出版社楼下一间小得不可再小的屋子里……有一天，赵家璧兄突然来到文化生活出版社找我，他是空手来的。他在桂林创办的事业，已经被敌人的炮火打光了。他抢救出来的一小部分东西也已在金城江的大火中化为灰烬，那损失使他痛苦，但他并不灰心。他决意要在重庆建立一个新据点，我答应给他帮忙。我了解他。因为我在桂林也有着同样的损失，于是在一个寒冷的冬夜里，我开始写了长篇小说《寒夜》……

巴金的这部长篇小说《寒夜》，就交给赵家璧的良友复兴图书公司，作为“良友文学丛书”之一而出版。老舍也把刚写好的《四世同堂》第一、二部《惶惑》、《偷生》交给他出版。如果当年赵家璧听从他的朋友的劝告，去改行做生意，那现在也不会有他在编辑出版工作上的出色贡献了。

赵家璧思想进步，富有正义感。他憎恨欺诈、压迫和反动政府的残酷统治，向往幸福、平等、自由的生活。早在1933年，他参加良友图书印刷公司时，由于该公司编辑出版进步书籍《苏联大观》等，遭到反动统治者的迫害。这是我国最早的一本介绍苏联十月革命以后有关建设、生活等蓬勃情景的大型图书，胡愈之写序。当时国民党反动当局正疯狂地进行军事“围剿”和文化“围剿”，把黑手伸向进步文化出版事业。11月13日，继艺华影片公司被暴徒捣毁后，暴徒又用大铁锤击碎了良友公司门市部的大玻璃窗。鲁迅在《准风月谈》后记中曾有过这样的记述：

一个“志士”，纵使“对于文化事业热心异人”，但若会在不知何时，飞来一个锤子，打破值银数百两的大玻璃，“如有不遵”，更会不知何时，飞来一顶红帽子，送掉他比大玻璃更值钱的脑袋，那他当然是要灰心的，然则书店和报馆之有些为难，也就可想而知了……

击毁大玻璃窗后，文化特务头子(上海市教育局局长)潘公展还亲笔写信，将良友经理找去谈话，施加压力，要他把赵家璧解雇。良友经理伍联德、余汉生两人主持正义，不为屈服，并请甘乃光先生转请南京的粤籍国民党有关人士出来说了几句公道话，潘公展才见风转舵，不了了之。但赵家璧的编辑思想未尝改易，1936年还是出版了鲁迅编辑的《苏联版画集》这本影响很广的书。也是在鲁迅的影响下，赵家璧在1933年9月又出版了分别由鲁迅、叶灵凤、郁达夫及赵家璧本人写文字说明和序的四本比利时著名美术家麦绥莱勒的木刻连环图画故事丛刊：《一个人的受难》、《光明的追求》、《我的忏悔》和《没有字的故事》。

抗日战争爆发后，1939年1月，“良友”改组为良友复兴图书公司，请美国人出面挂名，继续出版《良友画报》和其他书籍。由于是美商发行，当时可以不受日方检查。《良友画报》就发表过延安来稿和八路军、新四军的照片来宣传抗日。1941年12月8日，太平洋战争爆发，日本向美国宣战，日本侵占了上海租界，《良友画报》被认为是宣传抗日、宣传共产。12月26日，日军将商务、中华、世界、大东、开明、光明、兄弟图书公司(即生活书店)和良友复兴图书公司8家书店封闭，并将存书抄走，经过一个月后才启封。当时“良友”的大部分股东和职工主张停业并内迁，赵家璧也主张内迁大后方，但个别的股东却认为《良友画报》在东南亚一带有销路，企图与日本人合作，宣传“大东亚共荣圈”。有一天，这人甚至把赵家璧和经理一起召到家里，陪日本驻沪领事馆负责人洽谈。哪知，日本当局认为《良友画报》曾经刊载过周恩来和朱德等人的照片，还发表过多篇介绍新四军、八路军的报导，是一份左倾的画报，拒绝合作。赵家璧回忆起这段往事时，对我说："这真是关系到我的政治生命的关键时刻呀！"之后，他就携带妻小，乔装商人，不带片纸，空手内迁到大后方桂林，继续着他的进步出版事业，又在重庆恢复了良友复兴图书公司。

赵家璧怀着深厚的感情回忆他走上文学编辑的道路时说，一个人踏入社会后，走什么道路，主要靠自己，但也离不开别人的帮助。郑伯奇就是他永志不忘的良师益友之一。他说："没有郑伯奇，可说就没有我赵家璧。"1932 年"一·二八"事变发生，良友公司因地处战区，停业三个月，4 月初复业时，作为"左联"重要成员的郑伯奇改名郑君平，参加了《良友画报》编辑部工作。5 月号的《良友画报》上第一次出现了他用"虚舟"笔名写的国际时事述评。此后，每期都有他用笔名写的这类评论。这在《良友画报》的出版史上揭开了新的一页。赵家璧说："郑伯奇的到来，对良友公司的出版方向起了巨大作用。"他又说："当我发现郑君平就是大名鼎鼎的郑伯奇后，我几乎每天去和他共进午餐，促膝深谈。我把思想上的苦闷、编辑工作上打不开局面的困境都对他谈了，也坦率说出了想编成套文学书的抱负。他以忠厚长者和前辈作家的一片深情，既肯定我已有的成绩，也指出我对编辑出版事业应当具有严肃认真的态度：一要跟上时代，二要面向群众，出版有益于广大读者的书，他答应为我介绍'左联'、'社联'方面著名的作者，也要我不放弃已有组稿关系的老朋友。伯奇始终处于参谋的地位，一切由我作主。""良友图书出版公司出版方向的转变，第一当归功于郑伯奇同志。"除了郑伯奇外，鲁迅、老舍、巴金等也都给了赵家璧很多帮助。正是在众多师友的热情支持与帮助下，赵家璧才坚定地走着文学编辑的道路，为我国文学书刊的编辑出版事业做出了巨大贡献。

（本文作者已于 2003 年病逝）

追念作为编辑出版家的叶籁士

张惠卿

叶籁士（1911～1994）江苏苏州人。原名包叔元。1928年在日本东京高等师范学校留学时，参加了日本的左翼世界语运动，并结识了一些日本的左翼人士。回国后又积极投入组织和宣传世界语运动的工作。1932年在上海加入中国左翼文化总同盟下属的中国世界语者联盟（"语联"），成为该联盟的负责人之一，主编《世界》月刊。1937年初为新知书店编辑《语文》月刊。抗战爆发后，于年底离开上海到武汉，参加由周恩来领导、郭沫若主持的国民政府军事委员会政治部第三厅，负责国际宣传工作。1938年9月加入中国共产党。他在三厅和几位世界语学者一起创办了世界语国际报导刊物《中国报导》半月刊。1941年皖南事变后，经党组织决定撤离重庆调往香港，行前由周恩来、邓颖超指示到港后的工作，叶到港后和香港新文字学会、世界语学会取得联系。不久太平洋战争爆发，香港被日寇占领后，进入广东东江游击区，不久转移到广西桂林。1943年到上海，因去解放区未成，暂留上海隐蔽。1945年3月奉命进入淮南新四军根据地，在新四军政治部宣传部任编辑副主任。1946年初，随新四军军部北撤至山东解放区临沂。军部和山东军区合并后，担任山东新华书店副经理兼编辑部主任。1948 年，山东新华书店改组为华东新华书店，他仍任副经理兼编辑部主任，并兼任华东局宣传部编审科科长。1949 年 4 月，随解放军渡过长江进军江南。5 月上海解放，华东新华书店随军进入上海后，参加接管国民党的正中书局工作。1950 年 3 月，华东新华书店改为新华书店华东总分店。1951 年 1 月，全国出版印刷发行机构实行专业分工，华东总分店的编辑部和出版部独立出来成立华东人民出版社，叶籁士任首任社长。1952 年 12 月，叶奉调到北京，任人民出版社第一副社长兼第一副总编辑。1954 年 1 月调中共中央宣传部，兼任中国科学院语言研究所副所长。1955 年被任命为中国文字改革委员会秘书长，此后一直在文改岗位工作，以后又任文改会副主任、党组书记等职，直到 1987 年离休。

叶籁士同志是我国语文学界和出版界的前辈，著名的语言文字专家和文字改革活动家，我国世界语运动的创导者和杰出领导人之一。他把一生都献给了我国的语文事业和文字改革工作。他同时又是一位出色的编辑出版家，在开创新中国的出版事业上，同样作出了卓越的贡献。我有幸曾在他的直接领导下工作多年，他对编辑出版工作强烈的敬业精神和无私奉献精神，他质朴淳厚、光明磊落的品格和严以律己、宽以待人，稳重严谨、一丝不苟的作风，使我深受感染和教益。

叶籁士同志从 1946 年进入山东新华书店到 1954 年离开人民出版社，在出版界虽然只工作了短短八年，但他是一位有开创性的领导人，他在编辑出版工作岗位上作出的建树，将铭刻在新中国的出版史上。

其实，早在 1932 年，叶籁士在为“语联”主编《世界》月刊时，就是一位出色的编辑工作者，后来又主持编辑《语文》杂志和《中国报导》半月刊。他高瞻远瞩，又踏实细致，并善于运用生动通俗的语言文字，宣传中国人民的抗日救亡运动，宣传新文字运动，把刊物办得既有思想性又有可读性，深受国内外读者的欢迎。

1946 年初，叶籁士到山东新华书店工作，进入了出版界。当时解放区的出版工作十分薄弱，设备简陋，条件很差。他和王益、华应申等同志一起，开始了艰苦的创业工作。

作为编辑部的负责人，叶籁士首先根据不同的读者对象，规划了高级、中级、初级三类选题，拟订了一个出书的总体设想，除了政治理论书以外，还有文艺书、科学知识书、农业生产技术书、课本等。书店为广大干部重印了解放社版的《列宁文集》，以及马、恩、列、斯著作和毛泽东著作的单行本，中央政策文件等。同时组织出版了“大众文库”、“新华小文库”、“战时小丛书”、“文艺创作丛书”等一批适合各类读者需要的书。还为工农兵读者编印了两种期刊——《群众文化》和《翻身道理》。

在此期间，为了扩大广大读者的视野，沟通解放区和国民党统治区作者和作品的关系，叶籁士还创编了《新华文摘》，这是全国各解放区出版的最早的一种文摘刊物，他利用山东烟台和上海之间航运的有利条件，搞来了国内外的进步报刊，精选了国统区发表的进步文章和介绍国外情况的文章及报导，在《新华文摘》上刊登，还请阿老等美术家创作了彩色漫画、战争形势图等在封面、封底、封二、封三上用石印印出来，增加了刊物的生动性，受到了社会各界的重视和欢迎。

叶籁士还参照日本书店出版的活页文选的形式(解放前北新书店和开明书店也采用过)，出版了《新华活页文选》，这样就能较快地将中央文件、重要社论等及时出版，价格又低廉，出满一年，还编印全年的《文选》目录和序号，免费送给读者，为读者服务。

叶籁士编书编刊的基本方针是：在政治思想上，要健康有益并有一定深度，在文字上和写法上，要通俗化和群众化，一定要让读者爱看，看得懂，看了有用。这也是他领导编辑出版工作时的一贯思想，不仅自己始终身体力行，也要求大家努力贯彻。

山东新华书店(后改为华东新华书店)，在他和王益、华应申、宋原放、姜彬、徐律、阿老、陈静之等同志的共同努力下，很快打开了局面，书店有两个书刊印刷厂，还不断派人到上海秘密采购白报纸、铜模和印刷器材，扩大印刷生产能力。以 1948 年下半年为例，在战时的严酷环境下，半年就出版了图书 117 种，620 多万字，110 万册。可见当时出书已成一定规模。

1949 年 5 月上海解放后，华东新华书店全班人马进入上海，叶籁士仍是书店副经理兼编辑部主任，副主任是宋原放。我是在这年 6 月经中共上海市委组织部分配到华东新华书店编辑部工作的，过去我从未搞过编辑出版工作，一切都得从头学起。

叶籁士是一位忠厚长者，思想缜密，作风民主，从不疾言厉色，但对工作要求十分严格，绝不放过任何差错。一开始使我感受最深的就是编辑部在叶籁士的领导下对工作严肃认真的负责精神。

有两件事使我终生难忘。一是当时我写字随意潦草，很不规范，他发现后向我严肃指出：你做的是文字工作，写字端正清楚是一个编辑的起码职责，字不在乎写得好不好，但一定要让别人看得清。凡经你手编发的稿件，必须保证每一个字、每一个标点符号都清晰可辨，不然到下一个环节，排字、校对造成差错，主要责任在你，切勿掉以轻心。从此以后，我就不敢再大意，写字、改稿尽量注意字迹清楚规范，慢慢养成了习惯，受益匪浅。

二是我审读过一部英文译稿，书名叫《蓝色多瑙河》，译者已出过多部译作，我看整个译文比较通畅，认为这是个老译者，不会有错，只大致抽对了部分原文，没有发现什么问题，就写了一个评价很高的审读意见，准备发稿。当时编辑部懂外语的编辑很少，我的英文基础并不好，但却很自信。译稿送叶籁士终审，叶籁士翻阅后觉得译文并非如我所说的那么好，就请陈原同志帮助复审。陈仔细审阅后，发现误译错译很多，几乎每页都有好几处错误，必须重译方能出版。当叶籁士把陈原同志的意见和改得密密麻麻的一些译稿给我看时，我羞愧得无地自容。这次教训给我的教育可说是刻骨铭心，我对待书稿再也不敢自以为是，草率马虎了。

叶籁士同志经常告诫大家的一句话是："粗枝大叶是编辑工作的大敌。"

叶籁士非常注意干部素质的培养和提高，同时也特别重视书稿的质量。他和其他几位领导同志一起，制定并建立了一整套严格的编辑出版工作管理制度，后来这些制度在实践中又逐步完善，切实保证了书稿的质量。

在整个出版工作上，叶籁士特别致力于通俗化和群众化的工作，注意工作实效和宣传普及工作。1950 年 5 月《中华人民共和国婚姻法》颁布后，党中央要求各地大力宣传，做到家喻户晓。他立即组织编辑部殷国秀同志编写《〈婚姻法〉图解通俗本》，初稿写出后，送请十几家有关单位征求意见，叶籁士亲自多次修改，同时邀请上海美术界张乐平、赵宏本、特伟等画家配图。全书通俗易懂，图文并茂，出版后受到广大群众的热烈欢迎，全国共发行了1 800万册，对《婚姻法》的宣传普及起到了很大作用。

1951年2月《中华人民共和国惩治反革命条例》发布后，全国大张旗鼓地进行宣传活动，编辑部立即动员起来，在上海市公安局的密切配合下，组织力量编写了三本书，一本是图解本，一本是讲话，一本是说唱。叶籁士亲自抓图解本，他决定在《解放日报》发表的《条例》插图的基础上，以图为主，用极简明的文字注解、释义。并请原作者和画家补画修改，最后请华东局宣传部的有关领导一起审稿，逐字逐幅仔细推敲，在较短时间内突击定稿，发稿后又动员印刷厂和书店大力配合，十天内就出书，一个月内发行了600万册，总共发行了900万册。

这两本书开创了通俗宣传党的政策的范例，后来中央宣传部召开了一次讨论通俗读物出版工作的会议，专门请叶籁士同志去介绍上述书稿编写和出版经验，向全国推广。

在华东人民出版社工作期间，为了开展通俗书刊的编辑工作，叶籁士特地邀请著名文字学家、通俗文字专家倪海曙同志到社里担任副总编辑，并调集一批青年知识分子成立了以倪海曙兼主任的“文化学习编辑室”，叶、倪两人都亲自指导这些新来的同志如何做好通俗读物的编辑工作。

使我至今记忆犹新的是叶籁士请倪海曙做过一次文字通俗化的示范。有一部译稿内容很好，但译文佶屈聱牙，都是直译式的欧化句，读起来十分吃力，尽管译得都符合原文，但表达方式太差，说明译者的中文修养不足。这几乎是当时我们收到的一些译稿的通病，只是程度不同而已，这部译稿比较典型。倪海曙同志大概用了两三天时间，把译稿像老师改小学生作文一样，从头到尾在文字上加工润色，等于是重新改写了一遍。

倪海曙这么一改，真是妙笔生花，使大家惊叹不已。我因当时正负责处理翻译书稿，故对此特别感兴趣，我把改过的稿子拿来仔细对照看了，发现稿中的欧化语句全没有了，变成了通俗可读的句子，全稿清晰流畅，几乎可以朗朗上口，而内容和原意一点没有改动，译稿真正达到了“信、达、雅”的高境界，使我佩服得五体投地。倪海曙同志真不愧是语言文字的高手，通俗化的大专家。

倪海曙领导的这个编辑室，也可说是叶籁士抓通俗化工作的试点，该室共有十多位编辑，除编印通俗化刊物《文化学习》半月刊外，在短短一两年内，还自己编写和编辑出版了数十种通俗图书。后来这个编辑室的大部分同志都调到北京，进入新成立的通俗读物出版社，成为该社的骨干。

叶籁士是1952年12月奉调离开华东人民出版社到北京的。他担任人民出版社的第一副社长兼第一副总编辑，第二副社长兼第二副总编辑是王子野。当时担任社长兼总编辑的胡绳同志因忙于中宣部的工作，除出版社的大政方针外，实际上不管社内的具体事务，由叶籁士主持人民出版社的全面工作。

人民出版社是国家政治书籍出版社，也是我国首要的社会科学著作出版机构。工作重，任务紧，要求高，叶籁士为此投入了很大的精力。他特别重视图书质量和编校工作。

因为要把好图书质量关和提高图书质量，首先要抓好编校这个环节，同时要形成制度，严格执行。人民出版社逐步建立起来的从选题规划、组稿、审稿、发稿、装帧版式设计到排版、校对、印制、发行等一整套规章制度，特别是严格的三审制和三校制，发稿的齐、清、定制度等，都是在叶籁士时代打下基础的。

我是1953年3月从华东人民出版社调来人民出版社的，一进社，叶籁士同志就要我到总编辑室任秘书。分配给我的一项主要任务，就是把各编辑室送上来给几位副总编辑分别终审的书稿，先从文字和规格上检查一遍，把一下关，凡不符合发稿付排要求的，如字迹潦草不清，规格不统一，稿件不完整等等，一律退回编辑室重搞改正，必须做到“齐、清、定”以后，再送交总编们从内容上进行终审。

这项工作我大约干了一年多，开始打回去不合格的书稿较多，后来各编辑室都开始注意，不合格的书稿逐渐减少，“齐、清、定”也形成一种制度，成为防止和减少差错，提高书稿质量的有效措施。

叶籁士同志还善于团结著译界人士，他和各方面的关系都处得很好。他在人民出版社的时间虽然只有短短两年，但在领导全社同志完成重要的出版任务，树立优良的社风等方面，都起了很好的作用。

在总编辑室，我一直在叶籁士同志的身边工作，他的言行举止、思想作风，我天天耳濡目染，接受他的言传身教，得益良多。

作为一位语言文字学专家，他在人民出版社期间还有一个重大业绩，就是积极倡导将书籍竖排本改为横排本。其实早在 1937 年他主编的《语文》月刊上，就采用横排的形式了。但他在 50 年代提出这一倡议时，却遭到有关部门和著作界不少同志的反对，他们认为汉字从来都是竖排，横排不符合古代就延续下来的文字阅读传统，大家都已习惯看竖排本，不能随意改变。当时人民出版社出版的《毛泽东选集》、《斯大林全集》以及其他出版物，几乎都是竖排本，其他出版社也很少用横排形式的。

但叶籁士却力排众议，在社内社外不断宣传解释，从文字排列的必要性，阅读方便，甚至从医学角度谈到眼睛看横排比竖排舒服得多等等，反复说明改用横排的种种好处。他对此事的执着、坚持，我当时是体会极深的。最后终于在胡愈之、叶圣陶等出版总署领导和专家们的赞同和支持下，报请中央批准后，开始先在人民出版社试行，并很快就在全国推广普及。这一造福中国人民的文字出版工作重大改革的实现，叶籁士是功不可没的。

1954 年 1 月，叶籁士同志被调去中央宣传部，从此离开了出版界。随后就担任中国文字改革委员会秘书长，以后就一直在文改工作的领导岗位上辛勤耕耘，直到 1987 年离休，时年 76 岁。

1994 年 2 月，83 岁的叶籁士老人因病永远离开了我们，但不论作为一位语言文字学专家还是编辑出版家，他的榜样作用是永恒的，他一生的言行品德，永远值得我们纪念和学习。

执著的追求　毕生的奉献

——怀念出版家和辞书编纂家罗竹风

王　岳

罗竹风（1911～1996）　山东平度人。1931年起参加反帝大同盟和中国左翼作家联盟，从事革命活动。1935年北京大学中文系、哲学系毕业。1937年冬在家乡组织抗日游击队，1938年2月加入中国共产党。曾任八路军胶东五支队秘书长、宣传部长，抗战日报社社长，平度县抗日民主政府县长，山东省教育厅督学主任等。建国后，历任山东大学军代表、教务长、教授，华东和上海市宗教事务处处长，上海市出版局局长，上海市哲学社会科学学会联合会主席、党组书记，上海市语言文字工作委员会主任等。是上海市第二、第三届政协常委，上海市第七、第八届人大常委。为山东大学、华东师范大学、上海师范大学兼职教授，上海社会科学院宗教研究所名誉所长、研究生导师，中国语言学会、中国宗教学会副会长、顾问，中国辞书学会顾问，上海语文学会、上海宗教学会、上海杂文学会会长等。任《汉语大词典》主编、《辞海》常务副主编、《中国大百科全书》总编委兼《宗教卷》主编、《中国人名大词典》主编之一、《中国新文学大系·杂文卷》(1949～1976)主编、《中国社会主义时期的宗教问题》主编等。长期研究语言学、宗教学，并致力于语言、宗教、出版、辞书编纂、社会科学理论研究等实际工作。著述以杂文见长。有文集《行云流水六十秋》等。

倡导杂家的出版家

罗竹风自1957年主持上海市出版局工作起，就为全力推进上海的出版工作倾注了大量心血。

他始终强调，出版工作必须坚持社会主义方向，必须按照多出书、出好书、形成规模、形成优势的方针开展工作，必须以坚持质量第一、质量是图书的生命作为做好工作的座右铭。为此，他要求出版局的相关处室，应当通过抓选题计划、出书计划、图书审查、图书评论等工作，加强对图书出版工作的管理。

他指出，选题工作是出版社工作的基础，选题的品位和质量，是出版社工作思路、编辑思想的集中反映，是出版社专业定位、学术水准的显著标志。出书工作是完成选题内容的实践过程，是出版社全部工作的最终体现。对这两项工作，除出版社必须高度重视外，出版局也应积极介入，参与工作。因此他总是每隔一两个月，就召开一次各出版社社长、总编辑和局相关处室负责人参加的选题计划、出版计划工作会议，讨论、研究、检查各社的年度工作和长远工作。他还要求出版局的相关处室，要不断做好对各出版社工作情况的分析，包括选题结构、出书特点、专业优势、重点书系列书比重、图书品种、图书印数、社会需求、读者反映等内容，经常提出意见和建议，为出版局的宏观决策提供依据，为出版社工作的日臻完善提供帮助。

他指出，图书应当反映正确的思想，传播科学的知识，凡是好的图书，往往总是思想性、知识性、科学性和艺术性的有机结合，这是出版工作者必须追求的目标。图书应当具有相当的稳定性，富有较强的生命力，这是出版工作者必须把握的图书与报刊的性质区别。应当明确编辑是出版好书的关键，加强对编辑的培养和使用，提高编辑队伍的整体素质，这是出版系统各级领导必须承担的历史责任。应当坚持图书的出版质量，切实履行严格的三审制和三校制，这是出版工作者必须承担的岗位责任。应当保持各出版社的专业特点，确立突出专长、强化优势、创建品牌、树立形象的办社思想，这是出版社必须坚持的发展方向。为了切实加强对图书出版的管理，他领导制订了“出版八条”，并对贯彻执行情况实行严格的检查。凡有好书出版，他就大加赞扬，凡有内容错误或编校错误的图书，他就严厉批评，对其中特别严重的甚至不准发行。他还提出，一定要努力办好《上海出版工作》，使之成为系统内传达方针政策，加强行业交流，促进全局工作的有力工具，并且亲自带头，撰写评论，积极推动全行业的工作。

他指出，应当加强对图书的审查工作，要求出版局的相关处室，对出版社送来的样书，进行有重点的认真审读，逐一写出审读报告，对出书工作中存在的倾向性问题，分门别类地进行言之有物的客观分析，并且以年度为单位，做好对出版社整体出书情况的质量评估。他还强调，对一些重要图书的审查，不能在成书以后，应当关口前移，从原稿阶段就及时介入，严格把好质量关。他也亲自参加一些重要图书的审查，对政治倾向、思想意识、理论观点、学术态度、科学精神、资料选取等重点内容严格把关，并提出调整结构、增删内容、更换资料等修改意见，确保图书思想性、知识性、科学性、稳定性的统一。

他指出，应当加强对图书的评论工作，要求审读处负责稿件的组织和加工，每半月在出版局与《文汇报》合办的《图书评论》副刊上集中刊登，形成图书宣传和图书评论的整体效应，同时也做好不定期地向《解放日报》、《青年报》和《人民日报》、《光明日报》、《读书月报》发送稿件的工作。他还要求出版社工作人员，尤其是编辑人员多写图书评论文章，通过对编纂思想的阐述和图书内容的评析，提高图书评论的质量，扩大图书宣传的效果。他不仅要求出版工作者这样做，而且还积极带头，撰写书评，并经常出席由社会各界组织的读书会、报告会，亲自为广大干部职工作读书报告，以努力促进全社会读书热情的不断提高。

他指出，应当树立勤奋务实的工作作风，要求局机关的同志主动到各个出版社去了解情况，掌握信息，把握动态，在实践中加强对图书出版工作的管理和服务。并且强调，到出版社去，不能只仅仅满足于同社长、总编辑联系，还应当重视同编辑室主任乃至编辑的联系，这将有助于了解出版社的全面情况，有助于把握整个上海的出版工作。他还提倡局机关的同志同编辑交朋友，通过对编辑思想状况和工作甘苦的进一步了解，增强出版局工作的针对性。他不仅要求局机关的同志这样做，而且身体力行，经常深入到各个出版社，了解情况，讨论工作，解决实际问题，甚至利用午休时间，到局机关附近的出版社走一走，聊一聊，产生了不少好的工作思路和好的选题思想。他还要求局机关的同志，应当挤时间到印刷厂和书店，甚至包括图书馆、学校和企事业单位多走走，全面了解图书的印制、发行情况和社会读者对图书的反映，以便从多种角度总结经验，完善工作。

在罗竹风的领导和全局系统的共同努力下，上海这个老出版基地，呈现出一派勃勃生机，出版了一大批在全国极有影响的高质量、高品位的优秀图书。上海人民出版社的哲学、经济、党建、中国断代史、少数民族史的图书和其他社会科学中级读物，在全国一直处于领先地位；上海人民美术出版社的连环画，深得广大读者喜爱，出版量占全国总量的1/3；上海科学技术出版社的一批学术专著，在社会上引起了很大反响；少年儿童出版社的《十万个为什么》，在青少年中产生了广泛而深刻的影响；辞海编辑所的《辞海》(未定稿)，更是代表了国家科学文化研究的最高水平。

“文革”前的这一段成为上海出版工作最好的时期之一，而罗竹风思想解放、视野广阔、知识渊博、工作大胆、敢于负责、作风深入的人格魅力和个性特点，也给上海出版人留下了极为深刻的印象。

罗竹风在全力推进上海出版工作的同时，还特别关心编辑人员的思想和工作状况，因为他非常了解编辑工作的甘苦，深知编辑在出版图书的过程中，需要付出怎样的艰辛，同时又需要承担怎样的责任，因此一再要求出版系统的各级领导，应当为编辑创造良好的工作环境和学习条件，以鼓励他们充分施展才能。他还针对编辑的社会地位和物质待遇与所承担的社会责任明显不符的问题而大声疾呼，以致遭到了长期的迫害。

1962 年 5 月，他在《文汇报》发表了一篇题为《杂家》的文章，指出编辑所从事的是一项很不容易的工作，既要求有宽广的知识面，是杂家，又要求杂中求专，是某个学科的行家，编辑工作也很辛苦，而且要有奉献精神，因为他们只是为他人作嫁衣裳，所以希望领导能多重视编辑工作，多关心编辑疾苦，以尽快改变某些不尽如人意的状况。然而就是这样一篇原本来源于工作实际，又完全是以友善的态度提出问题的文章，却首先遭到姚文元“莫须有”的批判，以后又在柯庆施、张春桥的支持下不断升温，无限上纲，直至1963年上海市委召开思想工作会议时使批判达到顶峰。于是在他不容分辩的情况下受到错误处理，基本上离开了出版局的领导岗位。但是出版界、知识界对罗竹风却更加钦佩和敬重。

“文革”以后，他虽然调任上海市哲学社会科学学会联合会主席，但仍对出版工作一往情深，又写下了《再谈“杂家”》、《三论“杂家”》，对编辑是杂家、是通才进一步加以阐述，强调编辑应当具有广博的专业知识，较高的审稿水平，相当的文字素养，出色的活动能力，只有同时具备了这四个方面的基本要素，才称得上是好编辑。

罗竹风提出的杂家，已经为社会所认同，是对编辑的一种美誉。

树立丰碑的辞书编纂家

自1957年罗竹风具体主持《辞海》1936年版修订编纂工作起，就为我国的辞书事业殚精竭虑、奋斗不已。

1957年，毛泽东把大型综合性工具书《辞海》1936年版的修订任务交给上海，罗竹风作为上海市出版局的主要领导，从一开始即参与其事。
他首先抓了中华书局辞海编辑所的组建工作，对干部配备、人员调动、选择办公场所等问题，一一关心，帮助落实，《辞海》的修订编纂工作，从此有了一个专司其职的工作机构和一支具有相当水准的编辑队伍。接着，他又参与组建辞海编辑委员会的工作，帮助聘请专家，拟订编委会组成人员名单，并报送上海市委和中央宣传部。辞海编辑委员会批准成立后，他作为最早的两位副主编之一，具体领导了《辞海》的修订编纂工作。尔后，编委会又进一步落实了分科主编和主要编写人，一支能承担各学科编写任务的高水准的作者队伍全部组建完成。此前，他还帮助辞海编辑所，对《辞海》1936年版的编纂体例进行了总结，同时根据新中国的特点和要求，结合辞书编纂的规律，制订了《修订〈辞海〉计划》，较为详尽地阐述了《辞海》性质、读者对象、词目选收、释文编写等一系列重要内容，并在体例中作出了更为具体的规定。这个计划经编委会修改通过，成为全书修订编纂工作的第一个规范性文件。

为了使修订编纂工作尽早走上正轨，编委会曾组织部分专家学者，以《修订〈辞海〉计划》为指导，进行选收词目、试写样稿的实战演练。他克服了行政工作繁忙的困难，坚持深入实战演练第一线，与专家学者一起，共同摸索、共同探讨、共同研究、共同实践。经过一段时间的艰苦工作，在反复斟酌，反复增删，反复平衡后，词目的框架终于基本形成；经反复撰写，反复推敲，反复论证后，一批能起示范作用的样板稿终于试写成功。工作取得初步成果后，他又与编委会一起，一方面迅速组织全体编写人员，根据各学科确定的词目框架，在样板稿的示范下全面开展有所依照的编写工作；一方面认真总结初战阶段的工作经验，形成规律，形成理论，及时修改了指导全书修订编纂工作的一系列方针原则。如将修订方针概括为政治性、科学性、通俗性、正面性、知识性、稳定性，并赋予确切的解释，即释文应当以马克思主义的立场和观点为统率，应当用科学的、客观的、正面叙述的方法，为读者提供尽可能多的稳定的知识，并且力求简明扼要，深入浅出，通俗易懂。对所收单字和普通词语、百科词语的范围，以及力求无缺、无滥作出了更为明确的界定。对释文原则和表述顺序，以及力求内容详略、深浅适当作出了更为具体的规定。他还提出了一系列重要的行文规则。如对释文内容必须切题，不可东拉西扯的“四至”说，即东至墙、西至庙、南至沟、北至道，十分形象，容易理解；对释文必须简明扼要的“挤水分”说，即应当压缩冗长的释文，精炼每一个文字和标点，用同样的篇幅介绍更多的知识，要求明确，利于把握；对释文必须客观表述的“并存”说，即凡学术观点有几说时，应一一介绍，无有偏颇，体现了百花齐放、百家争鸣的原则。

此后，编委会又组织编写人员进行编写和改稿，做了许多统一思想、统一原则、统一体例的工作，适时地解决了编纂中出现的大量问题，有效地提高了修订编纂工作的质量。

经过全体作者、编者七个春秋的共同努力，1965 年 4 月《辞海》(未定稿)终于出版了。这部为了精益求精而特意推迟公开出版的内部发行本，圆满完成了对 1936 年版的修订，并在此基础上取得了全面的突破性的成果。

罗竹风在这七年间，自始至终参加了全书的修订编纂工作。特别是 1963 年因“杂家事件”受到迫害，几乎完全离开了出版局的领导岗位，成为专职副主编后，更是全身心地投入。他曾协助主编主持召开编委会主任会议，研究、决策修订编纂工作中的一切重大问题。曾全力主持日常修订编纂工作，在把握方向、确定原则、指导编纂等方面做了大量卓有成效的工作，帮助解决了许多在编纂中遇到的困难和问题。他在审阅稿件方面倾注了极大的心血，是惟一从头至尾审阅了《辞海》全部条目的领导人，对纠正稿件错误，锤炼语言文字，提高全书质量起了极其重要的作用。他还对他所兼任的宗教学科主编的工作极端负责，在领导整个学科的修订过程中，最为突出的贡献，就是能够排除“左”的干扰，实事求是地提出修订工作的指导思想，即以现行的宗教政策为指导，用客观的态度介绍必要的知识，既不能使宗教信仰者产生错觉，以为有反宗教的倾向，又不能使非宗教信仰者增加对宗教的向心力，从根本上解决了这一敏感学科的修订方向，为顺利开展工作奠定了坚实的基础。事实证明，按照这样的指导思想修订的宗教条目，社会效果是好的。

1978 年，他继续担任《辞海》副主编，具体主持《辞海》1979 年版的修订编纂工作。他首先提出，要为在“文革”中遭到批判的《未定稿》恢复名誉，为所有参加《未定稿》工作的同志平反，要把这些专家学者请回来继续工作，并积极落实增补分科主编的工作。同时强调，修订编纂工作必须以《未定稿》为基础，在政治上应当彻底否定“文革”极左的理论和路线，对“四人帮”的流毒以至帮风、帮气、帮话、帮调，要除毒务尽，还历史以本来面目，在科学文化技术上应当尽力反映最新的研究成果，提高释文质量。他的主张得到了编委会的一致赞成。为了求得对否定极左错误的正确提法，他曾专程赴京向中央宣传部请示，但因当时党中央对许多敏感问题还没有定论，未有收获。为了尽快扫除修订编纂工作中最大的思想障碍，一个在罗竹风积极支持和直接领导下，由巢峰具体起草，与主编夏征农共同研究，并由夏征农最终拍板决定的《〈辞海〉处理稿件的几点意见》终于形成了。这个文件共有八条三十九款，大胆否定了，“文化大革命”、以阶级斗争为纲、无产阶级专政下继续革命、三个资产阶级司令部、走资本主义道路当权派等一系列极左提法。文件的内容被很快证明，完全符合党的十一届三中全会的精神，并与若干年后党的十一届六中全会作出的《关于建国以来党的若干历史问题的决议》的相关论述几近一致。于是在这个文件的指导下，修订编纂工作中的一个个禁区冲破了，一个个历史人物的本来面目恢复了，一批批尖端条目诞生了。如果没有破除迷信、解放思想、实事求是的政治勇气，没有对马克思主义的长期研究和准确把握，没有共产党人坚强的党性和崇高的社会责任感，没有处事不乱和当断则断的魄力，这个重要的文件就不可能产生，《辞海》1979 年版也就必定会黯然失色。在修订编纂工作十分紧张的二百多天里，他始终坐镇第一线，运筹帷幄，把握全局，做了大量的领导工作，帮助解决了许多稿件中随时发现的尖端的棘手的问题，并且亲自为饱经磨难后终于公开出版的《辞海》撰写了前言。当这部凝聚着全体作者、编者巨大心血，收词 10.7 万条，1 340 万字的国庆三十周年献礼书隆重问世之时，他又代表编委会，在上海市举行的《辞海》出版大会上作修订汇报的工作报告，对《辞海》的修订编纂工作进行了全面的回顾和总结。《辞海》的公开出版，实现了共和国历史上以典的形式，记载代表国家科学文化研究成果最高水平的愿望，成为结束中国辞书编纂落后面貌和开创新纪元的重要标志。

《辞海》1979 年版出版后，他立即提出，为了不断适应广大读者查阅的需要，《辞海》应过若干年就修订一次，此项工作永远不能结束；辞海编辑委员会要一直保持下去，不断增加新人，永远“长生不老”。这些意见对确保《辞海》修订编纂工作的连续性，起了重要的作用。

1980 年，罗竹风任常务副主编后，对《辞海》1989 年的修订版提出了三项工作意见：一是继续清除“左”的流毒和影响。因为《辞海》1979 年版定稿时，虽然党的十一届三中全会已经召开，以经济建设为中心和对内改革、对外开放的总方针已经明确，但是许多具体政策并未落实，因此书中仍有不少“左”的痕迹，并且随着时间的推移而日益明显，所以必须及时纠正，恢复科学性。二是力求反映最新的科学文化技术成果。因为进入 80 年代后，国际、国内的政治形势和经济形势都发生了翻天覆地的变化，新学科不断诞生，新名词不断涌现，新成果不断创造，而《辞海》1979 年版所依据的资料基本上是 60 年代的，所以差距不小，必须迎头赶上。三是补缺纠错删滥。所谓补缺，就是按学科体系大量补充新内容，消灭缺漏，以不断完整，并增收《辞海》1979 年版未收的已经去世的重要人物；所谓纠错，就是按政治性、科学性、知识性的要求，推敲观点，检查文字，核对资料，以订正错误，力求准确；所谓删滥，就是删除过专过细过于陈旧或查考价值不大的词目，对文字进行删繁就简，挤除水分，以力求克服过滥过繁。这些意见经编委会归纳补充和整理后，成为指导修订编纂工作的总要求。全体作者、编者根据总要求的规定，在编委会的统一安排下，先按学科对分册本进行修订，然后综合平衡，汇编成合订本。在历经五个春秋的共同努力后，《辞海》1989 年版终于如期向建国四十周年献上了一份厚礼。

《辞海》1989 年版与 1979 年版相比，在体现质量的政治性、科学性、知识性、稳定性、简明性方面，有了明显提高，在规模和容量方面，有了明显拓展，全书的观点更为正确，内容更为丰富，资料更为翔实，文字更为简明，收词大量增加，多达 12 万余条，近 1 600 万字，从而日益成为我国人民政治、经济、文化生活中不可或缺的最具权威的大型综合性工具书。

1993 年，《辞海》1989 年版荣获首届国家图书奖荣誉奖。

1994 年，罗竹风虽已患病住院，但依然关心《辞海》1999 年版的修订编纂工作，并对总体构想提出了重要意见。这个总体构想确定的奋斗目标是，要完成更新换代的历史责任，编纂一部以全新的释文内容和精美的彩色图片合璧而成的新版《辞海》，向建国五十周年献礼，以崭新的形象迎接 21 世纪。

《辞海》1999 年版实现了大型综合性工具书升级为彩图本的奋斗目标。

1979 年，罗竹风担任特大型语文工具书《汉语大词典》主编。作为这一巨大工程的设计者、组织者、领导者，他部署了全书编纂的一系列重大问题。

关于组织机构，他提出应当组建工作委员会、学术顾问委员会、编辑委员会，工作委员会为编纂工作提供组织保障，学术顾问委员会为编纂工作提供学术支持，编辑委员会为编纂工作提供质量保证，他还亲自聘请国内第一流的语言学家担任学术顾问和副主编，以加强全书的整体学术力量。

关于词典性质，他提出应当是一部以汉语言专业工作者为主要读者对象的提高性质的特大型语文工具书，整个编纂工作都必须紧紧扣住这个中心来开展。

关于词典规模，他提出应当是中国历史上空前的，收词需要达到 37

万条以上，字数在 5 000 万左右。

关于词典质量，他强调必须是能够达到反映汉语言全貌，并对中华民族的语言和传统文化进行系统的、科学的、全面的总结的要求，而且必须超过日本出版的《大汉和辞典》和台湾出版的《中文大辞典》。

关于编纂方针，他概括为古今兼收，源流并重，即收词必须突破时代界限，古今汉语兼容并蓄，释文必须注重对源流的探究，全面准确地解释词义，更具体地讲，就是尽可能收录古今汉语著作中的普通语词，吸收语言文字的研究成果，准确地解释词义，恰当地引用书证，力求反映汉语词汇的发展演变。

关于编纂原则，他提出必须达到收词严谨，准确把握历时性和共时性，即收词工作既要有从古到今的纵向概念，又要有处于同一时代平面上的横向概念，将两者完美地结合起来，就能把有生命力和有使用价值的语词收列其中；纠正《大汉和辞典》和《中文大辞典》的错误；释文应综合新的成果，增补新的内容，具有新的见解；释文应义项完备，释义确切，层次分明，文字简练；体例应整齐完备，切实起到规则和规范的作用；装帧设计和插图应具有中国风格。

关于作者队伍，他提出一定要紧紧依靠专家学者，并让他们在编纂过程中搞好传、帮、带；一定要大力培养和放手使用中青年专业人员，让他们在工作实践中尽快成为作者队伍的中坚；党和政府部门应当支持词典编纂工作，将其列入科研工作的范畴。

关于编者队伍，他提出一定要把汉语大词典编纂处和汉语大词典出版社建设好，要加强编辑力量，并为编辑全力以赴开展工作创造良好的条件和环境，实现出书、出资料、出人才的目标。

关于资料工作，他强调这是保证词典质量的基础，必须把工夫花在积累第一手的原始资料上，通过搜集整理，去伪存真，去粗取精，形成科学体系，词典的内容和观点，应当从丰富的资料中概括和提炼。

关于撰稿工作，他强调一定要落实编纂方针和编纂原则的基本精神，做到收词严整，不缺不滥；释义精准，用语规范；义项完备，层次分明；书证丰富，源流清晰；体例规范，行文缜密。

关于编辑工作，他强调一定要认真把关，确保质量，着重审核收词是否严整，做好补缺删滥；释义是否精准，做好去误纠错；义项是否完备，做好补漏删繁；书证是否适当，做好鉴别考究；体例是否齐整，做好规范统一；修改稿件一定要做到，提笔千钧重，下笔皆有据；审核资料一定要做到，依据权威版本，逐句逐字查对。

在《汉语大词典》千头万绪的编纂过程中，他主持召开过许多次编委会、审稿会和定稿会，具体研究决定了包括词典性质、编纂方针、收词原则、编写体例等一切事关全书的大政方略，部署和领导了包括讨论词目、解剖样稿、总结经验、全面推广等所有关键环节的工作，并且不辞辛劳地深入集中审稿、定稿的第一线，悉心研究推敲稿件，解决存在的疑难杂症，始终抓住编写质量不放，始终抓住出书进度不放，同时在工作实践中建立起了一整套行之有效的工作制度。他还在承担编写任务的华东五省一市(山东、江苏、安徽、浙江、福建、上海)间做了大量的组织、协调工作，处理和解决了各种各样的困难和矛盾，有效地推进了整个编纂工作的健康发展。他对组织负责编辑和出版工作的汉语大词典编纂处、汉语大词典出版社的工作十分重视，并对全书编纂的日常工作给予具体帮助和指导。

就在《汉语大词典》即将告成之际，他又将目光投向更远处，提出要充分发挥集十余年所形成的丰厚资源的优势，更好地适应不同读者的需要，努力出版包括《汉语大词典》缩印本，涵《汉语大词典》全部精华的《汉语大词典》简编本，按先秦、两汉、魏晋南北朝、唐宋、元明清和现代汉语各个时期划分的断代语词词典，以及成语词典、典故词典等，不断为拓展和丰富《汉语大词典》系列指明方向。同时他也提出，要搞好《汉语大词典》的合作出版，让《汉语大词典》在香港、澳门、台湾等所有有汉语文化存在的地方发挥作用。他还特别强调，《汉语大词典》每隔若干年应修订一次，使之日臻丰富与完善。

1994 年，《汉语大词典》全卷出齐后，党和国家最高领导人出席了在北京人民大会堂举行的庆功大会，对这部彪炳千秋的皇皇巨著给予了极高的评价，赞誉《汉语大词典》是中华民族五千年文化的结晶，是中国辞书出版史上的壮举。《汉语大词典》荣获首届国家图书奖，并被联合国教科文组织列为世界权威工具书。

1980 年，罗竹风担任我国第一部《中国大百科全书》总编委和《宗教卷》主编。他根据《辞海》宗教学科成功的修订经验，明确提出《宗教卷》的编写工作，必须以实事求是为原则，以宣传党的宗教信仰自由政策为核心，坚持内容的客观表述，努力把握好既反“左”又反右这个度。他注意落实从组织编写队伍、拟订所收条目、分学科编写样稿、组织样稿讨论，到全面铺开编写等各个环节的工作，为全书的编纂奠定了扎实的基础。他参加了重点条目、敏感条目的研究和审稿工作，并提出过许多关键性的意见，还亲自撰写“宗教”这一领头条目，对全面提高《宗教卷》的编写质量，起了重要的作用。

《宗教卷》是一部填补中国百科全书领域内宗教门类空白的力作。《中国大百科全书》荣获首届国家图书奖。

1981年，罗竹风担任我国第一部规模最大的《中国人名大词典》主编之一。这是一部既收历史人物又收在世人物的人名大词典。凡编纂人名词典，都需要对所收人物作出评价，而评价是否恰如其分，既是体现词典质量的重要内容，又是编纂工作最难把握的关键问题，尤其是对在世人物的评价工作，难度更高。为了妥善处理好这一关系全书质量的根本问题，他曾与廖盖隆、范源两位主编一起，根据实事求是的原则精神，把编纂方针概括为32个字：尊重历史，尊重客观，既不溢美，也不饰过，只用资料，反映观点，如实评价，无有偏颇。以此指导全书的编纂工作。他还与另外两位主编一起，组织召开编委会、审稿会和定稿会，解剖稿件，研究问题，总结规律，形成措施，狠抓编纂质量。他还经常到上海辞书出版社，了解编辑部的工作情况，帮助解决书稿中出现的“疑难杂症”。

《中国人名大词典》问世后，被誉为系统介绍中国名人的高质量的工具书，并荣获首届国家图书奖提名奖。

罗竹风所主持编纂的几部规模最大、在读者中最有影响的骨干型工具书，在我国辞书编纂史和出版史上，树立起了一座座巍峨的丰碑，同时也为我国辞书编纂事业的不断繁荣和发展，提供了成功的模式和经验。

在长期的辞书编纂实践中，罗竹风也写下了许多理论与实践相结合的文章，《实践是检验辞书编纂工作的惟一标准——〈辞海〉修订工作二十年》、《〈辞海〉是怎样修订的——漫谈〈辞海〉的性质和历程》、《〈汉语大词典〉在实践中》、《试论语文词典编纂工作》、《同舟共济，鼓浪前进》、《回顾与展望——记〈汉语大词典〉首卷出版》、《〈辞海〉六十年》等是其中的主要作品。

1996年11月，罗竹风因病逝世，离开了他毕生为之奋斗的事业，但是他的精神，他的人格，他的学识，他的业绩与社会同在，与事业永存。

难忘低调实干的编辑家周振甫

冀　勤

周振甫（1911～2000）　浙江平湖人。原名麟瑞，笔名卞慧。著名中国古代文史研究家、编审。1932年，在无锡国学专修学校学习时，经徐调孚推荐，进上海开明书店，从事校对、编辑工作。40年代责编钱锺书《谈艺录》、80年代责编钱锺书《管锥编》、《管锥编增订》，树立了编辑与作者密切合作的榜样，被出版界传为佳话。1953年，开明书店与青年出版社合并，成立中国青年出版社，周振甫在语文学习杂志社任编辑，后在二编室编辑了大量古代文化通俗读物。1971年借调到中华书局，参加《明史》点校，1975年正式调入中华书局工作，在文学编辑室编辑了大量古籍整理经典著作。其间，曾借调至人民文学出版社参加《鲁迅全集》注释。

周振甫先生自1932年进入开明书店，到1989年在中华书局退休，在长达半个多世纪的时间里，他把绝大部分时间和精力，都用在默默无闻的编辑工作上。1983年中国出版工作者协会召开了“周振甫同志从事编辑工作五十年茶话会”，中宣部、文化部的负责同志，出版界、学术界的一百二十多位著名人士到会祝贺，并赞扬他“五十年如一日，甘当无名英雄”的崇高品质。

1987 年，周振甫获首届“中国韬奋出版奖”。

结识周振甫先生还是 20 世纪 50 年代末的事，记不得当时为什么去中国青年出版社访他，只记得他文质彬彬、不善言谈、一副书生气很浓的样子。1963 年我进中华书局，在审阅陆侃如、牟世金介绍《文心雕龙》的知识读物时，突然想到周振甫已做了《文心雕龙》选注，就对文学组组长徐调孚同志建议，何不出个选注本，更便于读者阅读原著，调孚同志有同感，便派我去了解进展情况并酌情约稿。于是我第二次拜访周先生，并向他约了稿。而这桩事正式提上日程已是 1975 年我从干校回京恢复工作以后，读者看到这个选本已进入 80 年代了。

一

周振甫是出版界真正科班出身的优秀编辑，是首届韬奋奖的获得者。他 1932 年进开明书店，从校对做起，一上手就校朱起凤的大部头《辞通》，从这样高的起点做起，整整干了 58 年，退休时已近八旬。

他一生勤勤恳恳为人作嫁，审读编辑过大量书稿，不少名著是经他手出版的，例如：校对《二十五史补编》、《汉书地理志详释》；编校吕思勉的《中国史》、《先秦史》、《秦汉史》、《隋唐史》和童书业的《春秋史》等；编辑钱锺书的《谈艺录》、《管锥编》、《管锥编增订》，并代拟目录，编辑钱基博的《中国文学史》，并给予订补等；古籍整理经他手编辑出版的也不少，例如：《李太白全集》、《乐府诗集》、《庾子山集注》、《元稹集》、《历代诗话》、《历代诗话续编》、《楚辞补注》、《酉阳杂俎》、《后村诗话》、《诗林广记》等；通俗读物经他编辑出版的更多，例如：《先秦寓言选》、《神话故事新编》、《古代白话短篇小说选》、《明清传奇选》、《文学基本知识》、《中国古典文学名著题解》等。

周先生学识渊博是编辑界众所周知的。这里我再举几个亲身经历的例子进行佐证。70 年代末，我从点校《元稹集》入手，初次尝试古籍整理，首先碰到的问题是如何写好校勘记，特别是对一些底本和他本皆误的字，无所适从。周先生指点以理校解决，比如：《和乐天感鹤》有“既可习为鲍，亦可薰为荃”句，“鲍”，底本作“饱”，他本皆作“匏”，我只出了异文校，后加“疑误”两字。周先生指教，据文义当是“鲍鱼之肆”的“鲍”，正与香荃相对，可改而出校。同时，周先生告诫说：段玉裁指出“最高妙者此法，最危险者亦此法”，没有丰富的学识，将很难做出准确判断，一旦判断错误而改了，那就闹大笑话了。又如：《酬郑从事四年九月宴望海亭》有“虽无趣尚慕贤圣，幸有心自知西东”句，“自”字不好解，他本皆作“目”，也觉不好解，疑当作“月”，犹言心明如月，即将此意写进校记，周先生指出“趣尚”也作“趣向”，与“心目”恰好相对，不当有疑，应改“自”为“目”出校。事后我查《辞源》、《汉语大词典》等，一看，傻了，“心目”是古人常用的词啊，其例句出处有《国语·晋语》、曹丕《与吴质书》、康骈《剧谈录》、郑观应《盛世危言》、朱熹《中庸章句》，甚至今人巴金《家》，都是自己看过的书啊，竟对此词毫无印象，没能把读过的书变为自己拥有的知识，这使我很自责了一阵子。又比如：《台中鞫狱忆开元观旧事呈损之》有“居处虽幽静，尤悔少愉懒”句，“懒”，他本有作“懒”的，我出了异文校，周先生指出“愉懒”当指多悔而少愉悦，且“懒”系平声，押韵，倘作“懒”，仄声，失韵，《中华大字典》以“懒”同“懒”，释义欠备，故不必出校。又如《含风夕》有“怅望牵牛星，复为经年隔”句，“牵牛”，他本有作“牛斗”的，周先生指出，牵牛星经年隔，指牛女一年一会，而“牛斗”没有经年隔，误，可不出校。又如《哭女樊四十韵》有“母约看宁辨，余慵疗不精”句，“母约”，他本有作“母幼”的，周先生说“母约”或指知识少，辨不清病的重轻，诗是写这个女儿“怜初妙长成”，既已长成，再说母还年幼，恐不确，不必出校。经过这样严格筛选，留存的校勘记仅剩三分之一了。周先生学识渊博，且烂熟于心，所提意见不仅使书稿在点校质量上有了保证，对我专业水平的提高帮助也很大。

80年代中期，我与王秀梅、马蓉两位合作校点了宋人吴淑撰注的《事类赋注》。这是一部类书，注文集录了大量古籍资料，类似一部小百科全书，分门别类，举引到经史子集，知识容量很大，相应整理难度也大。我们想通过校点这部著作，进一步熟悉宋以前经史方面的知识。抱定这个目的，我们十分认真，在搞完全书以后请周先生为我们审稿，请他提出意见，指点我们自己改正，以使我们得到锻炼与提高。在《校点说明》里，我写到该书的价值，“即使是传世的古籍，本书所引也有多出今本者，诸如《博物志》、《搜神记》、《论衡》、《明皇杂录》等等”，这是周先生提示我们才去复核证实的。我还在周先生指导下举出若干具体例子，比如卷一《天》引《论衡》：“日月星辰随天而西移，行迟天耳。譬如磨石之上行蚁，蚁行迟，磨转疾，内虽异行，外犹俱转。”文意十分清楚，而今本《论衡·说日篇》则说：“《易》曰：‘日月星辰丽乎天，百果草木丽于土。’丽者，附也。附天所行，若人附地而圆行，其取喻若蚁行于硙上焉。”文意相近，文字不同。又如卷二十一《马赋》注文引《文选·七发》“鍾岱之牡，齿至之驹”在今本《文选·七发》中“驹”作“车”，李善注“未详”，周先生指出可据《事类赋注》所引改“车”为“驹”，这不仅校正了讹误，还补充了李善注之不足。这些例子都是周先生指出的，并一再告诫我，要自己去查证后再写进《说明》，可见其严谨。《校点说明》写出以后，我自己感到比点校《元稹集》时有了提高，如果不是周先生以丰富的学识给予无私的指导，我怎能写出较前进步了的文字呢？

二

周振甫是优秀的学者型编辑，不仅完整体现了“开明人”的作风，同时也体现了中华书局对编辑的希望与要求。他结合自己的编辑工作，不止于专攻文史，还潜心研究鲁迅作品和毛泽东诗词，在弘扬传统文化方面成就卓著，说他著作等身一点不为过。

周先生没有书房(不是单位不给，而是补给的房子在远处，合不到一起用，远水救不了近火)，只有书桌，一张写字台与另一张书桌临窗面对面摆着，如同办公室格局，桌前坐椅背靠着贴墙立起的高书架，书摞得满满的。书架旁紧靠床头柜，柜旁紧挨着一张大床，那是周先生夫妇的卧榻。记得80年代《光明日报》有个小版面，登载专家学者的书房，发表过周先生的，照片上周先生正伏案写作，这则报道把一张书桌夸成书房，粉饰过头了。但是，就在这样的条件下，周先生写出了几百万字的著作，而且从无怨尤。还是用书目说明吧：《班超》、《东汉党锢》(1935)，《人间词话注》(1939)，《严复思想述评》(1946)，《怎样使用标点符号》(1951)，《怎样阅读》(1955)，《通俗修辞讲话》(1956)，《毛主席诗词十八首讲解》(合著)(1957)，《诗词例话》、《鲁迅诗歌注》、《毛主席诗词浅释》(1962)，

《古代战纪选》(1964)，《十老诗选注》(1979)，《文心雕龙选译》(1980)，《文心雕龙注释》、《谭嗣同文选注》(1981)，《文章例话》(1983)，《文论漫笔》(1984)，《文心雕龙今译》、《诗文浅释》、《李商隐选集》(1986)，《严复诗文选》、《毛主席诗词讲解》(合著)(1990)，《小说例话》、《周易译注》(1991)，《钱鍾书〈谈艺录〉读本》(合著)(1992)，《文论散记》、《毛主席诗词欣赏》(1993)，《诗文浅说》、《中国文章学史》(1994)，《一百首爱国诗词》、《苏洵散文精品选》(1995)，《诗品译注》、《文哲散记》(1998)，《周振甫文集》(十卷)(1999)，《周振甫学术文化随笔》(2000)，《洛阳伽蓝记校释今译》(2001)，《诗经译注》(2002)，《周振甫讲谭》(七卷)(2005)等等，肯定会有遗漏。像改写、缩编《山海经》、《三国演义》，还有记不得年代的《周振甫推荐散文》(合著)、《周振甫自选集》、《文学风格例话》、《怎样学习古文》、《中国修辞学史》等等，近五十部著作。此外，周先生还发表了不少学术论文，大多具有新见解，从不人云亦云。

我常常想，一个人在有限的一生中，到底能做多少事呢？为什么周先生无论业内业余能做出那么多成绩？我很想学习，但是相比之下，无论学识、见解，都有太多的差距，要学习，自觉已经太晚，该补足的知识实在太多太多。

周先生像是特殊材料制成的人，他在工作中专心致志，从不闲聊天串办公室，不喝茶不吸烟，头也不抬地伏案审改书稿，如遇需要查什么书，便迈开碎步摆起双臂急匆匆去图书馆，很快查得，又急匆匆回办公室接着做下去，从不浪费时间。每天他总是早七时半到办公室，下午五时才走，往返挤公共汽车，从灯市西口到工人体育场，年复一年，日复一日，天天如此。直到1985年改为在家办公，每周到办公室半天。只有这时，周先生偶尔到我们办公室，就事说事几句话，说完转身摆起双臂走了，他不愿影响我们工作。

一次我问师母，周先生不是三头六臂，怎么能做那么多事？师母说，他每天晚上九点睡觉，夜里两点起床，开盏灯，不是看书就是写啊，做到早上五点多，我起床做早饭，他稍眯一下，吃过就上班去，振甫辛苦唻。周先生在一旁笑盈盈地说，弗辛苦，弗辛苦。

三

周振甫是一位倾其全部心血做编辑的人，在同事和作者中极有人缘，大家视他为良师益友，对他充满敬意。

1983年2月4日，中华书局和中国出版工作者协会在北京举行祝贺周振甫同志从事编辑工作五十年茶话会，文化部出版局局长边春光(左)代表文化部党组和朱穆之部长向周振甫表示热烈祝贺。右为中国出版工作者协会副主席王子野。

这使我想起1983年初春，中华书局和中国出版工作者协会共同主办“祝贺周振甫同志从事编辑工作五十年茶话会”。记得是在文化部出版局会议室，有一百多人参加，王子野同志主持，他说编辑工作很辛苦，又默默无闻，周振甫同志五十年如一日甘为他人作嫁，实是难能可贵。叶至善代表父亲叶圣陶也来祝贺，说周先生是编辑兼学者，业内编辑大量图书，业余著作等身，完整体现了“开明人”的精神与做派，就像叶圣陶先生说的“堂堂开明人，俯仰两无愧”，周先生既无愧于读者，又无愧于作者。边春光曾与周先生共事十多年，凭着他对周先生的了解，给周先生概括出四大优点，其中之一是勇于坚持真理。这可不是溢美之辞，举个印象最深的事情来说，批林批孔时，一天我们二编室(中华、商务合并，实是中华全体编辑)开会，批“孔老二”，大伙儿围坐着，你看看我，我看看你，没有一个人想说话。突然周先生发言了，平时他很少说话，此举引得大伙儿一下子抖起精神，洗耳恭听。周先生一一举出社会上对孔子言论的谬解，给以批评，又一一解释其本意，指出孔子的话没有错。说得头头是道，神情异常激动，大家都很惊讶：周先生今天吃了豹子胆了吗？怎敢这样大胆顶风！惊讶之余，没有不对他敢于坚持真理讲真话竖起大拇指的，因此对他更加敬佩了。

茶话会上钱鍾书先生的话幽默而有深意，至今记忆犹新。他说人受到表扬往往有两种反应，一种是洋洋得意，尾巴翘起；一种是惭愧难当，局促不安。振甫属于后一种。事实也是。周先生微低着头坐在那里，听众人赞誉，脸红红的，一副不自在相。启功先生用朱笔画了一幅《松竹图》，作为中华书局的礼物送给周先生，周先生十分珍爱，从不舍得挂在他的卧室兼“书房”仅剩一米宽的墙上。

那天周先生说自己的感受，在一串感谢之后，他说，说自己从事编辑工作五十年是个虚数，因为十年动乱中在干校放牛，不能算编辑工作。话音刚落，引起一片笑声。在我与周先生交往的几十年中不乏这样的小幽默，就连幽默也是实实在在。周先生很谦虚，他说，要说自己有什么成绩，首先得感谢作者，钱先生就是一位好老师。此言不假，周先生在审读《酉阳杂俎》点校稿时，就对我说请教过钱先生帮助解决了问题。

现在回想起这二十多年前的旧事，有欣喜，也有悲伤。那天王子野、杨伯峻、刘叶秋诸先生，兴致非常，挥毫泼墨，题诗赋词，好不热闹。陈原、王仿子、余冠英、张志公、舒芜等也在场，济济一堂，如今仍历历在目。可是，上述诸多老前辈，不少人已离我们远去，想到此，能不有悲凄之感吗？

周振甫是个严于律己的编辑。说些再小不过的事：他与作者通信，用自己买的小信封、薄稿纸，很少交公家邮寄。他写文章用自购的 400 字薄稿纸。在食堂午餐总是晚去，不浪费时间排队。有限的出过两次国也不治装。你向他请教学问，他总是热心指导，从不背后说三道四。我出过几种书，都请周先生最后审定，他不惜花费宝贵时间，一一提出具体意见，使我获益良多。

周先生的人品比他的才学更令人敬佩。

营造中华文化丰碑的巨匠——姜椿芳

金常政　黄鸿森

姜椿芳(1912～1987)　江苏常州人。1931年参加反帝大同盟，加入共青团，翌年转为中共党员。曾任共青团满洲省委宣传部长，后调中共满洲省委工作，编辑《满洲红旗》(后改为《东北人民报》)。受党的委托入英亚社(塔斯社化名)任翻译。1936年参与创办《大北画刊》。同年8月到上海从事进步文化活动，在中共上海地下党的领导下任文化总支书记，团结了一大批文化界进步人士。1941年创办《时代》中文周刊，任主编，这是当时沦陷区唯一反映中国共产党观点的刊物。1945年抗战胜利后，创办《时代日报》，任总编辑和时代出版社社长。1949年5月上海解放后，任上海市军管会文管会剧艺室主任，市文化局对外文化联络处处长，创办上海俄文学校(后改为上海外国语学院)，任校长兼党委书记。1952年调北京，任中共中央宣传部斯大林著作翻译室主任，1953年任中共中央马恩列斯著作编译局副局长，参与翻译出版《马克思恩格斯全集》、《列宁全集》、《斯大林全集》三大全集的组织领导和译文的审校工作。自1960年代起领导《毛泽东选集》和中央文献的外文翻译工作。1978年主持创建中国大百科全书出版社，任总编辑和《中国大百科全书》总编辑委员会副主任(1986 年改任顾问)，他把晚年的全部精力献给了中国的百科全书事业。姜椿芳曾任全国政协第五、第六届常委、文化组组长，中国翻译工作者协会第一、第二届理事会会长，中华诗词学会常务副会长，中国文联全国委员会委员等。译有时事、政治、经济、诗歌、小说、电影剧本等多种。

从翻译家到出版家编辑家的道路，姜椿芳是作为革命者走过来的。他是我国翻译界的老前辈，译著等身，而且涉及范围很广，包括马列主义经典著作、小说、剧本、戏剧理论、诗歌等。他还写过大量的散文。有人说他是杂家。但是，他的名字密不可分地与百科全书联系在一起。人们谈到《中国大百科全书》，就不能不提到姜椿芳；人们提到姜椿芳，就不能不想到《中国大百科全书》。姜椿芳这个名字已经深深地镌刻在《中国大百科全书》这座宏伟的中华文化丰碑之上。

韶光易逝，斗转星移。中国的百科全书事业如果从姜椿芳于 1978 年 1 月发表《关于编辑出版〈中国大百科全书〉的建议》算起，正好走完 30 年的历程。我们曾经在总编辑姜椿芳先生领导之下从事《中国大百科全书》编纂工作，时间虽已过去多年，每当忆及姜老为创建中国百科事业而摩顶放踵，呕心沥血的往事，依然为之激动不已。

30 年前，“百科全书”一词只不过作为报刊上“小知识”之类栏目的标题出现。15 年前，即 1993 年，《中国大百科全书》第一版 1.3 亿字、74 卷就出齐了。这座规模宏大的知识长城，《人民日报》誉之为“中华文化丰碑”。《中国大百科全书》开始编纂不久，在它的带动下，中国出版界很快出现了“百科热”，星火燎原，势不可当，以“百科全书”命名的出版物至今已不下千种之多。巍峨书城，雄伟壮观。值此中国百科事业而立之年，《中国大百科全书》第二版即将问世之际，我们以为回顾一下姜椿芳先生创建中国百科事业艰难竭蹶的历程是有意义的。

囚徒神驰百科

自从康有为于 1898 年把“百科全书”这一人类知识总汇的概念引进我国知识界以来，百年来我国知识界多少有识之士为之心动。世界著名大图书馆的书架上，已摆有五六十个国家的现代百科全书，却不见我们文明古国出版的现代百科全书。清末民初，有从海外留学归来的学人，曾筹划编纂我国的百科全书。但是，这样巨大的文化工程，实非少数人所能承担，何况国内战乱频仍，人们有心无力。中华人民共和国成立之初，在我国知识界仍不断有编中国百科全书的议论，1956 年甚至列入了我国“1956～1967 年科学技术发展远景规划纲要”，只是后来接连的政治运动使这一计划成为泡影。

在世界文化史上有这样一件事实：一部百科全书在 18 世纪点燃了欧洲启蒙运动的火炬，成为划时代的历史丰碑和世界现代百科全书奠基之作，其伟大意义斐然卓著。这部百科全书常被人冠以主编者狄德罗的名字。有意思的是，这部名传后世的百科巨制是同牢狱关联着的。狄德罗策划此书不久就被法国当局逮捕，囚禁在巴黎附近的樊尚监狱三个多月。

也许是巧合，二百多年后，《中国大百科全书》的诞生也同监狱有着关联。在“文化大革命”中，中央编译局副局长姜椿芳受到“四人帮”迫害，被投入秦城监狱七年。他在狱中反复思量，若有重获自由之日，还能为中华民族的文化建设和知识启蒙做些什么？他想到的就是编一部中国的百科全书。

姜椿芳被囚禁的秦城监狱，不是关押一般囚犯的地方。狄德罗被捕时，执法者在他家门口高喊：“以国王的名义！”他被关押的“樊尚是专门接待高级人士的”。[①] 这里关押过亲王、红衣主教、元帅、将军、公爵、大臣、法官、律师等。樊尚监狱关押的是“以国王的名义”逮捕的人，秦城监狱关押的是“中央一级”的受审者。

狄德罗入狱时法国《百科全书》的设想已稍见眉目，出版商准备投资 25 万里佛，并已付出 1 万里佛。狄氏在押期间，他的夫人、思想家卢梭、出版商布雷顿均来探望，还送来装稿件的纸盒和资料。狄德罗被关押了 103 天，释放之日，“他坐在四周全是文件包、纸捆、资料、衣服卷的马车上向巴黎驶去。”

姜椿芳在秦城监狱被关在只有五六平方米的囚室中。他在出狱多年之后，悼念也被关押在秦城监狱 8 年之久的女诗人关露的诗中，有这样

① 安德烈·比利：《狄德罗传》，79、84 页，北京，商务印书馆，1984。

的句子："坐看微光入铁窗，心存战马思驰骋。无纸无笔写浩情，长日口占新诗文。"[1]诗中描写的单身牢房，微光一线，无纸无笔，默诵诗文，未始不是姜氏铁窗生活的自况。不给纸笔，这对于知识分子真是"狠招"。因此姜椿芳多年冥思苦索的成果也无处落笔，出狱时只是带出关于设计中国百科全书的"腹案"。

狄德罗和姜椿芳都是无罪之人。就姜椿芳所受迫害来说，"四人帮"的法西斯专政比起路易十五的专政更加严酷。狄德罗无端被剥夺自由 3 个多月，姜椿芳一关就是 7 年。狄德罗在狱中家人亲友可以探视，姜椿芳被捕后四年多音讯全无，家属不悉人在何处，直到后期才许家人探视，一共也只允许探监四次。

中央批准倡议

姜椿芳在 1975 年 4 月 19 日出狱的当天，对中央编译局领导人王惠德、张仲实等说了自己在狱中的设想："编译局已经译出了《马恩全集》、《列宁全集》、《斯大林全集》，是否可以用现有的编译力量，配备一些有专业知识的力量，编辑中国还缺少的大型工具书——百科全书。"他们说，编译局还有编译三大全集第二版的任务，无力搞百科全书。[2]

一个在炼狱熬过七个春秋的人，一个身心备受摧残的人，一个患有糖尿病、视力极度衰退的人，一个年逾花甲的老人，迈出牢门才几小时，不谈狱中遭受的磨难，不谈如何修养将息，调摄身心，恢复元气，而是提出筹思已久的编纂百科全书方案向编译局领导人磋商。可见，他对百科全书的期望何等殷切，对事业何等执著、何等忠忱！

姜椿芳走出大狱后，便沉下心来研究百科全书和类书，充实和修订狱中的设想，为起草一篇编辑百科全书的建议文章作准备。他自己是这样说的：

在 1976—1977 年两年中，我主要是调查研究国内外有关百科全书的

① 姜椿芳：《野草诗词选》，16 页，北京，新华出版社，1987。

② 姜椿芳：《〈中国大百科全书〉及其出版社在草创阶段的一些情况》，见《怀念集》，378 页，北京，奥林匹克出版社，1997。

资料，倪海曙同志转给我一份周有光同志送给他的介绍美国编辑出版《不列颠百科全书》第15版情况的资料(实际上是出书的宣传品)，里面有不少可供参考的资料。《苏联大百科全书》第一、二版和《苏联小百科全书》，以及《苏联百科词典》也是主要的参考书。我请编译局懂英文、法文、德文、日文、西班牙文的同志找这些国家的百科全书的资料，或给我翻译一些，或给我口头讲述一些。美国图书馆协会出版的年鉴(按：《工具书指南》)，其中介绍各国百科全书的情况，也很有参考价值。关于中国历代编辑类书的一些资料，清末民初中国出版过的几部百科全书类型的书，特别是1936年出版的带有百科全书性质的《辞海》，都提供了不少可供参考的信息。

这两年，姜椿芳广搜博采文献，潜心探索百科，追寻千年往昔，盱衡现实情况，反复推求，数易其稿，终于写成八千言书——《关于出版〈中国大百科全书〉的建议》(以下简称《建议》)。

在此期间，他还走访了对百科全书有兴趣的知名人士，如胡愈之、于光远、王益、陈翰伯、黎澍、倪海曙、唐守愚、梅益、王子野、许立群、周有光等，也给胡乔木打过电话，宣传自己的设想，以期众擎易举。大家都表示首肯，积极支持。

姜椿芳把《建议》送给中共中央宣传部和国家出版局。中国社会科学院副院长于光远看到《建议》，慧眼识珠，极为赞赏，立即推荐给中国社会科学院内部刊物《情况和建议》，在1978年1月27日出版的第2期上发表出来。

百科大业的启动过程，出人意料地迅速和顺利。一项发表在内部刊物上的个人倡议，转变为向党中央提出的正式建议并获得中央批准，前后不过用了四个月的时间。这里不妨引述姜椿芳本人的回忆文章《〈中国大百科全书〉及其出版社在草创阶段的一些情况》中的一段话，用以说明这一非凡建议化为非凡决定的真实过程。姜椿芳写道：

《情况和建议》刊出这个材料后，引起好多同志的注意，乔木同志让当时的出版局局长王匡同志来找我……决定由我写出正式的倡议书，送出版局。我连夜改写，由倪海曙抄正，第二天一早由他亲自送到出版局。出版局请中国科学院和中国社会科学院会签，联名向中央提出……这事是1978年4月20日左右。倡议书一到中宣部，中宣部出版局局长边春光同志就在建议书上签批了拟请朱语今、曾彦修和我为筹备人员，尽速筹备此事。建议书送到中央常委，李先念同志等都画了圈，表示同意。在6月初，批准文件就发给了出版局等主管单位。王匡、陈翰伯、王子野、许力以同志通知我去开会，商议之下，很快就作出了决定：成立一个出版社，配备三四百人的编辑和工作人员，并成立以胡乔木同志为主任的总编辑委员会，领导编辑《中国大百科全书》的工作。

悉心调查研究

一项巨大科学项目的开拓，离不开充分的调研和论证。《中国大百科全书》上马，有的人似乎觉得有些仓促，1978年中央批准，当年首卷《天文学》卷就展开编辑工作。这是因为人们不太了解在此之前所作的大量调研和准备工作。对于我国传统类书编纂的研究和对于各国百科全书编纂方法的考察，都是具有重大学术性质的调研工作，也是为《中国大百科全书》的总体设计准备参考材料。这项工作是在一向重视调查研究的姜椿芳指导下进行的。1978年11月编印的《百科全书参考资料》第1期，是一件值得收藏的中国大百科全书出版社筹备组最早的文件。它的内容是在筹备组成立之前几个月时间里紧张完成的系统调研成果，对于《中国大百科全书》的总体设计起了重要作用。首篇是转载自《情况和建议》的姜椿芳《关于编辑出版〈中国大百科全书〉的建议》，那是经过多年搜集资料和深邃思考的结果，也是这一宏伟事业发轫的契机。《几种外国百科全书的初步调查》是运用比较辞书学的方法对《不列颠百科全书》、《美国百科全书》、法国《拉鲁斯大百科全书》、德国《梅耶百科词典》、日本《世界大百科事典》和《苏联大百科全书》六种外国主要百科全书进行比较研究的成果，对六种百科全书中的“马克思主义”、“宪法”、“基本粒子”、“遗传学”、“粒子加速器”、“哥德巴赫猜想”、“空间技术”、“计算机”、“集成电路”、“激光技术”、“超导技术”、“生产管理”、“联合国”、“奥运会”、“百科全书”、“书籍”、“第二次世界大战”、“明治维新”、“屈原”、“孙子(孙武)”、“罗斯福”、“南斯拉夫”、“希腊”、“瑞典”、“巴黎”、“日内瓦”等26个重点条目进行了对比分析，从分析中归结出各书的特点和风格。《〈大英百科全书〉第15版概貌》一文，为我国百科全书分类分卷出版的特殊方式提供了参考。《各国百科全书编辑部门的组织情况》一文则为中国大百科全书出版社未来编辑部门的设置提供了参考资料。这些材料后来编为《中国大百科全书》总编委会第一次主任副主任会议文件的附件。

全书总体设计

中央批准编辑出版《中国大百科全书》，同时指定姜椿芳、朱语今和曾彦修主持筹备工作。朱语今“文革”前任中国青年出版社社长兼总编辑，曾彦修任人民出版社副社长兼副总编辑。“文革”后两人都在外地，一时未及进京。姜椿芳主持的筹备组，直到 7 月底还是个“光杆儿司令部”，但是具体的筹备工作不能拖延。1978 年 7 月 10 日可以认为是中国大百科全书出版社一个有意义的日子。姜椿芳在这一天召来了几位业余“志愿人员”，召开了第一次研究大百科全书筹备工作的会议，地点在中央编译局后楼三楼会议室。姜椿芳、王纪华、阎明复、金常政、雷行、严玉华、李庆文和崔士敏八人，围坐在一张乒乓球台周围，商量大百科编辑设想和马上需要着手的几件事情，如房子、经费、调人等等。8 月，得到国家出版局副局长王子野的帮助，从北京北总布胡同版本图书馆借来几间库房，才算有了立足之地。在此，又聘请来刘尊棋、唐守愚、倪海曙、周有光几位参加工作。在朱语今和曾彦修到京后，正式开始讨论全书的总体设计和编辑出版规划。筹备组成立后，调研工作进一步深入，组织力量摘录翻译了《不列颠百科全书》第 14 与 15 版、《苏联大百科全书》第 2、3 版、《拉鲁斯大百科全书》等的全部条目(包括条头、学科分类、定性语、字数、插图等)，作为总体设计和选条参考。姜椿芳在这些调研工作的基础上提出《中国大百科全书》的总体设计方案和大类分卷出版的设想，规划全书为 50～60 卷，并提出先以一卷突破，验证总体设计方案。大家谁也没有编过百科全书，有的人甚至没有见过百科全书。关于百科全书如何编法，怎样上马，在筹备组内部曾有过一番激烈的争论。一种意见是先学习，从容准备几年，把总体设计搞完善再动手；另一种意见是在有个基本框架方案的基础上立即上马学步，通过实践完善总体设计。总体规划和总体设计工作，伴随着争论和说服。在北总布胡同那三间小房子里持续了一个多月时间。姜椿芳以其坚毅的使命感和说服力感召了大家。他的方案终于被筹备组接受了。

1978 年 10 月 7 日是大百科更值得纪念的日子。在这一天，中国大百科全书总编委会主任胡乔木在中国社会科学院会议室召开了总编委会第一次会议，审议和决定《中国大百科全书》的总体方案和编辑出版规划。我们后来在《全书》各学科卷首页上见到的 110 位总编委会成员名单，则是逐步增补的，到 1985 年出版的《教育》卷才开始公布。这次会议仅仅是总编委会主任和副主任第一次会议，与会者有胡乔木、于光远、周扬、陈翰笙、裴丽生、陈翰伯、张友渔、姜椿芳，出版社筹备组参加的有朱语今、王纪华、阎明复、金常政、林秉元等。会议肯定了筹备组的工作和姜椿芳报告的总体方案和规划，并提出不少重要的指导性意见，例如陈翰笙提出："中国的条目应作为重点，反映中国百科全书的特点。"周扬提出："百科全书要求知识性，知识性才是稳定的。百科全书是科学的书……现在找人写条目，要给人家壮胆。"陈翰伯建议第一版先分类分卷编，第二版时可考虑按词典方式按字顺编。胡乔木和于光远都赞成先要"开步走"才好。姜椿芳汇报说，筹备组已派人参加 9 月在上海举行的中国天文学会的年会，并与天文学界商定，以《天文学》卷先行突破，通过编辑实践对总体设计进行验证。这一意见受到总编委会领导的一致赞许，并对各学科成立学科编委会的做法表示赞成。

"天文"率先起步

《中国大百科全书》最先编辑出版的是《天文学》卷。这一部署，姜椿芳是经过深思熟虑的。他曾经说过，按照客观事物发生发展的顺序，"天"应该放在第一位。写历史，讲故事，从"盘古开天"讲起。过去的启蒙读本《千字文》，是从"天地玄黄，宇宙洪荒"开篇的。当然，《中国大百科全书》以天文学发端，也同中国天文学会在"文革"后最先恢复学术活动有关。出任《天文学》卷责任编辑的是百科全书专家金常政和天文学家林盛然。

中国百科全书第一批开拓者是称得上快节奏、高效率的。1978 年 6 月刚开始筹备，8 月《天文学》卷就上马了。姜椿芳在 9 月上旬举行的中国天文学会年会上作了关于编纂《中国大百科全书 · 天文学》的发言。两个小时的讲话，他以亲切感人的语调，广征博引的学识，以及他惊人的记忆力，多少事实、多少人名、多少年代、多少数字，像流水般注入几百位天文学家的心中。姜老的讲话激动了天文学家。张钰哲、戴文赛、李珩、王绶琯等二百多位我国著名的天文学家热情支持。不少专家推迟了自己的论文写作，放下了手头的事情，积极为《天文学》卷写稿、审稿，不厌其烦地反复修改。

姜椿芳对《天文学》卷的编辑，既指导组织工作，又直接参加制定框架、分支审稿和成书编辑的一切环节，为编辑人员打气助阵。由于目力不济，他用“书不成行”的字修改编辑文件，借放大镜审阅条目。定稿发排后，他不顾体弱多病，忍受来回 20 多个小时的汽车颠簸，从上海赶到皖南山区的海峰印刷厂，向工人同志做报告，期望他们做好百科全书的排版、印刷、装订工作，为国争光。

《天文学》卷是《中国大百科全书》的开路先锋卷。全卷 154 万字，1 074个条目，807 幅图，从 1978 年 8 月调研开始，到 1980 年 12 月出书，仅用了 26.5 个月的时间。《天文学》卷的编辑实践，积累了百科全书编纂的经验，总结出编辑流程，更重要的是培养出《全书》编辑骨干力量。

姜椿芳确立了百科全书编纂的框架设计理论。他认为“框架是以科学分类(或知识分类)为基础，根据百科全书基本性质的要求把人类知识组织成便于读者快速寻检并表示知识内在联系的条目系统”[①]他的框架设计理论在《天文学》卷编纂实践中得到了体现。

姜椿芳从《天文学》卷开始，突破了解放后活人传记不上工具书的禁区。在“文革”中，“为×××树碑立传”照例被列为“几大罪状”之一。骤雨初歇，姜椿芳冲破这一道无形的封锁线，需要极大的胆识和勇气。例如，《天文学》卷设有一人物条目“张云”，他是一位天文学家，当过中山大学校长，有著作传世，死于香港。有人认为可以为他设条，也有人表示反对，因为此人在国民党时代当过立法委员。姜椿芳认为张云是中国早一代有一定成就的天文学家，不能因为政治问题而不上书。这是他明确地把政治和学术区分开来的观点。

《天文学》卷出版后，得到国内外学术界的赞扬。英国科学家李约瑟

① 姜椿芳、金常政：《百科全书是怎样选条的》，载《辞书研究》1982 年第 1 期。

博士，在《自然》杂志发表题为*Astronomical in content and in effort*(内容之广，用功之深，有如苍穹)的评论文章，十分称许。有“计算机”之称的北京大学吴允曾教授，对中国自编百科全书心存疑虑，《天文学》卷问世后，他特意连续读了100页、20多万字，没有发现编辑上的缺陷和一处错别字，为编校质量投了信任票。

舍身殉道精神

中央批准出版《中国大百科全书》，盛世大业，有了开端，但是要把中央文件变成卷帙浩繁的皇皇巨著，姜椿芳和他的同事们，要组建庞大的学者队伍，要做艰苦细致的编审工作，要走很不平坦的漫长道路。

首先要组织两支队伍，一支是学术队伍，一支是编辑出版队伍。

前一支队伍人数可以万计，称得上一支高层次的知识大军。编百科全书就是要把全国的哲学、社会科学、人文学科、文学艺术、文化教育、自然科学、工程技术多个方面的专家学者组织起来，为全书制定框架，选好条目，撰写释文，审读稿件。在一无所有的情况下，要组编一支人数逾万、学术超群的文化大军，该是何等不易的事情。

出版社还在襁褓之中，姜椿芳就开始奔走呼号，宣传百科全书，动员专家学者参与百科事业。

继参加中国天文学会活动之后，凡是全国性的学术会议，姜椿芳有会必到，到必发言，言必百科。正是他一个一个学科地参加集会，发出出自肺腑的呼唤，语言诚挚，语气恳切，以感人的力量把全国两万多位专家学者动员起来，进入百科全书编纂者行列。

学术大师季羡林在题为《他实现了生命的价值》一文中称姜椿芳是“百科迷”，记述自己被“迷”起来的经过。他说：

> 中国大百科全书出版社成立时，我参加了许多与百科没有直接关系的学术会议，在昆明，在成都，在重庆，在广州，在杭州，也在北京，内容颇为复杂，宗教、历史、文学、语言都有，姜老是每会必到，每到必发言，每发言必很长，不管会议的内容如何，他总是讲大百科，反复论证，不厌其详，苦口婆心，唯恐顽石不点头。他的眼睛不好，没法看发言提纲，也根本没有什么提纲，讲话的内容似乎已经照相制版，刻印

在他的脑海中。朱光潜先生曾对我讲过：姜椿芳这个人头脑清楚得令人吃惊。姜老就靠这惊人的头脑，把大百科讲得有条有理，头头是道，古今中外，人名地名，一一说得清清楚楚。

但是，说老实话，同样内容的讲话我至少听过三四次，我觉得简直有点厌烦了。可是，到了最后，我一下子“领悟”过来，他那种执著坚韧的精神感动了我，也感动了其他的人。我们仿佛看到了他那一颗为大百科拼搏的赤诚的心。我们在背后说，姜老是“百科迷”，后来我们也迷了起来，大百科的工作顺利进行下去了。[①]

姜椿芳满腔赤忱、坚忍不拔、锲而不舍地为百科事业奔走呼号的精神，语言学家罗竹风称之为“几乎是‘传教士’的精神”，并且认为他“为祖国文化填补这一空白，将永垂不朽、流芳后世的。”[②]

精诚所至，金石为开。姜椿芳这种“传教士精神”。当初曾使胡乔木为之感动。胡乔木在 1984 年 5 月 13 日致语言学家李荣和朱德熙希望他们担任中国大百科全书总编委会委员的信中说：

在今天中国编大百科全书，条件本不具备，我也只是被姜椿芳同志的殉教者式热情所感动；又想十年以后，条件有些可能好些；有些可能因老成凋谢，青黄不接，还会差些；所以才勉强同意了。十全十美的事，犹如河清难俟。

姜椿芳作为百科全书“传教士”，究竟“布”了多少次道，实是说不清。据《怀念集》[③]所收的姜妮娜编《姜椿芳 1968 年以后的主要活动》及其他记载，仅以《军事》卷为例，1980 年 7 月 19 日姜椿芳和出版社领导成员唐守愚同去访问解放军军事科学院院长宋时轮，双方讨论编纂《军事》卷问题。同年 12 月 29 日，他参加《军事》卷编辑委员会成立大会，作了发言。1981 年 5 月，1982 年 7 月，1983 年 4 月，1986 年 3 月，先后参加《军事》卷第一、二、三、四次编审工作会议，1985 年 9 月参加解决交叉问题座谈会。这仅仅是几次较大的会议活动，而且还要参加许多的碰头会、研讨会。汇报会，更多的是会下工作。一个学科卷如此，几十个学科卷

① 季羡林：《他实现了生命的价值》，载《人民日报》1988 年 2 月 3 日。

② 罗竹风：《怀念姜椿芳同志》，载《民主与法制》1988 年第 7 期。

③ 《怀念集》，北京，奥林匹克出版社，1997。

也就可想而知了。

姜椿芳就是用这种舍身殉道的精神，把全国的学术精英动员起来，投入百科全书大业的。

广举“逸民”编书

姜椿芳面临的组建出版社编辑队伍的任务也非易事。优秀的编辑，优秀的辞书编辑，是稀缺的资源。语言学家、商务印书馆总编辑陈原1980年11月在《汉语大词典》编委会上说起编辞典的人员困难时说，如果“现在打个报告给中央，不要说400个人，就是全国调100位教授、副教授或其他的同志到北京或上海去，集中起来开一个‘词典馆’，然后从头到尾编，这可能是个很好的办法。但是，我说100个人你能提出名字来，从外地调得进一个人来就杀我的头！”①姜椿芳是文化界名流，长期担任中央编译局领导，对全国学术力量的分布和我国人事制度可谓了如指掌。他知道从现职人员调集有造诣的百科全书编辑，谈何容易，能调到的也为数有限，因而把目光转向边缘人物，从平反冤假错案、落实知识分子政策中物色有志于百科的博学之士，时人称之为“举逸民”也。一度投身百科的诗人吕千飞有诗句：“浩劫逸民谁肯举，盐车瘦马丈先知。”（《举家归京报椿芳同志》）姜椿芳这样做是冒很大风险的，因为“招降纳叛”四个字就足以令人谈虎色变。

著名记者、编辑家刘尊棋在《一个无愧于新时代的学人》一文中谈到大百科物色干部的情况时说：

> 《中国大百科全书》是姜椿芳……筚路蓝缕、耗尽心血搞起来的，同他一起从规划到定稿的人，有的是他从公安部门手里接过来、还没有脱离“劳改”管制身份的人，有的是曾以“叛国投敌”罪定谳的人，后来他们在政治上得到平反，有些成了《大百科》事业的骨干力量。②

姜椿芳所举的这些怀才抱器而命运坎坷的“逸民”，在出版社建立不

---

① 陈原：《在〈汉语大词典〉编辑委员会上的讲话》，见《陈原出版文集》，150页，北京，中国书籍出版社，1995。

② 刘尊棋：《一个无愧于新时代的学人》，载《人民日报》1988年2月25日。

久出任副总编辑的就有四人。他们是:

刘尊棋(1911～1993),在1930年代就是中央社名记者。1940年代任《联合日报》、《联合晚报》社长。解放后出任国际新闻局副局长、外文出版社总编辑。1950年代肃反运动中受到冲击,后被打成右派,接着在劳改、监狱中度过20多年。1978年7月,姜椿芳得知刘尊棋已从流放地回到北京,安排在中国社会科学院,虽然冤案未完全平反,仍征得胡乔木同意调他参加大百科筹组工作。刘尊棋是1931年入党的,不久被捕,在狱中写英文信向宋庆龄求援,经中国民权保障同盟杨杏佛等营救,无条件出狱,但被狱友误会为叛变出狱。刘出狱之事为当时主政华北的张学良的外事秘书王卓然(1893～1975,解放后任国务院参事)经办的,王氏临终前写了《刘尊棋是怎样出狱的?》加以证明。刘尊棋到出版社后,姜椿芳、阎明复经过调查研究,写了书面材料上报中央,1979年1月彻底平反,恢复了1931年开始的党龄。

刘尊棋担任出版社临时领导小组副组长,参与总体设计,并兼任《体育》卷副总编辑。最值得称道的是,他还曾出任《简明不列颠百科全书》(中文版)主编和中美联合编审委员会中方主席。这部十卷本、2 400万字的百科全书为中美两国文化交流筑起第一座桥梁。他后来又出任了英文《中国日报》首任总编辑。

周志成(1922～2006),在浙江大学物理系师从王淦昌,1943年毕业,后在母校执教多年。1950年代出任科学普及出版社副总编辑,著有《物理常识问答》、《红色宇宙火箭》、《人造卫星问题解答》等。1957年被打成右派,放逐新疆18年。1978年到北京要求落实政策分配工作,原单位拒收。他毛遂自荐愿意效力百科,不意总编委副主任于光远事先已向出版社推荐过他。出版社正需要科学造诣精深而有编辑经验的干部。姜椿芳、阎明复求贤心切,当天就联袂造访,盛情相邀。周志成入社先为科学技术编辑部负责人,后为综理科学技术学科卷编纂工作的副总编辑,支撑着《全书》的半壁河山。经他终审的有15个学科19卷书,论卷数和字数均超过《全书》的四分之一,为全书的编纂作出很大贡献。

金常政(1929～　　),北京外国语大学(前身北京俄文专修学校)毕业。在军队中从事翻译和研究工作。反右运动中险遭灭顶之灾,幸得一位老领导保护,从宽划为"中右",转业地方,曾在工厂当过六年车工。

1978 年 7 月成为大百科出版社第一批调入的干部，参与筹备和总体规划，旋任《全书》先锋卷——《天文学》卷责任编辑，并为《全书》起草凡例，编写体例、编纂流程等规范文件。姜椿芳唯才是举，任命他为副总编辑。他承担《纺织》、《航空航天》、《电子学与计算机》(2 卷)、《机械工程》(2 卷)、《自动控制》等卷近 1 000 万字的终审工作。他既从事百科全书编纂实践，又从事编纂理论探索，著有：《百科全书编纂概论》(1985)、《百科全书及其编辑研究》(1987)、《话说百科全书》(1991)、《百科全书·辞书·年鉴：研究与编纂方法》(1994)、《百科全书学》(2000)、《百科全书的故事》(2005)等，成为中国百科全书学的创建者。中国辞书学会颁给他辞书事业终身成就奖。

林盛然(1931～1994)，1955 年毕业于南京大学天文系，发表《彗化流星群的轨道研究》等论文，被派往民主德国席勒大学研究攻读天体物理学。因到西柏林走了一遭，后虽向组织作了汇报，仍被中断学业遣返回国，打成“反革命”。1970 年代后期在邢台一家工厂当检验工。得知中国要编百科全书且以《天文学》开路，便请假上北京到出版社表示投效。阎明复、姜椿芳先后接见，经过考察，延揽入社，担任《天文学》卷责任编辑，以学术基础深厚和编书成绩出色，后被拔擢为副总编辑，担任《力学》、《地质学》等多个学科卷的终审工作。他还从事术语学研究，担任全国术语标准化委员会副主任。

姜椿芳所举的“逸民”还有不少才俊之士，进社后担任社编委或承当一面的学科卷责任编辑等工作。他们抱璞怀珍，曾经忍辱含垢，苦度艰难岁月，一旦得到工作机会，积蓄的能量井喷而出，为百科事业做出很大贡献。姜椿芳这一甘冒风险的举措，收到灿烂的成果，出版界人士都赞叹他的远大的眼光和惊人的魄力。

学术阵容堂堂

《中国大百科全书》前后历时 15 年，于 1993 年 8 月胜利完成。74 卷大书可摆满 4 米长的书架，恰如一座宏伟的文化长城。构筑这座长城的有 66 支学者大军。66 个学科编委会，是保证大百科各卷编纂水平和顺利出书的关键环节。这里不妨列出《中国大百科全书》各学科编委会主要负责人和各学科卷的出版时间，从中可一窥大百科的学术阵容和15年出书进程。

天文学卷：学科编委会主任张钰哲，1980年12月出版；外国文学卷(2卷)：主任冯至，1982年10月出版；体育卷：主任荣高棠，1982年12月出版；戏曲·曲艺卷：戏曲编委会主任张庚、曲艺编委会主任陶钝，1983年8月出版；环境科学卷：主任吴学周，1983年12月出版；纺织卷：主任陈维稷，1984年6月出版；法学卷：主任张友渔，1984年9月出版；矿冶卷：采矿编委会主任贺炳章、冶金编委会主任陆达，1984年9月出版；教育卷：主任董纯才，1985年8月出版；力学卷：主任钱令希，1985年8月出版；固测空卷：固体地球物理编委会主任傅承义、测绘学编委会主任陈永龄、空间科学编委会主任吕保维，1985年11月出版；航空航天卷：主任邹家华，1985年12月出版；民族卷：主任包尔汉，1986年6月出版；交通卷：主任郭宏涛，1986年6月出版；考古学卷：主任夏鼐，1986年8月出版；电子学与计算机卷(2卷)：主任孙俊人，1986年10月出版；中国文学卷(2卷)：主任周扬，1986年11月出版；土木工程卷：主任李国豪，1987年3月出版；气海水卷：大气科学编委会主任叶笃正、海洋科学编委会主任曾诚奎、水文科学编委会主任施成熙，1987年5月出版；物理学卷(2卷)：主任王竹溪、朱洪元，1987年7月出版；机械工程卷(2卷)：主任沈鸿，1987年7月出版；哲学卷(2卷)：主任胡绳，1987年10月出版；化工卷：主任杨光启，1987年12月出版；宗教卷：主任罗竹风，1988年1月出版；语言文字卷：主任季羡林，1988年2月出版；建筑·园林·城市规划卷：主任杨廷宝、戴念慈，1988年5月出版；经济学卷(3卷)：主任许涤新，1988年10月出版；数学卷：主任华罗庚、苏步青，1988年11月出版；化学卷(2卷)：主任杨石先、柳大纲，1989年3月出版；音乐·舞蹈卷：音乐编委会主任吕骥、贺绿汀，舞蹈编委会主任吴晓邦，1989年4月出版；军事卷(2卷)：主任宋时轮，1989年6月出版；戏剧卷：主任曹禺、黄佐临，1989年11月出版；外国历史卷(2卷)：主任陈翰笙，1990年1月出版；世界地理卷：主任李春芬，1990年3月出版；地理学卷：主任林超，1990年9月出版；农业卷(2卷)：主任刘瑞龙，1990年9月出版；新闻出版卷：新闻学编委会主任萨空了、出版编委会主任许力以，1990

年12月出版；美术卷(2卷)：主任艾中信，1990年12月出版；自动控制与系统工程卷：主任宋健，1991年2月出版；电影卷：主任夏衍，1991年6月出版；心理学卷：主任潘菽、荆其诚，1991年9月出版；轻工卷：主任季龙，1991年11月出版；社会学卷：主任雷洁琼，1991年12月出版；生物学卷(3卷)：主任贝时璋，1992年2月出版；水利卷：主任钱正英，1992年3月出版；中国历史卷(3卷)：主任侯外庐，1992年4月出版；电工卷：主任高景德，1992年6月出版；政治学卷：主任张友渔，1992年9月出版；中国传统医学卷：主任施奠邦，1992年9月出版；文物·博物馆卷：文物编委会主任谢辰生、博物馆编委会主任吕济民，1993年1月出版；图情档卷：图书馆学编委会主任周文骏、情报学编委会主任武衡、档案学编委会主任吴宝康，1993年1月出版；地质学卷：主任程裕淇，1993年4月出版；中国地理卷：主任黄秉维，1993年6月出版；现代医学卷(2卷)：主任吴阶平，1993年7月出版；财政·税收·金融·价格卷：主任刘国光，1993年8月出版。

百科精神长存

法国18世纪有一个因编百科全书而闻名的进步知识分子团体，他们以知识启蒙的共同理想凝集在一起，这就是以狄德罗为首的“百科全书派”。我国在编纂《中国大百科全书》的过程中，两万多位专家学者陆续投入这一宏伟事业。他们意识到正在创建一座新时代的文化纪念碑，不禁想到法国的“百科全书派”。“文革”过去不久，“派”字名声不佳，于是他们常常自称为“大百科人”，借以激励一种“共赴时代召唤、解放思想、尊重科学、团结奋进、崇尚效率”的大百科精神。

在《中国大百科全书》编纂过程中，不知有多少可歌可泣的感人事迹，表现了大百科人的大百科精神。天文学家戴文赛、考古学家夏鼐、国际法学家陈体强、文学家周扬、经济学家许涤新、历史学家侯外庐、冶金学家孙德和、物理学家王竹溪，都是在病重住院期间仍不辍笔，在病榻上坚持为大百科撰写或审改稿件。建筑学家童寯临终前仍在握笔疾书。他在撰写“江南园林”条目，写到“扬州以莳花闻名远近，清初……”即溘然长逝！为了编好《中国大百科全书》，多少位学术泰斗和一代宗师，不求名利，虚怀若谷，与百科编辑共同切磋百科编撰体例，边学边干，不厌其烦。许多学科卷的框架、大批百科条目稿件，都经过不止五六次的修订或改写。有些学者为了撰写几百字的短条目，竟然查阅上百种文献资料。

1993 年当《中国大百科全书》出齐时，《人民日报》发表《铸就中华文化的丰碑》专文，特在文前加一按语评论说："大百科精神，是一种执著的爱国主义精神，是一种高尚的集体主义精神，是一种主动开拓的创业精神，是一种实事求是的科学精神，是一种无私的奉献精神。"大百科人并不是别的什么人，就是把自觉地传播科学文化知识、提高中华民族科学文化水平、实现我国四个现代化视为己任的有心人。110 位大百科总编委会委员，几百位百科全书编辑，几千位学科编委会委员，两万多位大百科撰稿人，都是由大百科精神凝聚起来的大百科人。《中国大百科全书》首任总编辑——营造中华文化丰碑的巨匠姜椿芳先生，把自己生命的最后十年毫无保留地奉献给百科事业，鞠躬尽瘁，死而后已，正是大百科精神的伟大代表。

对古籍整理出版事业作出卓越贡献的金灿然

俞筱尧

金灿然(1913～1972) 山东鱼台人。原名心声。早年曾任中小学教师,《华北日报》校对。1936年考入北京大学历史系。1938年4月到延安,在瓦窑堡中国人民抗日军政大学一大队学习,同年9月参加中国共产党。以后在抗大、马列学院历史研究室(1941年7月1日改为中央研究院中国历史研究室)等单位任干事、副科长和研究员,曾协助范文澜编写《中国通史简编》和《国文读本》等。抗日战争胜利前后,曾任晋绥解放区区党委宣传科科长、绥南地委宣传部长等职。中华人民共和国成立前后,历任华北人民政府教科书编审委员会秘书主任、人民教育出版社秘书长,出版总署编审局办公室主任、图书期刊司副司长,文化部出版事业管理局副局长、局长等职。1958年5月,调任中华书局总经理兼总编辑,兼任国务院科学规划委员会古籍整理出版规划小组成员并负责小组办事机构的工作,曾任中国科学院近代史研究所学术委员。著有《苏维埃运动史》等。

在我国学术界和出版界,金灿然同志的名字是许多学者和作者所熟悉的。他离开我们已经三十多年了，但是他对整理出版我国古代文化遗产、建设社会主义文化的卓越贡献和献身精神，却长留人间。

1958 年我在中华书局曾经担任金灿然同志的秘书兼管总编辑办公室的工作。在他的直接领导下，朝夕相处，亲聆教诲达七八年之久。1966 年"文化大革命"爆发，我们一起被当作"黑帮分子"批斗，1969 年 9 月又一起下放，后来他回到北京，于 1972 年 12 月病逝。所以说，我从认识灿然同志时起，直到他去世，多半时间是在中华书局一起度过的。因此，我对金灿然同志的怀念，是和对中华书局多年工作的回忆紧密地结合在一起的。

开拓古籍整理出版工作的新局面

新中国诞生后，古籍出版工作取得了一些成绩。但建国伊始，百废待举，古籍出版工作缺乏统一领导和全面规划。1958 年初，国务院科学规划委员会成立了古籍整理出版规划小组，成员有叶圣陶、齐燕铭、何其芳、吴晗、杜国庠、陈垣、陈寅恪、罗常培、范文澜、郑振铎、金兆梓、金灿然、赵万里、徐森玉、张元济、冯友兰、黄松龄、潘梓年、翦伯赞，共 19 位著名学者，由齐燕铭任组长，郑振铎、翦伯赞、潘梓年分任文学、历史、哲学三个分组的召集人。中华书局成为这个规划小组的办事机构。小组的日常事务由金灿然负责处理。

1958 年 2 月 9 日至 11 日在北京召开的古籍整理出版规划小组的成立会上，与会同志讨论了整理出版古籍的几项重点工作和要求。例如制订长远规划问题，编辑几套我国古典名著问题，供广大干部阅读的选本问题，影印、校点旧有总集问题，重要古籍和稀见版本的影印和重印问题，编纂工具书问题等等。为了培养整理古籍的人才，会议建议教育部在北京大学开设一个专业，即后来在中文系设置的古典文献专业。

古籍整理出版规划小组的建立，中华书局出版方向的重新确定和这次会议的召开，为我国古籍整理出版事业开创了前所未有的新局面。在这以后几年间，灿然同志领导中华书局全体干部为调整机构、制订规划、筹划出版、培养干部和团结社会著作力量做了大量工作。

早在 1954 年，中华书局实行全面公私合营，合营后的中华书局以编辑出版财政经济、俄语和农业书刊为主要任务，古籍出版工作虽未完全停顿，但所占比重很少，编辑力量也十分薄弱。为了集中力量做好工作，金灿然同有关方面协商，一面把财政经济、俄语和农业方面书刊编辑出版业务，陆续转移了出去，一面把原古籍出版社并入中华书局。中华书局的总公司和编辑部设在北京，又以中华书局上海办事处和古典文学出版社为基础，成立中华书局上海编辑所("文革"后改称上海古籍出版社)。

中华书局的编辑人数并不多，以北京总公司为例，当时从事编辑出版和行政管理工作的干部总共不过七八十人，直接从事编辑业务的约占3/4，力量有限。但国内有数的老出版家、老编辑，版本目录、古文字、古天文历算等学科的专家学者，如傅彬然、章锡琛、徐调孚、张静庐、卢文迪、潘达人、陆高谊、陈乃乾、曾次亮、姚绍华、朱彦频等当时都在中华书局编辑部，有的担任领导职务，有的从事书稿的编著和审读。在那几年，金灿然还从北京大学等高等学校文史系等单位物色了一批年轻的业务骨干，紧接着又从各地调来了宋云彬、杨伯峻、孙人和、马非伯、马宗霍、傅振伦、赵守俨和巩绍英等专家学者。丁树奇、萧项平、刘子章、梁涛然等也曾来到中华书局担任副总编辑或副总经理，协助灿然同志处理经营管理和编辑业务。在编辑部门，先后成立了古代史、近代史、文学、哲学等编辑室。为普及历史知识，由吴晗倡议并主编的"中国历史小丛书"陆续出版，后来又建立了历史丛书编辑室。在出版部建立了影印组。图书馆的力量也得到充实和加强。

在那几年里，中华书局积极组织整理和出版的名著有"二十四史"、《资治通鉴》、《续资治通鉴》、《明通鉴》、《国榷》、《蛮书校注》、《庄子集解》、《晏子春秋集释》、《论衡集解》、《太平经合校》、《藏书》、《焚书》、《明夷待访录》、《潜书》、《文史通义》、《广韵校本》、《马氏文通校注》、《大同书》和《观堂集林》等；著名总集《全上古三代秦汉三国六朝文》、《文苑英华》、《全唐诗》、《全宋词》、《全元散曲》、《明经世文编》和类书《初学记》、《太平御览》、《太平广记》、《册府元龟》、《永乐大典》等也都陆续校点、影印或排印出版。供广大干部阅读参考的《春秋左传注》、《论语译注》、《孟子译注》、《纲鉴易知录》等也都着手组织编著或出版。此外，新编或校点出版了历代史料笔记丛刊、中西交通史籍丛刊、《中国哲学史资料选辑》、《古典作家作品评论资料汇编》、《晚清文学丛钞》、《中国近代反侵略文学集》和近代档案史料以及一批古代诗文别集。高等院校文科教材中有关中国历史和思想史部分项目的出版工作，也由中华书局承担。

中华书局还广泛组织近代和当代学者论著的出版工作。中国人民政治协商会议全国委员会文史资料编辑委员会在周恩来总理关怀下征集编辑的《文史资料选辑》，也开始由中华书局出版。中华书局还和《新建设》编辑部合作，由吴晗(召集人)、冯定、何其芳、金灿然和吉伟青等组成编委会，编辑出版不定期的《文史》集刊。举凡以史事考证或资料为主的专题研究，古籍的笺释训诂、稀见资料的辑集和有关版本、目录、校勘、训诂等方面的著述，不拘文体的单篇零什，只要言之成理，持之有故，均给以发表的机会。在《文史》第一辑的《编者题记》中明确指出："学术研究工作是一个认识过程。积累资料和辨析资料是不可缺少的第一步……我们不应该夸大资料工作和考据工作的作用，但必须充分重视它们的作用。有不少学者和学术工作者，曾经在这方面付出了巨大的劳动，获得丰硕的成果。《文史》的出版，就是为发表这些成果开辟一个园地。"

从 1958 年以来，经过"大跃进"、"反右倾"运动，国民经济连续几年遭受严重困难，直到 1964 年文艺整风和全国城乡开展"四清"运动，灿然同志在工作中遇到的波折是不少的，里里外外都有难处，许多有价值的著作，一时难以出版，只能打成纸型存放起来。但在他苦心经营和筹划下，在几年时间里，中华书局的业务基本上还是向前发展的，各项规章制度逐渐臻于完善，中华书局的工作人员也迅速增加到一百四五十人，藏书近二十万册，为以后的发展奠定了坚实的基础。

重视长远规划，关心和团结作者

金灿然曾经长期从事党的宣传工作，有丰富的编辑工作经验，对编制编辑选题计划尤为重视。在那几年，他经常对我们说，一个出版社，编辑选题计划是实现方针任务的保证，也是具体的工作纲领。但是要做好编辑选题计划并不容易。对读者的需要，对作者、学术机关的研究项目、写作计划以及他们的要求，都要进行广泛深入的了解和调查，对自己的编辑出版力量也要有正确的估计。只有弄清楚了这些情况，我们的计划才有可靠的依据。规划小组成立以后，曾经为制订规划进行了大量工作。最初由郑振铎、翦伯赞、潘梓年等分别主持制定文学、历史、哲学古籍的整理出版长远规划(草案)，规模庞大。1960 年 10 月，修订了《二至八年(1960—1967)整理和出版古籍的重点规划》(草案)。这是经过了一段时间的实践，并在广泛征求意见的基础上，经过反复讨论、修改后拟定的。金灿然、齐燕铭和中华书局编辑部全体干部都参加了《规划》(草案)的讨论和修改。通过《规划》(草案)的制定和反复讨论修改，中华书局的干部对于编制和实现规划，出书要考虑读者对象、写好前言等问题，在中华书局编辑部经常议论，形成了良好传统。

为了实现规划，搞好古籍整理出版工作，金灿然一再要求编辑，都要为在中华书局周围团结一支强大的作者队伍作出努力。他认为，中华书局有责任为作者提供和创造各种写作条件，使一切有真才实学的、下过工夫的作者的著作，都能够得到出版的机会。他要求中华书局的编辑尊重作者，爱护作者，耐心帮助作者，和作者交朋友，建立相互间的信任和友谊。在各种会议上，在个别谈话中，他反复强调，中华书局是通过古籍整理出版工作，推动学术研究和发展，在社会主义建设事业中发挥作用的，和作者之间的关系，应当是共同为批判地继承文化遗产，建设社会主义文化的同志关系。衡量中华书局是否办好，当然不是看它赚了多少钱，也不仅仅是看它出版了多少有价值的古籍和学术著作，还要看他团结和培养了多少作者，给了作者什么样的支持和帮助。我们应当要求作者能够运用马克思主义观点、方法整理古籍，但也应当估计到学术界的实际情况。有些稿件虽然还有某些缺点，但在学术资料上具有一定价值，处理时必须慎重，应尽可能给予发表机会。中华书局要以自己的工作，使作者乐于和我们建立经常联系，并帮助我们作好古籍整理出版工作。除此以外，中华书局还应当依靠科研机构、学术团体和高等院校的支持和帮助。中华书局编辑要自己和作者、科研机构、学术团体和高等院校打成一片，想他们之所想，急他们之所急。

金灿然在团结作者问题上，提出了一个值得我们重视和深思的问题。他经常对我们说，要想对古籍进行认真的批判整理，必须掌握马克思主义的观点和方法。在我们党内，在我国知识分子中，不是没有既具有较高的马克思主义修养，又具有批判地整理古籍能力的人才。但在建国伊始，具备这样条件的同志大多在各条战线上担任着领导工作，不可能来整理古籍，新的一代又没有成长起来。要求每一位整理古籍的人必须首先精通马克思主义，然后再来工作，这种想法是不切实际的。如果有一些人，能够对古籍进行断句、校勘、集释、考证和翻译，能够把古籍尽可能搞得容易阅读一些，这样的人才中华书局没有理由不团结他们，让他们把自己的知识用到古籍整理工作中来。这样做，也使这些人不负平生所学，有机会把自己的学识贡献给国家和人民。这是一项对社会主义有益的战略性措施。如果这些人能够学习一点马克思主义，在理论上、认识上逐渐有所提高，那么他们所发挥的作用也就会更大。金灿然还认为，建设社会主义新文化不是一件轻而易举的事，绝不是简单化的空想所能办到。在建设社会主义新文化的斗争中，表现现实生活，研究和总结现实斗争经验，当然是工作的主导方面，但是对于前人所创造的文化进行批判地继承，也是决不可少的工作。只有更多地批判吸收中国和外国的文化遗产，才会产生丰富多彩的和高度发展的社会主义新文化。他说，在这些方面，我们的工作不是做得太多，而是实在太少了。1962 年前后，内蒙古大学迫切需要伯希和等的几部著作，但是限于条件，难以觅得。金灿然知道后，便和香港中华书局商量，将这些书购买了寄去，供他们研究工作参考。

尊重知识，爱惜人才

尊重知识，爱惜人才，广泛团结和组织、培养社会著作力量，这是金灿然的一贯主张，也是他工作的出发点。在中华书局内部，他十分重视对干部的培养，他的着眼点首先是对现有干部尤其是青年干部的培养和提高。他认为这是办好中华书局和古籍整理出版工作的关键。

金灿然提倡干部边干边学，不仅要求编辑人员钻研业务，也要求政工干部和行政干部学习同古籍整理出版工作有关的业务。他多次指出，政工干部和行政干部的本职工作固然有自己的规律，但如果不了解古籍整理出版工作和中华书局的方针任务，就不可能在中华书局这样的单位里真正做好各自的本职工作。为了提高干部的文化水平，中华书局曾先后举办过古文学习班和《史记》等专题讲座。他认真审阅编辑特别是青年编辑的审稿意见，肯定长处，指出不足。有的审稿意见在编辑部进行传阅或讨论。他还一再提倡练笔，鼓励编辑首先是青年编辑从写作新书评介和学术动态着手，逐步做到撰写论文。他要求编辑注意本专业的学术动向，随时观察在本专业领域里提出了哪些新的观点和新的研究课题，定期向他汇报。汇报时除了介绍情况，还得谈自己的观点。他在听取汇报时常提出问题，促使编辑开动脑筋，更加深入地去进行学习和思考。他一贯提倡要把中华书局办成思想学术工作的机关，编辑要立志当编辑家，而不是当“编辑匠”。除了日常工作外，编辑要认真读书，每年读几本，要给自己规定任务。

1959年前后，中华书局编辑部结合业务，对古籍整理出版工作中如何贯彻批判继承精神展开了热烈讨论。讨论中，思想很活跃，提出过各种看法和问题，如：一、一部古籍中往往既有精华，也有糟粕，但在整理出版时，不能只出精华，不出糟粕。何况精华和糟粕并非一目了然，像一个瓶子里的油和水那样容易区分。二、古籍中的精华和糟粕，需要经过研究分析才能鉴别。但这是研究工作者的任务，整理出版古籍只是为研究工作者提供资料。三、古籍整理出版工作者和研究工作者，对精华和糟粕应该允许有不同的理解。对古籍整理出版工作者来说，一本古籍主要看它有用无用。对研究工作者来说，必须对古籍中的资料和观点进行分析和研究，吸取民主性精华，扬弃封建性糟粕。四、古籍是历史资料，作为资料，谈不到什么精华和糟粕，所谓精华糟粕主要表现在立场观点上。如历史上哪一年发生了什么事情，某一历史人物生卒在哪一年等这些客观史实的记载，似乎不存在什么精华糟粕问题。又如弄清楚一些古籍的版本，就是弄清楚版本而已，谈不到世界观问题。五、如何理解古籍中的精华和糟粕，是否凡是古籍中含有民主性、旧的唯物论和朴素辩证法成分的就是精华，凡是封建性的反动的成分就是糟粕？此外，对考据和烦琐考据、“钻进去”和“跳出来”以及化腐朽为神奇等等问题，也都是经常谈论的话题。这些问题，当时未必都能得出结论，但这种讨论对打开人们的思路，启发深入的思考，显然是有益的。在当时中华书局，读书空气和学术空气是浓浓的。在中央和地方的报刊上，不断有中华书局干部写作的文章和新书评介发表。

为了树立和巩固编辑人员献身古籍整理出版事业的信念，金灿然经常教育干部说，对现实问题的研究和说明，比古籍整理出版工作更为重要，那是毫无疑义的。但从社会主义事业整体来说，能够有一部分人分工从事古籍整理出版工作，是必要的，也是符合建设社会主义新文化的要求的。

在那几年，不少知识分子被错划为“右派分子”，或作为“资产阶级反动学术权威”被批判，也就是所谓“拔白旗”。金灿然认为，在这些知识分子中，有的具有整理古籍的专长，使用这部分力量来整理古籍，应当引起重视，从社会主义整体利益权衡，也有必要这样做。因此他曾向有关领导提出过“人弃我取”这一建议，调用当时被错划的确有一技之长的“右派分子”，以及被作为“反动学术权威”批判的具有真才实学的专家来中华书局工作。金灿然在用人问题上的类似见解，1959 年 8 月 5 日他为《人民日报》撰写的《谈谈古典文献整理与出版的问题》一文中，曾经作了全面的阐述。如果没有马克思主义的素养，没有实事求是和对工作极端负责的精神，没有革命的胆识，在当时的历史条件下，是不可能这样做的。

在中国科学院哲学社会科学部(现在的中国社会科学院)、教育部和北京大学的支持下，经过金灿然和齐燕铭、吴晗、翦伯赞、魏建功等的积极筹备，北京大学中文系新办的古典文献专业 1959 年秋季开始招生。这个专业本科为五年制，开设的课程除了一般基础课和必修课，还有古汉语、古籍校勘、版本目录和名著选读等专业课。后来还招收研究生。研究生主要从各地应届大学毕业生中选拔录取，中华书局也保送(经过考试)青年编辑去深造。这个专业当时是由北京大学和中华书局合办的，教师主要由北大聘请，也有中华书局编辑兼任。宋云彬曾在这个专业讲授过《史记》专业课。齐燕铭、吴晗和金灿然也都在这个专业讲过课。金灿然对开办古典文献专业十分重视和关心，曾多次亲自到北大听课，了解教学效果。他总说这是古籍整理出版事业的百年大计，有了这个专业，我们的事业就会后继有人。为了社会上应届高中毕业青年了解这个专业，翦伯赞、吴晗等还分别写了《从北大古典文献专业谈到古籍整理问题》、《北京大学古典文献专业招生志喜》、《为什么要设古典文献专业》等文章，在这年 7 月间分别发表在《光明日报》、《中国青年报》和《文汇报》上。

北大古典文献专业第一、二届同学在 1964 年和 1965 年先后毕业，这第一、二届和第三届本科毕业生和研究生现在大都已成为我国古籍整理出版战线上的骨干力量。当时还曾计划在上海、广州、西南、西北和东北等地的高等学校设置古典文献专业，在北京设立一所编译馆，专门从事古籍整理和研究工作、编纂专题史料汇编和工具书。但由于种种原因，都没有能够实现。

认真审读稿件，勇于承担责任

金灿然审读稿件十分认真，提出问题总是切中要害，让中华书局的编辑感受很深，至今十分怀念。例如，有位作者在评论王安石时，把王安石写成完全为劳动人民谋福利的政治人物。这是违反历史事实的。金灿然认为，王安石生在北宋，北宋政府是一个只知剥削人民、腐败无能的政府。政府所面临的问题是：军事衰弱，财政困难，外面受人欺侮，内部民不聊生。王安石是统治阶级的一员，但他又是有见识、有富国强兵思想、有魄力的知识分子，他不满意当时的政治状况，想实行一些改良，使国家富强起来，他的一套政策都是从这一点出发。因为想国家富强，就不能不设法减少一些剥削，限制一下豪绅地主。因为这种改良主义的政策，对一般人民也有利益，所以在历史上值得肯定。金灿然的意见由编辑转达给了作者，对作者很有启发。有位作者写了部专著，金灿然认为值得出版，并且希望及早与读者见面，以活跃学术研究的气氛。但是他很谦虚，不直接安排下去。如果编辑室认为仍需请人审阅，建议不妨请某某或某某两位学者中的一位看看。并提出这两位学者是研究这段历史的，一位可能提出意见，一位对史料比较熟，但见解和修养也许还不如作者。如果不需外审，可在内部由一位编辑负责从头到尾看一遍，有无有害的或自相矛盾的观点，如没有，请作者再仔细校改一次，即可付排。学术上的意见，特别是没有定评的问题，不要以某某说如何、某某说如何作为根据来批评别人，只要人家确实有修养，又花了功夫，观点不同于旧说，应该尊重人家的意见。他所说的有害的论点，特别说明主要是指有损民族团结，有损人民革命斗争的论点之类，又说他翻阅了几章，觉得还没有这类问题。这部著作出版以后，获得学术界的好评。

对通俗读物，金灿然审阅也从不马虎。一次，他看了一份关于三国时期历史读物的清样，在谈到荆州的问题时，涉及东吴与蜀汉长时期为荆州争执不休，以至动武。责任编辑在审读稿件时，大概没有过多留意。

金灿然把他找来，问他三国时期的荆州包括哪些地方？这位编辑一时答不上来。金灿然说，像这样的问题看似简单，其实并不简单。荆州辖有很多郡，在战时，有的郡由曹操所有，有的郡由孙权所有。但刘备向孙权所借荆州之地也有一大片，并不限于荆州州治之地。所以，刘备和孙权之间，一个要借，一个要求归还，争论不休，甚至不惜发动战争。再说在这份清样上，对荆州的说法也很不一致，相互矛盾。金灿然指出后，这位编辑才恍然大悟.

经过几年努力，中华书局和作者、学术界建立起了紧密的联系。编辑部门广泛访问作者和参加各种学术活动。金灿然虽然工作很忙，又患高血压病，但在北京举行的学术活动，特别是史学界的活动，他都尽可能参加。1960 年，他还应邀到高级党校讲授王船山的社会思想。在他和学术界的广泛接触中，有所见闻，随时传达，让没有参加的同志能够知道。外地的活动，他不可能参加很多，也总是鼓励编辑去参加。

金灿然一再强调团结作者，还帮助一些作者解决工作上以至生活上的种种困难，但并不是毫无原则的。如果有的著作证据不充分，学术价值不大，或者治学方法过于陈旧，即使知名的学者，也从不迁就，而总是提出意见，和作者商榷，请作者修改，或者退还作者。例如，林宰平先生遗稿《帖考》，经名家阅看并加了按语。然后由陈叔老(陈叔通)介绍给了中华书局，编辑读了原稿，认为作者搜集有关宋帖文献颇见赅博，并对有些刻帖者的生平有所考证，是下了功夫的。但作为一部专著正式出版，尚有不足之处。陈叔老出于对故旧的关切，曾一再催问，并亲自来中华书局看望金灿然，了解情况。金灿然说这部遗稿可能是作者生前未竟之作，不一定能够出版。陈叔老问这是谁的决定，金灿然说就是他的意见。当时我正在场，唯恐引起不愉快。不久，陈叔老收到金灿然的退稿信和详尽的审读意见，立即回信说："我以为今胜于昔，此亦一证，宜其多费时日也。"这件事发生在 1962 年春夏之间，既说明金灿然忠实于出版工作的原则精神，也使我们看到了陈叔老的高尚情怀，堪称士林佳话。

有位已退休的老教授，他的祖父在清代曾经撰有关于《说文解字》的著作，对我国古文字学的研究有一定贡献。其他著作，有的在解放前已经出版，有的在解放后经杜老(杜国庠)介绍，也尽可能给以出版机会。

他的父亲和他本人都有著作问世，确是祖孙三代，文章传家。这位老教授手头还保存着几部他祖父的“遗稿”，于是到处写信，要求出版。还说：“先贤著作，必当印行，后人只有校勘之责……余家遗著，为三百年来大著作之冠，则其遗稿，自当为之出版，以惠学者。”他对几家出版社没有考虑他的要求，很为不满，指责他们是“为营利计，未为学术发展计”。后来他写信向毛主席申诉。这件事由有关方面交金灿然负责处理。金灿然和编辑部商量以后，对这几部著作逐一作了审核，发现其中抄本一种，全稿四卷，早有刻本行世，其一、三、四卷，与刻本内容完全相同，仅卷二较刻本多一条目和多一句文字，因此，只能在考虑印行刻本时加以采纳。另有抄本一种，内容大部分抄录自卢文弨和顾广圻的著作，只有很少一部分是作者自己的意见。很明显，这是他祖父生前读书时随手抄录的，连他本人也未必作为专著看待。但这位老教授没有认真择别，竟全部作为他祖父的著作一起抄了下来。还有几种，是他祖父生前为撰写专著搜集的资料，这部专著早已出版，但作者在专著出版时未曾采用的资料，约一万余字，也尚有可取之处，在专著刻本整理重印时，不妨作为附录收入。至于全部照印，却没有必要。由于对这批遗稿的来龙去脉一一搞清，并婉转告诉了这位老教授，他以后也就不再说什么了。金灿然十分重视出书质量，标点本《史记》和《三国志》出版后，陆续发现了一些标点错误和排印错误，第二次印刷时作了改正。为便于持有第一次印刷本的读者阅读方便，还各印了一份勘误表，以备索取。《资治通鉴》几次重印，也都这样处理。总之，金灿然对待每本书的出版，都是十分严肃认真的。

强烈的使命感和敬业精神

需要金灿然处理的事情很多。什么事情必须由总编辑处理，什么事情由编辑室主任处理，有的有明文规定或有惯例可循，但遇到没有明文规定的事情，金灿然说刘少奇同志有句话，工作总是千变万化的，该请示和不该请示，要看你的政治水平。他还顺便谈起有些稿件，或稿件中涉及的有些内容，总编辑也不能决定，需要送请有关领导机关审阅。他说，我们党对宣传出版工作历来很重视．对政治书籍的出版工作尤其抓得紧。古籍整理出版工作同现实政治的联系似乎不那么紧密，领导机关的工作很多，不可能一一过问，因此有些事情要我们自己主动提出来请示汇报，否则，领导机关不知道你有什么问题要解决，所以千万不要以为我们搞的是古籍而疏忽大意。金灿然还常常对我们说，一个人的一生，不论能力大小，总要对社会做点有益的事情。能够做研究工作，写出一部或几部著作，固然是好事，但如作编辑出版工作，有可能使许多作者的著作得以出版，对整个社会来说，发挥的作用也许更大。他说他就是抱着这个想法从事编辑出版工作的。金灿然知识面广，观察事物敏锐，长于写作，而且文字通俗，他是具备了从事研究和写作的优越条件的。但他从不考虑个人得失。他在中华书局的一切活动，都围绕中华书局，把自己的全部精力无私地献给了中华书局，献给了我国古籍整理出版事业。灿然同志离开我们这几十年来，情况有很大变化。在改革开放新的历史时期里，在科学发展观的指导下，当年许多古籍整理出版工作中的疑难问题，现在已经成为历史了，但是金灿然同志强烈的使命感和敬业精神，在出版界特别是中华书局，至今为人们所称道。他勤奋廉洁，顾全大局，生活俭朴，待人宽厚，以助人为乐的高尚品质和作风，中华书局的编辑至今都十分怀念，把他苦心经营的古籍整理出版工作和中华书局的新局面，看作里程碑式的工程。前几年在北京王府井大街设立的中华书局门市部，被称为“灿然书屋”，也是一种怀念的方式吧。

青春办报 皓首出书

——记陈翰伯的编辑生涯

高 崧

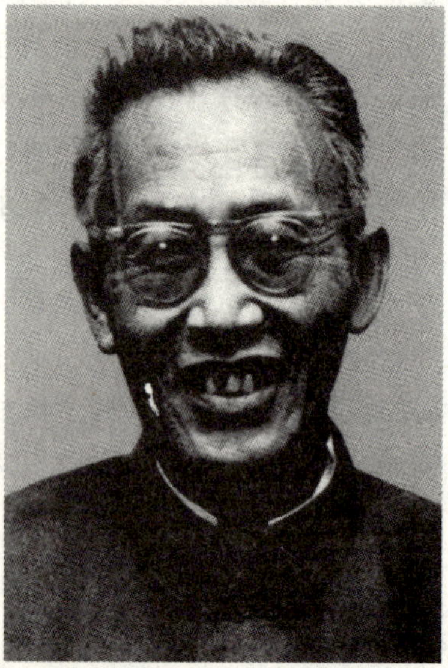

陈翰伯(1914～1988) 祖籍江苏苏州，出生于天津。1936年毕业于燕京大学新闻系。1935年冬参加“一二·九”学生运动的领导工作。1936年2月加入中国共产党，后任北平学联党团书记。1936年11月到西安，在东北军张学良将军所办的《西京民报》任编辑，后任总编辑，1937年3月到杨虎城将军所办的《西北文化日报》任副刊编辑，国际新闻编辑，并担任社论撰写工作。1939年后，历任成都《新民报》、“全民通讯社”，重庆《时事新报》、《新民晚报》，上海《联合晚报》的编辑、副总编辑、总编辑。1949年2月任新华通讯社总社编委兼国际新闻部主任，后改任总社新闻训练班主任。建国后，训练班改隶新闻总署，定名北京新闻学校，任副校长，主持校务。1953年6月调任中共中央宣传部理论宣传处副处长，担任《学习》杂志责任编委。1958年春调商务印书馆任总经理兼总编辑，1965年10月任文化部出版事业管理局局长。1972年后，历任人民出版社领导小组组长，国家出版局领导小组成员，商务印书馆董事会名誉董事长，国家出版事业管理局代局长。是第四至七届全国政协委员，中国出版工作者协会第一届主席、第二届名誉主席，《汉语大词典》工作委员会主任。

陈翰伯同志一辈子干的都是编辑工作。解放前干的是报纸编辑工作；建国以后，除了初期有几年从事新闻教育和理论教育工作外，干的是杂志和出版社的书刊编辑工作，他用“青春办报，皓首出书”八个字，形象地概括了自己一生的经历。解放前陈翰伯以梅碧华为笔名，写过很多国际问题的专著和时事述评，在蒋管区的读者中是脍炙人口的。他对人民新闻工作和出版工作有强烈的事业心，就拿十年动乱之后，他出任国家出版局代局长这段工作来说，他不顾在“文革”中三次受到冲击，身心受到严重摧残，仍然全心全力地投入到拨乱反正的战斗之中。在劫后余生的花甲之年，他仍然事事经心，件件过手，自然不免心劳力绌。1977 年 9 月在青岛主持《汉语大词典》编写工作会议，当场病倒，经医院诊断是脑血栓，他本该作长期休养，但出院后又照常工作。1980 年，脑血栓再度发作，从此落下半身不遂的后遗症。他承认自己“垂垂老矣”，但壮心不已，仍然要当一匹“老骥”，他的强烈事业心是十分感人的。

陈翰伯的编辑生涯，从他 1936 年进《西京民报》工作正式开始。我生也晚，对他在解放前的办报生活，一无接触，难以尽述。解放后的 30 余年，虽然在他领导下工作，接触比较频繁，对他这一段经历，不能说不了解，但出于我的迟钝，平日一无记载，也少细心体会，而今骤然命笔，竟不知从何说起。为了撰写此文，我不得不作点调查，并向陈翰伯作了几次采访。

青春办报，沉勇睿智辛勤十二年

陈翰伯在燕大新闻系学习时，在学校里主办过燕大学生会会刊《燕大周刊》，在新闻系办的实习报纸《燕京新闻》当过记者和编辑。这算是他的编辑生涯的开端。

1936 年大学毕业，走上社会，进的第一家报馆是张学良将军办的《西京民报》。陈翰伯来到西安，正是“西安事变”的前夕。在那样复杂多变的政治环境下，《西京民报》作为东北军的机关报，每天怎样处理报纸的言论和新闻版面，对于一个老报人，也是十分棘手的，而陈翰伯当时是一个刚刚入世的22岁的年轻党员。他进报馆不久，就担当起总编辑的职务，担子更是不轻！陈翰伯向笔者讲了一段故事，说明环境是多么复杂：进《西京民报》之初，每天都见到新闻稿中有几条“剿匪捷报”，陈翰伯毫不犹豫地给扔进废纸篓里。一天，张学良派人来找陈翰伯，直言不讳地说：“这个‘捷报’，是我们自己编造的，报上要登出来，骗骗蒋介石。”张学良的东北军和红军之间早有停止内战、一致对外的秘密协议，但在场面上张学良又不能不拿这个“捷报”来敷衍蒋介石，陈翰伯权衡局势，只好把这些“捷报”打发在报屁股上。某天，“西北剿总”又送来一篇所谓“红军俘虏营访问记”。其实哪有什么俘虏营，全是子虚乌有的东西，但张学良为了敷衍蒋介石，不得不搞这个把戏。陈翰伯说，诸如此类，几乎每天出报，都要遇到一些难题。做地下工作，有地下工作的纪律，不能遇事请示上级，只能自己当机决断，真是难啊！

“西安事变”后，东北军被蒋介石调防安徽，《西京民报》停办，报纸器材随军东迁，在一次渡河中全部损失。陈翰伯没有随东北军转移，留在西安，于1937年3月经宋绮云介绍，进杨虎城将军办的《西北文化日报》，继续从事协助进步人士办报的工作。

陈翰伯在《西北文化日报》，既不担任报纸的领导工作，也不公开露面参加社会活动。时值抗战前夕，各种抗日救亡的社会活动很多，陈翰伯杜门不出，唯一的任务就是守住报纸的版面。每天的重要新闻，他都要仔细揣摩，先是决定取舍，继而研究如何剪裁或改写，版面上孰先孰后，都要精心安排。标题上更是字斟句酌，反复推敲。“七七事变”那天，陈翰伯标了这样的头条新闻标题：“卢沟桥一声炮响，坚决把日本侵略者赶出中国去”，以示抗战到底，决不中途妥协的信念和决心。其后，陈翰伯受杨虎城的请托，主持笔政，每天写社论一篇。这张报纸，既要坚持团结抗战的进步立场，又要保持西北地方的色调，对国民党当局进行有理有利的合法斗争，社论如何立论，如何措词，真是煞费苦心。

1937年5月，陈翰伯以燕京大学校友的身份，应埃德加·斯诺夫人的请求，陪她去延安采访。陈翰伯作为斯诺的学生，在“一二·九”运动中，为躲避国民党的搜查，常在斯诺家聚会活动，和斯诺夫妇早就结下一段不寻常的友谊。他陪斯诺夫人在延安访问一个月，见到了毛泽东、朱德、贺龙和萧克等中央领导同志。

陈翰伯在西安工作到1938年底，经党组织批准，转到成都，进了成都的《新民报》。这个《新民报》，不是那个名气比较大的陈铭德办的《新民报》，主办人钟汝为是四川的一位进步人士，他在抗战初期主编过《国难日刊》，办了3个月，即被国民党查封，钟以后依托四川一个地方实力派，又办起了这张《新民报》，陈翰伯在《新民报》，仍然专管写社论工作。

那时，大后方的报纸，除共产党办的重庆《新华日报》外，所有新闻来源，都依靠国民党中央社的电讯。为了打破中央社垄断的局面，党组织和救国会李公朴等进步人士联合办了一个“全民通讯社”，没有电台，就以邮代电向各报提供通讯稿。为避免国民党的新闻检查，这个通讯社不设在重庆，而设在成都。陈翰伯在“全民通讯社”负责发稿工作。“全民通讯社”在八路军和新四军里有自己的战地通讯员，通过这个渠道，向全国各报发了许多战地通讯。有些揭露国民党黑暗统治的报道，也由此披露出来。

陈翰伯在成都立足不住，于1942年到重庆。经党组织安排，在孔祥熙办的《时事新报》任新闻版编辑，其后又担任过资料室主任、采访部主任等职。

1945年，陈翰伯离开《时事新报》，经浦熙修介绍进了陈铭德办的《新民报》。《新民报》有日报和晚报两张，总编辑方奈何负责日报，陈翰伯任副总编辑，负责晚报。日报言论倾向国民党，晚报倾向进步。一个老板办的两张报纸，却经常吵架，同一条新闻，日报作如此报道和评论，晚报却作如彼报道和评论。陈翰伯利用晚报的特点，大办各式各样的副刊，通过传播知识和趣闻轶事，宣传进步思想。

根据国共两党和谈，国民党政府原来许诺《新华日报》办上海版，党组织在上海积极筹办办报器材，已经就绪，可国民党采取拖延策略，迟迟不发许可证。周恩来以中共代表团团长的身份驻在南京，指示负责筹办上海版报纸的潘梓年、廖承志、姚溱、梅益等人，改办《联合晚报》，陈翰伯正于其时到达上海，乃派陈翰伯出任《联合晚报》总编辑。

《联合晚报》实际上是一张由我党驻南京代表团直接领导，而以民间报纸面目出现的群众性报纸。周恩来曾指示陈翰伯：在上海这个地方，由我党直接经办的报纸仅此一家，一定要注意斗争策略，要千方百计地坚持下去，能多办一天就是一天。遇到紧急情况，不能来马思南路找我，要你自己精心处置。

《联合晚报》从 1946 年 4 月创刊，到 1947 年 5 月 24 日被国民党查封，在严重的白色恐怖下，一共坚持了 13 个月，受到周恩来的嘉奖。笔者采访陈翰伯时，他就这段工作谈了一番体会和感受。他说：在白区工作，头脑要沉着冷静，切不可以感情代替政策。他举了处理美国水兵杀害三轮车工人臧大咬子这个事件。《新观察》1984 年第 11 期一篇回忆文章，说及《联合晚报》副刊上一篇文章触犯了地检处书记官许少勇，陈翰伯说许不是书记官，是美军的翻译官。这位翻译官向法院起诉，控告《联合晚报》犯诽谤罪，要报馆交出人来。回忆文章赞许陈翰伯明智地采取了私下了结的办法，从而化险为夷。陈翰伯说，其实我当时头脑并不冷静，打算出庭抗诉，要学台尔曼一样，利用国民党法庭，公开揭露国民党法西斯。幸亏报馆经理王纪华打听出这位翻译官是个刚刚毕业的大学生，与国民党关系不深，才得以私了的方式了结此案。再有一次，副刊上选登了一幅丑化宋美龄的漫画，已经浇好版，就要开印，临到签大样时，还是抽了下来。

陈翰伯从 1936 年进《西京民报》，到 1948 年 11 月，奉组织调动，离开上海北上天津，在白区从事新闻工作 12 年。他自己是这样总结这段编辑生涯的：我参加的报纸前前后后有六七家，大体上是两类性质的报纸，一类是国民党人办的报纸，张学良和杨虎城办的报纸，和孔祥熙的当然不一样，陈铭德又和他们不一样。我在这几家报纸里，占住一个位子，能起多大作用，就起多大作用，当然起不了太大的作用，因为无论怎么干，你改变不了报纸本身的地位。我干的都是编辑工作，不外写稿和发稿，心思都用在字里行间。从新闻业务上说，我喜欢配合新闻报道，搞一点资料，一是给读者以知识，帮助读者了解时事的发展过程和趋势；一是在新闻资料里，可以做文章，多少反映我们的立场和观点。写社论，比处理新闻稿要困难得多，有时不得不采取“伊索寓言”式的笔法，我利用这个位子，尽可能发表一点进步言论，这就是我所能起的作用。为了斗争的需要，有时也要写一点和国民党短兵相接的东西，这要看时机，看火候，充分利用这些报纸的独特地位，登出来，既不会暴露自己，也不会使报纸为难。另一类是我党自己办的报纸和通讯社，这就是成都的全民通讯社和上海的《联合晚报》，在自己的报纸里起的作用，自然比国民党的报纸要大一些。但也要讲求斗争艺术，赤膊上阵不行。在全民通讯社，我们发过不少被国民党封锁的战报，发过揭露国民党黑暗统治的通讯，这些新闻稿子直接作为新华社的消息，肯定登不出来，全民通讯社的面貌比较隐蔽，反而能被一些报纸登出来。在上海的《联合晚报》，自己直接发新闻，发社论，比起全民通讯社发电讯靠别人报纸登载，作用自然更大些。当时在上海，党直接领导的舆论阵地，只有一报一刊，一刊是《文萃》，它先于《联合晚报》被查封，最后只剩下这一报《联合晚报》了。

《联合晚报》的采访主任陆诒，中途奉调去香港，陈翰伯以总编辑兼采访主任，里里外外都得一手抓。因为地下工作的纪律，报社内的党员都是单线领导，彼此没有横向联系，许多事情只能自己动手，陈翰伯的事必躬亲的作风，大概就是这样养成的。陈翰伯对笔者诙谐地说：那阵子，除了对外时时警惕国民党的捣乱，还要“对付”自己身边的年轻人，他们写的稿子都要骂几句国民党，不大讲究斗争策略，我删了他们的稿，他们就向我“抗议”，这真是两条战线的斗争啊！

陈翰伯在白区工作 12 年，除了编报办报而外，还先后主编过 3 个刊物，1942 年在重庆时，与戈宝权、孔罗荪合编《学习生活》，时间不长，就被国民党政府吊销登记证而停刊。其后陈翰伯又在中外出版社和刘尊棋、孙伏园共同主编过《文汇周报》，把苏联和英美报刊上的好文章编译汇编出来，用洋人的嘴说话，国民党的新闻检查官奈何不得。1947 年 5 月上海《联合晚报》被封以后，陈翰伯又和周建人、陈原合编《读书与出版》。这个刊物干得不长，最后也挨了国民党查封。这是陈翰伯编辑生涯中的又一篇章。以上是陈翰伯自己说的“青春办报”的前半生经历。

陈翰伯于 1948 年 11 月离开他紧张战斗两年的上海，北上天津。

1949 年 2 月，陈翰伯到西柏坡，任新华总社编委兼国际部主任。未几又改任总社新闻训练班主任，为迎接全国解放，培训新中国新闻事业人才。

宣传阵地、培育新人，作出开创性贡献

陈翰伯从 1949 年 6 月至 1953 年 5 月，整整 4 年，一直从事新闻教

育和理论教育工作。这4年中，这个训练班改隶两次，建国以后，新华社新闻训练班改隶中央人民政府新闻总署，训练班改名北京新闻学校，由新闻总署副署长范长江兼任校长，陈翰伯任副校长，主持校务。1951年北京新闻学校停办，机构改隶中央宣传部，改名中共中央宣传部宣传干部训练班，胡乔木、胡绳分任正副班主任，陈翰伯任秘书长，主持班务。4年期间，这个训练机构共办4期，学习期限长短不一，每期招生人数不等，学生来源也有多种渠道，北京新闻学校招收的学员，既有大专毕业的知识分子，也有从事报业工作多年的记者、编辑。宣传干部训练班除继续招收具有大学学历的青年学生外，又从全国各地抽调地县两级宣传部长来班培训。学习课程除新闻和宣传业务外，主要是马列主义理论课。4期累计培训学员达1 000人之数。学习结业后，原在职干部基本上回原单位工作，其余分配在全国各地新闻、出版和宣传部门工作，这些人今天多成为这些部门的业务骨干。

1953年6月，陈翰伯调任中央宣传部理论宣传处副处长，具体主管理论刊物《学习》杂志的编辑工作。这是陈翰伯继解放前在白区办的3个刊物之后，办的第4个刊物。

陈翰伯自己对《学习》杂志这段工作，感到不尽满意。他主张进行马克思主义理论宣传，要结合社会科学乃至自然科学知识进行宣传，不能孤立地就几门马克思主义理论课程作讲坛式的照本宣科。他还认为马克思主义的生命力在于理论联系实际，《学习》杂志作为一个理论刊物，应该经常探讨实际工作中提出的各种理论问题。陈翰伯自谦地说，由于自己理论修养不足，对实际又缺乏了解，加上当时的政治形势，很难改变原来的一套宣传格局，因此刊物从内容到文风都比较单调，多少有教条主义倾向。1956年，党中央提出“百花齐放，百家争鸣”的方针，这是一个革故鼎新的大好形势，1956年底《学习》酝酿改版，出过两期试刊，于1957年起正式改版，并缩短刊期，改月刊为半月刊，但好景不长，1957年6月反右斗争后，形势逆转。也就在这年年底，陈翰伯由中央宣传部理论处调到中央文化部直属出版单位商务印书馆任总经理兼总编辑。这一年，陈翰伯44岁，正值壮年，人未老，头发也不白，不过他自己说是“皓首出书”，从这时起，进入他的经历的后一个阶段。

在“商务”重新创业，为文化学术的繁荣竭尽全力

陈翰伯在商务，和他在白区办报的时间一样长，是12年。但这12年中，实际工作时间只8年光景，后4年是在“文革”时期，人被揪，书被封，进干校，下地干活，和书本已是绝缘的了。1970年，陈翰伯被军宣队宣布“解放”，旋经周总理提名调回出版口，任人民出版社负责人，但在“四人帮”横行下，陈翰伯在人民出版社坐了几年冷板凳，以后干脆作为“反回潮”和“批邓反击右倾翻案风”在出版口的代表人物，一再挨批挨斗，编书的事，他几乎无从沾手。所以，陈翰伯“皓首出书”的经历，笔者就只写他在商务印书馆工作的这一段。

1958年初，陈翰伯进商务时，商务和高等教育出版社还合在一起，陈翰伯调来前，上面已经决定把商务从高等教育出版社中分立出来，另将时代出版社并入，恢复商务这块老牌子。所以陈翰伯一来，首先忙的事是跟一家分家，又跟另一家并家。这件事到1958年4月初完成。上面给重建的商务以两项出版任务：一是翻译出版外国哲学社会科学重要著作，二是编辑、出版中外语文辞书。中央宣传部副部长周扬就商务承担的前一项出版任务，对陈翰伯风趣地说，这是一桩“洋务”，商务就是搞“洋务”。后一项任务，也是老商务的传统出版业务，但解放后的商务，业务紧缩，并入高等教育出版社后，只承担重印一些古籍书和自然科学和技术方面的大学教科书，要重新承担编纂中外语文辞书，没有编辑力量，而时代出版社拥有一批外语编辑人才，所以将时代出版社并入了来。

安家就绪，陈翰伯依据中央规定商务的出版方针和任务，立即着手抓这两类图书的规划工作。一家出版社的规划，当然不是孤立的，它是整个国家社会主义文化建设总规划的一个组成部分。在第一个五年计划完成之后，有关整理和翻译中外文化遗产的工作就提上了日程。1956年，国务院专门成立了“古籍整理规划小组”，并酝酿成立“外国学术著作翻译规划小组”。后一个小组规划的书目，正是商务要抓的规划。陈翰伯去拜访文化部长沈雁冰，请他尽快把这个翻译规划小组正式组建起来，商务就可有个靠山。沈雁冰要陈翰伯去找中国科学院哲学社会科学部张友渔和潘梓年二位。这二位答允给陈翰伯以协助，陈翰伯从他们手里拿到一份外国学术著作翻译规划的书目。这个书目是全国学术界许多专家、

学者按学科分门别类提出的，具有权威性，但是这个书目洋洋大观，列书不下几千种，面对这样庞大的规划，究竟从何下手，要根据轻重缓急以及自己的编译力量，从中作一番选择，订出一个可行性的计划来，陈翰伯里里外外，找人请教，组织编辑部的人一起讨论、研究，最后集思广益，提出了一个选目的方针性意见，这就是：以 16 世纪至 19 世纪上半叶西方资产阶级上升时期的学术著作作为先期编译的项目，从中再划出马克思主义三个来源的德国古典哲学，英国古典政治经济学和法国空想社会主义三部分著作作为重点。有了初步意见，陈翰伯又请示上级审批，最后就这样定了下来。

商务印书馆是中国近代出版事业中一家历史最久的出版机构，它在中国知识界和学术界里享有盛誉，但解放后的商务，基本上处于停业状态，老人渐渐淡忘了它，新人竟有不知出版界里有个商务印务馆。自 1958 年起，这些古典学术名著的译本逐一问世，商务的名声才又响亮起来。1982 年商务印书馆为纪念建馆 85 周年，把逐年出版的名著译本单行本汇编成一套“汉译世界学术名著”丛书问世。第一辑选印 50 种，至 1986 年共印 4 辑 200 种。这 200 种书绝大部分是在陈翰伯主持商务工作期间，即 1958 至 1965 年这几年内出的书，1966 年至 1976 年整整 10 年功夫是白过了的，还有一部分译本是 1976 年后出版的。

人们说，做编辑工作，第一步要抓好选题，这是一点不错的。出版一本书，从作家写稿或翻译家译稿，到编辑审稿、定稿、再送到印刷厂里排、校、印，一本书出版出来，不知要花多少人的心力，选题抓对头，这些心力就花得对头；选题不对头，这些心力就事倍功半，甚至白费，若是坏书，更是帮倒忙。你现在可以说，陈翰伯抓规划，抓选题，抓得有眼力，抓得有成绩，可在 20 世纪 50 年代末 60 年代初，动辄批大、洋、古，批封、资、修，这些马克思主义前期的书，不是“封”就是“资”，既是洋又是古，部头又是大大的，其中还出过一些当代资产阶级的学术著作译本，那就更犯忌，能不叫人提心吊胆吗？陈翰伯就商务出书方针，不时向中央宣传部请示汇报，周扬给吃定心丸，说古典书是文化遗产，出当代著作是知己知彼的需要，都可以出，方针没问题。编辑部里的同志一边忙着译书、编书，一边也捏着一把汗。陈翰伯对编辑部的人说，我们出的书上面认可，人家出大、洋、古的书，要担风险，我们商务是

“避风港”。可“文化大革命”一来，中宣部成了“阎王殿”，商务不仅不是避风港，恰恰处在风口浪尖上。

商务在1959年一度由中央下放北京市，归北京市委领导，市委一位文教书记对商务出的一些书，就作了严厉批评，说这么搞法，不是贯彻双百方针，是搞资产阶级自由化。罪名不轻。怎么办呢？就此罢手？这是中央既定的出书方针，不能收。市委的批评，又不能置之不理。几经周折，竟找出了处置的办法。办法之一是成立自办发行部，有风险的书，一律作内部发行，不经新华书店发售，由商务自办发行，控制发行面，以免“扩散”。所有内部发行书，在内封上一律印出“内部参考，不得外传”字样。办法之二是每本书前撰写批判性序言，名之曰“消毒”。陈翰伯为了加强序言工作，在编辑部里抽出几个人组成序言组，专司其职。为给编辑部示范，陈翰伯自己动手写序，编辑部或译者写的序，他一定要亲自审定，决不轻易签发，遇有拿不准的，要把序稿打印若干份，四处请教，或请人来开讨论会，必要时还再送审，不可谓不谨慎周全。慢慢地对这些大、洋、古的书，究竟如何写批判性序言，摸出点经验来，陈翰伯分别从政治上和业务上总结出几条要领。政治上的要领是三宽三严：即古典书从宽，当代书从严；学术问题从宽，政治性问题从严；内部发行书从宽，公开发行书从严。其实学术批判，一是一，二是二，实事求是，无所谓宽严，但在当时的形势下，一切都要讲个“政治挂帅”。业务上要求序文要包括如下四个内容：一是介绍其人其书，二是其书在当时的写作背景和作用，三是其书对后世的影响，四是版本源流。有此四条倒确实给读者阅读原著起一点指引作用。

在组织稿件工作上，陈翰伯执行的是一套“开门办社”的方针。他借用老商务的传统说法，称著译家是出版社的“衣食父母”，出版社能否出好书，就看出版社会不会联系著译者，能否组织到第一流著译者写书译书。他在编辑部提倡编辑要和著译者交朋友，从众多著译者中遴选最适合承担的对象，只要组稿对路，译稿的质量是有保证的。他不主张编辑坐在家里等稿子，不主张编辑当语文教员，把稿子改得满篇红，强调要尊重著译者的风格，在文风上不强求一律。遇到问题，要和著译者多商量，不可强加于人。在著译者写书过程中，编辑要经常去拜访他们，不是单纯去嘘寒问暖，要探讨一些问题，编辑部有什么意见和要求，也就及时传达给著译者，这样不仅编辑和著译者的关系融洽，而且交稿以后，编辑已相当了解译著情况，审稿的进度就可以大大加快。从1958年至1965年短短七八年间，商务出版了外国哲学社会科学重要著作译本不下200余种，这样的高效率，和陈翰伯执行的“开门办社”的方针是分不开的。特别是收在“汉译世界学术名著”中的一些译本，质量也是上乘的，有些名著可以说是名家译名家，如朱光潜、贺麟之译黑格尔，郭大力、王亚南之译亚当·斯密，周建人之译达尔文，杨东莼之译摩尔根，皆是一时之选，使这套丛书大为增色。于此亦可见，组稿工作在出版社各项工作中是重要的一环，不可不精心处置。

1959年社会上刮起“共产风”，提倡著译家写书译书不要稿费，显然这种做法是不利于繁荣创作，不利于学术研究的，因而也注定不能持久。果然，一两年后，重新恢复了稿酬制度。但在极左路线支配下，标准定得很低，稿酬微薄，以译稿言，每千字最高才7元钱，编辑部怕人指责搞资产阶级法权，还不敢按高档付酬，陈翰伯为编辑人员承担责任，要他们顶住压力，“高抬贵手”，尽可能按高档开付稿酬。当时有预付稿酬的办法，一经和著译者签订合同，就可预支一定比例稿费。编辑部怕受人议论，也怕出版社开支过大，不敢广泛约稿，有点束手束脚。陈翰伯又向编辑部进行疏导，他把编辑部的存稿库比喻为“水库”，“水库”里要经常保持一定的储水量，不可使之干涸，编辑部要广开稿源，如此安排出书计划，才有更大的选择余地。

在商务承担的另一类图书——中外语文辞书方面，陈翰伯主要抓了几部大型辞书。1915年商务出版的《辞源》，从文字到内容都嫌陈旧，不能适应新的需求，陈翰伯罗致了一批专家进行修订工作。中华书局出的《辞海》，当时已确定按百科规格进行修订，商务修订《辞源》就要另辟蹊径。经多方征询意见，确定新编《辞源》，以语辞为主，重在溯源，修订工作的重点放在补充古籍词条，重新复核书证，使《辞源》成为阅读和研究古籍的一部专用辞书，也使《辞源》成为名实相符的辞源。到1966年“文革”时，已完成了工作量的1/4，出了第一分册试用本。10年中辍后，于1977年又继续修订，到1985年4个分册全部出齐，这一大工程才告完成。

外语辞书方面，老商务的家底，仅限于英文辞典，陈翰伯接手后，把外语辞书工作扩及到各大语种，并且外汉和汉外两类辞书一起抓。在“文革”前，已经出版的有新编《俄华大辞典》、《日汉大辞典》和《英华大辞典》的修订本，其余德、法、西班牙和阿拉伯等语种也分别出了简明小字典。此外还有若干小语种和世界语工具书，品种和数量比老商务都大有扩展。陈翰伯在辞书编纂工作上，走的是专家路线，各语种辞书都采取主编负责制，如《俄华大辞典》是由俄文权威刘泽荣任主编。陈翰伯的这套做法，在当时片面强调群众路线，不要迷信教授、权威的口号下，是承担着风险的，但实践证明，这个做法保证了辞书的质量。

商务除了出版上述两大类图书外，在社会上有广泛影响的还有一套通俗出版物“外国历史小丛书”。在“文革”的风暴中，商务作为大放“封、资、修”黑书的出版机构，受到冲击本是无可逃脱的，却没有料到，陈翰伯首先是在这套小丛书上栽了跟斗。更没有料到的是陈翰伯竟是因为出版了这套小丛书，在“文革”中成了首先被报纸公开点名批判的人物。1966 年 7 月 20 日《光明日报》第 4 版上刊出了一篇署名文章，题目是：《揭露〈外国历史小丛书〉的反革命黑幕》，文章给陈翰伯扣上了“反革命分子”、“钻进党内的资产阶级代表人物”几顶大帽子，陈翰伯立即被挂上黑牌，关进了“牛棚”。要说编辑、出版这套小丛书的原委，正是来自不折不扣的“红线”。1961 年的一个夏天，周恩来总理会见吴晗，向他讲：三年困难时期，我们工作中出现了一些失误，究其原因，其中有一条是我们各级干部的知识不足，需要普及各方面的知识。总理讲了普及历史知识的必要，请吴晗编一套中外历史小丛书。吴晗秉承周总理的意见，分别与中华书局和商务印书馆两家出版社联系，在中华出了“中国历史小丛书”，在商务出了“外国历史小丛书”。商务出的“外国历史小丛书”自 1962 年到 1966 年上半年共出书 59 种。这就构成了一条“十恶不赦”的大罪状。

陈翰伯和吴晗共同商定的这套小丛书的编辑方针，也是堂堂正正，无懈可击的。他们对编辑部讲：商务出的书许多是名著，是大部头的书，小丛书是通俗小册子，和大部头的名著自然不能相提并论，但是，请你们不要小觑小册子，它同样能给人以知识，给人以力量。越是普及读物，越要谨慎编写，把知识讲错了，观点不对头，贻害读者匪浅。从某个角度上说，小册子并不比大部头书好写，它要求深入浅出，只有深入了才能浅出。知识读物，切忌空发议论，通俗历史读物，更要用史实说话。当然，要有马克思主义观点，没有正确的观点，就等于没有灵魂。讲史实，也不可材料堆砌，要注意史论结合。文字要力求通俗浅显，但基本功在掌握丰富的知识，没有基本功，光是在文字上修饰，也写不好书。编辑部要通过编小丛书，团结和培养一支史学研究的专业队伍。如此等等。可是就是这样一些言论，也被那篇大批判的文章统统说成是“反党黑话”。原来“文革”一起，吴晗作为“三家村”的主将，就被揪了出来，不管他说的什么话，也只能是“黑话”无疑。今天，吴晗的冤案已经昭雪，陈翰伯也早已平反，毋庸为此作什么再批判。这里就陈翰伯编通俗读物的这些看法和见地作点介绍，作为他编辑生涯中的又一回合。

“四人帮”在出版口横行之际，各出版社把编辑下放到工厂、农村，搞“三结合”编书，美其名曰：出版社既出书又出人。“文革”前，出版社里没有提过这样动人的口号，但是在锻炼和培养编辑业务能力方面，确实做了不少工作。陈翰伯在商务的做法是干什么就学什么，要求编辑在中外语文、马列理论和专业四个方面下功夫。在拟定外书翻译规划时，编辑对外域的古代的学术著作不很熟悉，陈翰伯自己也感到这方面知识不足，就和编辑部一起学“四史”，这“四史”就是：世界通史、哲学史、经济学说史和政治思想史。在掌握“四史”的基础上，各编辑再按专业分工，结合审稿，分别读原著，以提高专业水平。外语方面，陈翰伯强调先专后博，首先力求精通一门外语，再求掌握第二门外语。提倡编辑互教互学，以一人之长带动各人前进。对新从高等院校毕业进馆的青年编辑，给他们单另建立翻译小组，请老编辑当老师，指导他们译书，具有一定译书能力后，再逐个调到编辑室，承担编稿工作。编辑部的理论学习，除按干部学习的制度，每周有两个半天的学习外，陈翰伯还提倡自学经典原著，在自愿的基础上组织讨论，交流学习心得和体会。编辑部还经常请人来做学术报告，以活跃学术研究的气氛。以上这些做法，使新老编辑的水平不断提高，特别是青年编辑，经过先锻炼自己翻译能力，而后再校审译稿，使他们稳步地成长起来。如今这些编辑已是商务的骨干力量。

陈翰伯在他的《自传》中说，他聊以自慰的是，做了一枚对人民有点用处的螺丝钉。确实，以陈翰伯的资历而言，他可以去做官，从另一个角度为人民服务，但陈翰伯除了最后一任当了国家出版局代局长外，他没有当什么官，他青春办报，皓首出书，一生贡献于新闻、出版事业，他是一个没有做大官，却做了大事的共产党人。

（本文作者已于1991年病逝）

作家、编辑出版家严文井[1]

胡德培

严文井(1915～2005) 祖籍湖北汉川，出生于武昌。原名文锦。1935 年春到北平图书馆当馆员；1938 年 5 月到延安抗日军政大学学习，7 月加入中国共产党。年底，调鲁迅艺术文学院文学系，历任研究员、教员、研究室主任、代理系主任。1945 年抗日战争胜利后，参加东北文艺工作团，就任《东北日报》副总编辑兼副刊部主任。1951 年春调北京，任中共中央宣传部文艺处副处长。1952 年冬参加中国作家协会筹备工作，先后任中华全国文学艺术工作者协会代理秘书长，《人民文学》杂志副主编兼编辑部主任，后任主编，以及中国作家协会党组副书记、书记处书记兼作家出版社社长。1961 年 4 月，以中国作协书记处书记的身份，兼任人民文学出版社、作家出版社、中国戏剧出版社三社合并后的人民文学出版社社长、总编辑，直至 1983 年卸任。他是第三届全国人大

① 本文引述的材料，除严文井口述并过目订正的文字外，曾参阅《严文井选集》(上、下，人民文学出版社 2004 年版)、《他仍在路上——严文井纪念集》(人民文学出版社 2006 年版)等资料。

代表，第五、六届全国政协委员，曾任国家出版委员会副主任，中国文联全国委员会委员，中国作协儿童文学委员会主任，亚非作家委员会中国委员会副主席，中国笔会中心副会长等职。著有《严文井选集》、《严文井童话寓言集》、《严文井散文选》，长篇小说《一个人的烦恼》和童话《蚯蚓和蜜蜂的故事》、《唐小西在“下一次开船港”》等。

严文井在晚年写过一篇文章，吐露他的心声：“我喜欢书，敬爱书。”——是的，他一生都在读书、写书、编书。

在人们的心目中，似乎更多知道他是一位作家，写过许多著名的童话、寓言、散文、评论等等。然而，从事编辑出版工作却占去了他一生中大部分的时间和精力，而且干得卓有贡献和成绩。因此，他曾担任过国家出版委员会副主任委员的职务。这些，在编辑出版界也是有目共睹的。

1959 年，我到中国作家协会所属《文艺报》编辑部工作时，严文井担任中国作家协会党组副书记、书记处书记兼作家出版社社长。1961 年，作家出版社、中国戏剧出版社、人民文学出版社三社合并，合称人民文学出版社，严文井以中国作协书记处书记的身份，兼任社长、总编辑。经历“文化大革命”，到 1973 年初，严文井从“五七”干校调回人民文学出版社主持工作，后专职任社长、总编辑。1978 年初，经与文井同志联系，他同意把我从北京语言学院(现为北京语言大学)调到人民文学出版社做编辑工作。1986 年 5 月，为中共中央宣传部主持编辑的《编辑家列传》撰写“严文井”条目，我专门访问过严文井，他给我较详细地谈到有关经历。写成初稿后，曾送给他审定。直至 2005 年 7 月 20 日严文井病逝，我与他一直有来往。因此，对于作家和编辑出版家的严文井，我愿意向大家作如下介绍。

在武汉和北平，“碰见什么看什么”

严文井 1915 年 10 月 15 日出生于湖北武昌一个中学教员家庭。

严文井曾在一份自叙小传里说：“上小学了，认识一些字以后，我就独自看书，碰见什么看什么。”有感兴趣的故事，有报章杂志，有中国古典长篇小说，也有鲁迅等“五四”以后作家的现代文学作品，以及文史、科学、人生、自然等各类图书。

在湖北省省立高级中学毕业后，严文井报考几个大学都没有考上。他父亲颇不高兴。1935 年春，一个人到了北平，在北平图书馆当职员。除了日常工作，他从不外出，连颐和园这样有名的地方也没有去过。他把一切时间都用来读书，特别着重读了许多世界名著。

这一时期，可以说他是“饥不择食”，广泛阅读。这为他后来成为“杂家”式的编辑和从事写作奠定了相当厚实的基础。

与此同时，他一边学习读书，一边练习写作。高中二年级的时候，他以“青蔓”的笔名将一组小散文向《武汉日报》副刊《鹦鹉洲》投稿，两三天后即获得发表。以后，他便源源不断地写稿和投稿，以至影响了学业。

在北平工作期间，他一边工作、阅读，也一边练习写作。他曾将文稿寄给他所佩服的沈从文先生，并曾得到过沈从文的一封回信。沈先生劝他每篇文章写好后要多修改几遍。这成为他写作时终身遵守的一条“准则”。此时，他的文章开始署名“严文井”，陆续在《大公报》的《文艺周刊》(萧乾主编)、《武汉日报》的《文艺副刊》(凌叔华主编)和上海《文季月刊》(章靳以主编)等报刊上发表。1936 年，章靳以为上海良友公司主编一套“散文丛书”，收入了严文井的一本。这便是严文井第一本创作集《山寺暮》，在 1937 年春天问世。

奔赴延安，开始编辑生涯

“七七事变”后一个星期，严文井即匆匆离开北平回到武汉。不久，又秘密地离家出走，和一群武汉大学的年轻人一道，经西安八路军办事处介绍，到延安进入抗日军政大学第四期学习。1938 年 7 月，加入中国共产党。很快，从抗大提前毕业，到延安陕甘宁边区文化协会从事写作。年底，调到鲁迅艺术文学院文学系任教。用他自己的话来说，“我这个教员是不讲课的，倒是跟我们编辑行业有点相像，给人看看稿子，提提意见，如此而已”。

严文井说，他的编辑生涯是从 1938 年 11 月开始的。那时，在鲁艺文学系任教的同时，他担任了《文艺战线》唯一的一名编辑。这本 16 开的大型杂志，在延安编辑，先后在重庆和桂林印刷出版。从1939年初至1940年一共出了六期，曾发表沙汀、何其芳、艾思奇、冼星海、萧三、柯仲平、卞之琳、周扬、柳青、康濯等作家的作品和文章，其他鲁艺师生和严文井也曾发表过几篇作品。后来，因为国民党封锁边区等原因被迫停刊。

以后，他仍然一面做编辑，一面写作。1941年，他参加鲁艺文学系刊物《草叶》的编辑工作，是编委之一。该刊主要发表鲁艺师生的作品，如周扬、何其芳、周立波、陈荒煤和严文井等人都发表过。这期间，严文井曾参加延安文艺座谈会。他在重庆《文艺阵地》发表第一部长篇小说《刘明的苦闷》(后更名为《一个人的烦恼》)，批判小资产阶级知识分子的软弱性和个人主义思想。1940年，他在延安开始写童话。1943年，在桂林美学出版社出版第一本童话集《南南和胡子伯伯》，描写旧社会孩子们的悲惨遭遇和对美好未来的热望。同时，在延安八年中，他还写作并发表了一些报告文学、散文和短篇小说。

在《东北日报》，编审新闻、办副刊

1945年，严文井参加东北文艺工作团到达东北，担任《东北日报》副总编辑兼副刊部主任。这期间，按照中共中央和东北局的指示，配合中国人民解放军解放东北及全中国，他全力投入了宣传和编审工作。先是努力办好副刊，后期又集中负责编审新闻稿，工作非常紧张。同时，他还采写了反映土地改革的长篇报告文学《一个农民的真实故事》。编辑部团结和联系了一大批作者，在副刊上先后发表了草明的《原动力》、华山的《英雄的十月》、刘白羽的《政治委员》、《无敌三勇士》、李纳的《煤》、丁玲的几篇欧洲游记、天蓝、公木的诗歌、雷加的《鳝鱼》、朱寨的《报告入党》、井岩盾的《瞎月工伸冤记》、舒群的《我的女教师》等作品。这些都是东北文艺界的重要收获，后来在全国第一次文代会上受到表扬。

据人民文学出版社编审李纳回忆说：1945年，她先是在《东北日报》资料室工作。严文井到职不久，就把她调到副刊部做编辑工作。严文井“经常亲自领着我们组稿，是他和同志们给了我勇气，我才敢上阵采访抗日联军和铁路工人，为英雄们画粗略的像，开始在《东北日报》发表作品。"正是严文井的帮助和支持，使她以小说《煤》等作品而受到重视，成为了 1949 年 7 月全国第一次文代会的代表，后来在编辑出版工作中做出了许多贡献。

严文井在《文艺报》创刊不久发表专文《编副刊要联系群众》，总结了这一时期的工作情况。文章说：副刊是报纸的一部分，应极力做到与整个报纸的宣传中心配合，对人民、对社会高度负责。同时，它应采取多样的新鲜活泼的形式，专刊与综合性副刊相结合，以文艺占很大比例；要同作者与读者保持最密切的联系，特别要重视工人、农民的来稿，倾听并采纳读者的意见，以满足大家不同的要求。

这期间，他在 1949 年写作了童话《丁丁的一次奇怪的旅行》，歌颂劳动和集体主义。第二年 6 月由启明书局出版。

到北京，从事文学的组织和出版工作

新中国成立后，严文井于 1951 年春天奉调到北京，任中共中央宣传部文艺处副处长(丁玲为处长)。1952 年冬，参加中国作家协会的筹备工作。从 1953 年春天起，任《人民文学》杂志副主编兼编辑部主任，后任主编。

严文井在担任刊物实际负责人期间，除了团结、联系老中青作家，争取组织到优秀作品和重头文章之外，每一期他都具体安排版面，撰写编者的话。以贯彻党的编辑出版方针。比如，1953 年的一期刊物上，严文井执笔写作的《编后记》中写道："为了使这个刊物所发表的作品能够自由和更深刻地反映出我们这个时代丰富多彩的生活，我们认为首先应该提倡作品主题的广阔性和文学样式、体裁和风格的多样性。应该鼓励各种不同的文学样式和不同的文学风格在读者中的自由竞赛。"严文井的艺术观点和审美意识，与后来中央提出的"百花齐放，百家争鸣"的方针和精神看来是相当吻合的。正是贯彻了这样的正确思想和方针，使当时的《人民文学》办得很有生气，受到了众多读者的广泛欢迎，并使它成为全国文艺刊物中首屈一指的知名刊物。

很快，严文井先后担任中国作家协会党组副书记、作协书记处书记。从 1961 年 4 月起，兼任人民文学出版社社长、总编辑。

严文井在主持人民文学出版社工作期间，遵循正确的出版方针，对出版机构的设置、出版规划的制定、编辑队伍的建设以及选题开拓、生产管理、团结著译者等各个方面，都起到了重大的作用。

一方面，他非常注意组织出版老作家、老革命家的创作。比如，老作家欧阳山的《三家巷》，当时在文学界颇有争议。他认为，这是百花齐放中的一朵花。于是积极支持它的出版。作为老干部的创作，他对李六如的《六十年的变迁》反复提出意见，帮助修改，然后给予出版。同时，积极出版了《毛主席诗词》及朱德、陈毅、叶剑英等老革命家和郭沫若、茅盾、叶圣陶、巴金、萧三、柯仲平、臧克家、田间、何其芳、艾青等老作家的作品，以充实我国社会主义文学的书库。

另一方面，他注重发现和培养文学新人，主张多给青年作家发表和出版作品的机会，着力于扶植中青年作家的成长，帮助他们写出更多优秀的作品。例如，60 年代，他提出一个出版青年诗人诗作的计划，请张光年、田间、严辰等老诗人给一批年轻诗人的书作序，分别出版了李瑛、白桦、张永枚、严阵、公刘、梁上泉、傅仇、陆棨、雁翼、孙友田、王书怀等人的新诗专集，在社会上反应很好。同时，他还支持赵树理、周立波、艾芜、沙汀、浩然、王愿坚、曲波、杨沫、梁斌、李準等人的小说创作，对我国文学出版事业的发展均起到了很大的推动作用和积极影响。

这期间，严文井先后担任过中国对外文化联络委员会委员、中国锡兰友好协会副会长、亚非作家委员会中国委员会副主席等职务，出访过苏联、越南、波兰、埃及、印度尼西亚、斯里兰卡、日本、尼泊尔、巴基斯坦、菲律宾、瑞典、挪威、丹麦等十多个国家，从事中外文化交流工作，为促进我国同各国文化的交流和发展做出了积极贡献。1956 年初，他随代表团到印度访问工作 45 天，回国后写作了长篇游记《印度，我们永远不会忘记你!》，交由少年儿童出版社出版。

这期间，在繁忙的工作之余，他坚持文学创作和理论批评，特别是写出了一系列著名的儿童文学作品，如《蚯蚓和蜜蜂的故事》、《三只骄傲的小猫》、《小溪流的歌》、《唐小西在“下一次开船港”》等优秀儿童文学作品曾获得全国性的多种奖项，并被改编为电影、电视剧、美术片和连环画册出版，滋养了我国的几代儿童，至今仍然是孩子们喜爱的读物。

新时期的新贡献

经过“文化大革命”和“五七”干校的锻炼，1973 年严文井回到人民文学出版社主持工作，到 1983 年卸任、1993 年离休。

在“文革”后期，严文井刚刚重新工作，便一面排除极左思潮的干扰，一面深入各部门参加会议，组织发动群众，听取群众意见，稳步地使原已基本停止工作的出版社业务较快地恢复起来，在他恢复工作的第二年，人民文学出版社的出书就从 27 种骤增到 123 种。

在那个相当困难的特殊年代，由周恩来总理亲自批准，1973 年严文井率领中国出版印刷代表团访问日本，考察了日本的出版印刷事业，在中日两国出版印刷界的友好交流中产生了重要影响。

也是在那个年代，严文井虽然还没有大刀阔斧地开展工作的便利条件，但是，他在暗地里也曾想各种办法动员可能使用的社会力量来促进出版业务的开展。我经历过这样一件事：1973 年 7 月 15 日，我从任教的北京语言学院进城办事，顺便去到严文井家里看他。当时，他正为郭澄清反映抗日战争、塑造英雄形象的长篇小说《大刀记》的出版听取各种意见。谈话中，他动员我为他看看校样，“把把关”，说是只作为原中国作协的老同事、老朋友，“你看现在这个时候出版是否合适？会不会有人提出不同意见或什么问题？”我拿回校样，迅速读完全稿，并习惯地写了一份“审读意见”，认为当时可以考虑出版，估计不会遇到什么问题。我投了一张“赞成票”。后来，我曾看到这部三卷集《大刀记》新书的问世。此后，郭澄清还陆续创作出版了长篇小说《龙潭记》和中短篇小说集《麦苗返青》等作品。

当时，与其他图书出版部门的情况类似，人民文学出版社是“军代表”执掌大权。严文井等主持出版业务工作的社领导，继续处于时时被批判的不公正位置，但他们还是努力贯彻 1971 年周恩来总理指示召开的全国出版工作座谈会的精神，抵制极左思潮，排除极左干扰，着力抓住新版《鲁迅全集》的编辑注释工作。那时，鲁编室人员是在虎坊路甲 15 号院内办公，严文井每个星期大多要亲自去一两次，支持编辑人员工作，帮助解决一些重大问题。比如，原版“题解”中往往将周扬等“四条汉子”作为重点批判对象。大家认为，新版仍保留原来那些“题解”，显然是不合适的，存在严重片面性甚至属于政治思想上的是非问题。严文井经与上级有关部门协商后，决定将原版“题解”全部撤下。

这时，还发生了一件事：社会上刮起评《水浒》、批“投降派”的风潮，“四人帮”组织的写作班子以“梁效”的笔名在《人民日报》发表批判文章，并企图用这篇文章作《前言》让人民文学出版社出版《水浒》原著。姚文元使用心机，曾批示：出版《水浒》时，文章不要署名“梁效”，由人民文学出版社负责，署人民文学出版社编辑部。经手的同志甚感困难。严文井说：“既然署人民文学出版社编辑部，《前言》该怎么改就怎么改。”因此，《水浒·前言》在严文井的同意和支持下，是由人民文学出版社重新修改写定的，巧妙地避免了随着当时社会风潮而可能出现的重大政治问题。

“四人帮”被粉碎后，严文井团结社领导班子，大力拨乱反正，使人民文学出版社图书出版业务得到迅速恢复和发展。1978 年，在中共十一届三中全会前后，以出版《天安门诗抄》(华国锋同志题写书名)为契机，借助舆论宣传，突破禁区，增加出版，及时安排朱德、陈毅、周恩来、叶剑英、陶铸、赵朴初、邓拓等同志的诗词集和新、老作家一批小说的先后出版，加上一些中外文学古籍的重印，很快丰富了我国曾经空白十年的图书市场，得到广大群众和读者的热烈欢迎。

同时，严文井、韦君宜自拟选题，指定杨匡满、郭宝臣两位年轻编辑，集中采写所谓“丙辰清明事件”，即广大人民群众在天安门悼念周恩来总理的长篇报告文学。严文井充满信任并全力支持地对两位年轻作者说：“怎么写，你们自己定。”当这部报告文学《命运》初稿出来后，有人担心政治上出问题，提出了异议。严文井将初稿交给终审有关书稿的七个负责人都审读一遍，他再召集大家认真讨论。这时，仍然有一些不一致的看法。严文井最后做出决定，说：让作者自己从量上动一动，请屠岸终审，孟伟哉做责任编辑。严文井与韦君宜联名为这本书写了序。《命运》一书出版后，社会反响强烈，颇受好评。后来，获得了全国首届优秀报告文学奖。

1979 年春天，人民文学出版社在北京召开全国中、长篇小说作家座谈会，为新时期文学的开拓和发展浇水施肥。严文井主持这次座谈会，首先做了启发性的讲话。他对当时发表的一批青年作家的新创作，较早地表示鲜明支持的态度。这次会议促进了作家们思想的解放，对新时期文学创作的繁荣产生过深刻的影响。同年，出版社集中推出 49 种中外古今名著，引起社会上的强烈反响。这些，对新时期文学的拨乱反正和繁荣发展，都做出了开创性的贡献。

也是这一年秋天，我出差宁沪一线组稿。出发前，严文井特意嘱咐我代表社里向巴金索稿，请巴金将他最后一部付出巨大心血的著作《随想录》给我社出版。当时，这些随想录正在香港《大公报》副刊专栏连续发表，在海内外产生了巨大反响，同时也引起了国内上上下下颇大的争议，一些人发表过不同看法甚至有不同意见。编辑部在审定书稿时，严文井果断地拍板说："巴老怎么写，我们就怎么出。巴老不改，我们也一个字不改。"在他旗帜鲜明的支持下，使《随想录》得以及时在北京出版。后来事实证明，巴金这部呕心沥血之作，影响深远，具有划时代的巨大意义和重要价值。

在这一两年中，国内历次政治运动中的冤假错案得到平反，许多作家焕发了艺术的青春和创作的灵感，同时有一大批年轻作者如雨后春笋般涌现出来。作为老作家和编辑出版家的严文井，竭尽全力以各种方式推动文学出版事业跨越式的迅速发展和进步。在广大编辑、出版人员的支持下，人民文学出版社首先打破了出版社只出书，不办报刊的陈规，相继创办了大型文学双月刊《当代》、大型季刊《新文学史料》、理论丛刊《新文学论丛》和普及性读物《文学故事报》等多种报刊。创办时，严文井多次主持《当代》等刊物的编前会议，决定每期的中心内容和主要稿件。这些报刊的创办，为及时发表并推出新作家、新作品，保存现代文学珍贵史料，普及文学基础知识，为新时期文学创作的发展和出版事业的繁荣提供了更多的园地和有力的支持，同时也为进一步提升出版社的综合实力和较快发展打下了坚实的基础，为我国社会主义文学进入迅速繁荣和发展的新阶段做好了准备，贡献了力量。

在改革开放的新时期，是严文井工作最紧张、最繁忙，也是精神最振奋、最愉快的一个重要时期。他经常亲自审阅原稿，给作者写信、作序或答问，还不断与作者交谈或直接写评介文章，像一位辛勤的园丁在文学园地里不懈地耕耘，不遗余力地热诚扶植文学新人新作。他对王蒙、谌容、刘心武、冯骥才、高行健、孔捷生、高晓声、从维熙、谢璞、高尔品、韩少功、竹林、周良沛、吴泰昌等作家作品都曾给予高度评价和积极支持，帮助他们迅速成长起来，成为新时期文坛上颇为活跃的文学新人，其中一些人成为了新时期文学创作的中坚力量。严文井在许多作家心目中成为了大家的良师益友，受到文学界同仁们的称道和赞誉。

也是在这个时候，严文井为首的社领导毅然决定，为一批以工农兵大学学员为主的年轻人(共约 20 来名)举办“文学进修班”，脱产学习两年，重学了文学史、文艺理论等大学本科多门课程，请社内外知名专家启功、王力、柳鸣九和老编辑家牛汉、舒芜、王笠耘等人授课，严文井等领导同志带头讲课并亲自辅导学员们学习，使他们很快得到提高，适应了编辑出版工作。至今，这批人大多已成为各编辑、出版部门的重要骨干人员。

这时候，发生了一个故事：严文井帮助围棋国手陈祖德写出长篇传记文学《超越自我》，在《当代》发表，在人民文学出版社出了书。原来他们两人都是全国政协委员，相识于政协会议上。严文井喜欢围棋，熟悉棋坛掌故；陈祖德对严文井早已闻名：两人相互倾慕已久。陈祖德因癌症做了手术，准备以回忆录的方式，把新中国围棋的发展史以及围棋事业的兴衰起伏写成一本书。严文井知道这个情况后，立即表示支持和鼓励。从计划到写作，从原稿提意见到逐章逐节的修改，严文井反复给予指点和辅导。他为陈祖德拼搏奋进的勇敢精神和不断超越自我的斗士气概所感动，为该书写了一篇动情的序文：《探索人生真谛》，表示对陈祖德的精神和品格深为赞赏和肯定。这件事，在文坛内外，特别在围棋界被传为佳话。

严文井在文学创作和理论建设的许多领域取得了重大成就，特别在儿童文学创作方面成绩卓著。他的一些作品，被评论界誉为儿童文学的“经典”，收入多种儿童读物的选本，被译为英、德、俄、日、蒙、朝、印等多国文字出版，成为世界儿童文学的一部分。他努力用文学引导儿童们走向一个健康的精神世界，1990 年获得宋庆龄基金会颁发的第五届中国福利会妇幼事业“樟树奖”。同时，他支持出版社设立专门研究出版儿童文学作品的编辑组，从组织评介到出版一批一批优秀儿童文学创作，为孩子们提供宝贵的精神食粮。建国 30 周年的时候，在他的倡议和支持下，人民文学出版社出版了一套儿童文学作品选。他主编其中的《短篇小说(1949－1979)》(儿童文学上、下)，并为之写《序》。同时创办大型儿童文学丛刊《朝花》等。

1980年4月，严文井与屠岸商量出版儿童文学刊物《朝花》的编辑方针时，对屠岸说：不要老是灌输“阶级教育”了。而且，“四人帮”的“阶级教育”到底是哪个阶级的教育？是无产阶级的？还是封建阶级的？他话锋一转，说：应该对少年儿童讲讲人性和人道主义。他说，人道主义的旗帜为什么奉送给资产阶级？如果否定人性，势必肯定兽性和神性。后来，屠岸回忆说：文井同志的谈话，对办好这本儿童文学刊物，对从事文学创作和文学编辑出版工作，都是很有启示和教益的。

原来，早在上世纪50年代，严文井就一直关注少年儿童读物，曾呼吁作家们多为少年儿童写作。有一次，他针对某些人不重视儿童文学创作的状况，神情异常严肃地说：“这不是‘小儿科’，是关系民族前途的大事!”可见，严文井对组织儿童文学创作及其出版工作方面，始终是非常重视的。

严文井在晚年还写作了一些优秀散文，质朴自然，亦庄亦谐，充满睿智和哲理，情感充沛，语言纯真。1985年出版的《严文井散文选》荣获“新时期全国优秀散文(集)奖”。

他离休前后，仍时刻关心国家大事，关心文学和出版事业，关心少年儿童到关心残疾青年这样的弱势群体，与许多中青年作家和编辑出版工作者保持着密切的联系，还曾担任人民文学出版社编审委员会委员，以及该社“人民文学奖”评奖委员会主任等职，继续为文学和编辑出版事业、为社会主义精神文明建设操心。他将几十年的心血倾注于编辑出版工作和文学事业，始终把自己的一颗赤诚的心奉献给社会，奉献给人民，赢得了文学界、编辑界人士广泛的尊敬。

2004年10月15日，在“严文井文学创作72周年暨《严文井选集》出版座谈会”上，曾在人民文学出版社担任社长、现在肩负中国出版集团主要领导职务的聂震宁在发言中说：文井同志“拥有作家、文学评论家、文学出版家三重身份，每一重身份都光彩照人，都作出了重要贡献……文井同志从1961年起，担任人民文学出版社社长，一直坚守文学出版专业……他为出版社的建设、发展、壮大，在新时期的持续发展，奠定了在现、当代文学出版中的领军地位，作出了最重要的贡献。”

严文井逝世后，中央领导同志胡锦涛、温家宝、刘云山、王刚等，中央及各地方的作家们、编辑出版部门的同仁们和许许多多的读者、尤其是少年儿童读者都对他表示深深的怀念和哀悼。温家宝总理在给严文井的爱人康志强的信中说：“他的作品和人品就是一个燃烧的火种，留给人们，特别是孩子们用来点燃希望的明灯。‘他应该为此感到快乐，因为他已经尽到了自己应该尽的责任。’(引文井语)”温家宝同志在中国文联、中国作家协会全国代表大会上作报告，同文学艺术家谈心时特别重复地讲了这样一番话，实在发人深思。

严文井一生的业绩和精神，人们将永远不会忘记。

编辑家、学者和评论家王子野

吴道弘

王子野(1916～1994) 安徽绩溪人。原名程扶铎。1930年进上海亚东图书馆当练习生。1938年到延安入陕北公学学习，同年加入中国共产党。1939年任中央军委总政治部第二秘书处秘书，兼任军政学院哲学助教。1941年任中央政治研究室组长。1942年后曾任中共中央书记处图书资料室副主任，中央军委编译局翻译处处长、编译局秘书长，《晋察冀日报》社编委兼编辑部长，中共中央华北局宣传部出版科长，中共中央宣传部出版委员会委员。建国后，历任中央人民政府出版总署编审局处长，人民出版社副社长兼副总编辑，社长兼总编辑。1975年后，历任国务院政治研究室理论组组长，国家出版局副局长、党组副书记，国家出版委员会主任委员，兼国务院古籍整理出版规划小组副组长。是中国出版工作者协会第一届副主席、第二届主席、第三届名誉主席，中国翻译工作者协会第一、二届副会长，中国文学艺术界联合会第四届全国委员会委员，第五、六届全国人大代表，第六届全国人大教育科学文化卫生委员会委员，第二、三、四、七届全国政协委员。译有《西洋哲学史简编》、《思想起源论》、《财产及其起源》、《论戏剧》等，主编有《当代中国的出版事业》，其文章曾结集为《槐下居丛稿》。

一

王子野同志从 1948 年担任中共中央华北局宣传部出版科科长开始，就一直在编辑出版岗位上工作。建国后，他担任中央人民政府出版总署编审局处长。在此前后，在胡愈之的领导下，曾积极参与创办新中国第一个大型文献性刊物——《新华月报》，总揽编辑、出版业务全局，并负责编委会，奠定了该刊的编辑宗旨和编辑风格。1950 年 12 月人民出版社成立后，王子野先后任该社副社长兼副总编辑、社长兼总编辑，在 20 世纪 50、60 年代长期担任领导编辑职务期间，对有系统地出版马克思主义经典著作与大量理论翻译读物，作出重要贡献。

1966 年“文化大革命”爆发后，王子野受到不公正对待，但他对中国共产党、对马克思主义坚信不移，坚持做学问、追求真理。1975 年从文化部咸宁“五七干校”调回北京，任国务院政治研究室理论组组长。1977 年至 1982 年任国家出版局党组副书记、副局长，在国家出版事业领导岗位上，拨乱反正，落实出版政策，重视编辑出版人才和出版物质量，以及关心和提倡书籍装帧艺术，多次撰文评论，起过很好的作用。80 年代以来兼任国务院古籍整理出版规划小组副组长，国家出版委员会主任委员和中国出版工作者协会第一届副主席、第二届主席、第三届名誉主席，仍一如既往地关心出版工作。他亲自为《当代中国的出版事业》一书审稿，并撰写该书“绪论”部分，这是一篇精炼简明的中国出版简史。他还经常在中央级报刊上推荐好书、评论作品。他关心和支持编辑学、出版学的研究，明确地指出要研究书刊出版工作，出版工作有自己的专门学问。认为“正在编纂的中国大百科全书就有专门的出版卷，这是非常令人高兴的。”他为多种编辑学著述撰写序文。他说：“社会上各种行业都有自己的专门学问，经济有经济学，教育有教育学，新闻有新闻学，书刊出版后也有专门的目录学、版本学、图书馆学等，唯独出版工作本身缺少专门研究。是出版工作没有东西可研究吗？不是的。出版的历史起码可以追溯到 1 000 多年前，反正比新闻早得多。要研究的东西不是很少，而是很多。就是因为不被重视，所以才留下缺门。这空白总不能永远留下去，出版学早晚总要在众多的学科中占一席应有的位置。”①因此，王子野不仅关心出版学学科建设，并且鼓励编辑进行出版理论研究，曾主持全国出版研究年会和编辑出版理论优秀论文的评奖工作，还提倡编辑要读书学习、博学多能，成为通才，并要继承和发扬出版的优良传统。1990年王子野向《出版工作》编辑部建议，约请出版界一些老编辑写一写自己是怎样做编辑工作的。之后该刊开辟“我怎样做编辑工作”专栏，陆续发表了许多著名编辑所写的具体经验和切实的体会，在编辑出版界产生了广泛的有益作用。

我国实行改革开放政策后，王子野为出版对外交流，做了大量的工作。先后访问过日本、美国、意大利等国，跟这些国家的出版界人士广泛接触，宣传了我国出版事业的成绩，促进国际合作出版的开展。王子野是国内外公认的享有盛誉的出版家、编辑家。

二

王子野的编辑出版工作是跟人民出版社的建立与发展分不开的。从1950年12月到1966年“文化大革命”开始，他一直是该社的主要领导。长期主持编辑工作(1960年起任社长兼总编辑)。

人民出版社从建社起，有系统地出版马克思主义经典作家的原著是一项重要的任务。建社初期，除出版《马恩文选》外，还有马列原著单行本，王子野重视译文的校订工作，特别是列入“干部必读”的部分，经常亲自跟译者(曹葆华等)联系。1953年1月中共中央马恩列斯著作编译局成立后，马列原著的翻译出版进入更有计划有系统的新阶段。继《斯大林全集》出版以后，《列宁全集》中文第一版39卷的出版工作，仅用两年时间就完成，接着60年代出版《列宁选集》的工作，王子野亲自撰文在《人民日报》上介绍。

对于马克思主义经典作家原著的翻译出版工作，王子野有一种真挚的感情和执著的追求。1984年9月在新版《列宁全集》(中文第二版)出版

---

① 王子野：《〈韬奋与出版〉序》，见《王子野出版文集》，129页，北京，中国书籍出版社，1997。

发行座谈会上，王子野满腔热情地发言，希望译文精益求精，新版能反映我国自己的特点，要有自己写的前言和注释；对《全集》的装帧设计要求成为善本书。这些真诚的意见，也是他一贯的主张。王子野在人民出版社时多次讲到普列汉诺夫翻译马恩著作时增加自己注释的做法。因此人民出版社出版《费尔巴哈论纲》时，就附了普列汉诺夫写的注释。在“文革”中陈伯达曾为此作为批判王子野叛徒哲学的根据，王子野因而受到迫害。

作为编辑家的王子野，认真贯彻出版方针。人民出版社建社不久，为了执行编辑出版分工原则，他坚决主张不出版专业分工以外的书稿，得到上级领导机关的支持。在编辑工作中。王子野十分重视出版物的质量。几十年来始终强调编辑工作。在 1992 年中国编辑学会成立大会上，他说：“我认为编辑工作是出版工作中不可缺少的组成部分。可以设想一下，出版社如果没有编辑部，那将是一种什么状况？岂不乱了套了。书刊没有编辑就出不了精品，只能出些错误百出的粗劣品。”1994 年王子野病危期间，他还对前往看望他的新闻出版署主要负责人说，“提高出版物质量是最重要的。”他主持出版社的编辑业务，亲自审稿，对各级编辑的审稿意见，总是写上自己的意见、看法，或毫不留情地进行批评，但很有说服力。有一部关于辩证法的翻译书稿，编辑的审稿意见很简单，王子野看了书稿以后，写道：“虽然你们三番四覆的修改，然而遗留下的问题还不知有多少(而且都是十分严重的)。我对你们的校订者和审稿者也是有点意见的。”接着指出一些该稿译文上的不妥之处、译者杜撰的名词术语，以及误译的例子。然后又说：“希望你们从这部稿子的校订、审读的错误中得出必要的教训，以改正今后的工作。我的意见如不对，也可批评。”往往有些译稿原译文比较粗疏，即使译者是名家，王子野总是要编辑把审稿意见告诉译者，让译者自己了解后进行校改。

1954 年以前，人民出版社曾经出版过不少从苏联翻译的哲学、社会科学方面的小册子。后来认识提高了，1954 年 9 月间，王子野在一本重印书上批语：“不再重印苏联一些教条主义的小册子。”对于选题，指出“在目前的情况下，一般书的选译，必须十分慎重，可缓就缓，可不译就不译，这样做，不会吃亏。”

王子野对于国内一些学者的著作稿，同样认真审读。一部阐述新中国初期建设成就的书稿，王子野的审读意见是：“这部稿子只是一些数字的堆积，再插进一些《共同纲领》的引文，使人无法读下去。照此样子不作较大的修改不能出版。我想修改的主要要求是充实血肉，每一个问题都必须讲清道理。材料是很多的，……有血有肉又有骨头，才能读下去。”另一部学术性著作的审稿意见，是这样写的：“对苏联学者的见解要认真加上一番消化工夫，不要信手大段大段去抄录。但是参考书在文末须作交代。”

人民出版社建社之初，编辑部有编辑读书制度的规定，规定编辑每年有一个月时间的集中读书。1959 年王子野在一次编辑部座谈会上反复强调要认真读书，要自觉自愿读书。他说：“没有兴趣读书，领导上硬叫你坐下来读，形式上在看书，心里却在想别的，当然没有效果。”为此，他特别提出，读书“立四要”，就是读书要有目的，有决心；要虚心，又要敢于独立思考；还要踏踏实实。并且有针对性地讲：“我们这里是书籍的制造所，出版社中人不热心读书外面也许不相信，然而事实确是如此。厨子闻惯了油腻，不馋吃。我们不大读书的原因是否也在这里呢？假如真是这样，那实在糟糕得很。”王子野还要求编辑们自己想想，“例如，哲学编辑不妨考一下自己，究竟懂多少哲学。假如只知道物质第一性，唯物论比唯心论好，不知道古今中外的哲学派别、源流，那么农民也可以做哲学编辑了。搞经典著作的编辑，假如突然问他马克思什么时候诞生，哪里人，家庭情况怎样，哪年流寓英伦，哪年搞《新莱茵报》……我看也未必能随口答出……要克服这种现象，除了学习以外，别无他法。”[①]

王子野还经常提醒编辑部的同志，编辑工作是一项政治性很强的工作。一定要认真掌握好政策，要用马克思主义作指导。而他自己在编辑工作中的认真严肃、严格细致的工作态度与作风，也是直接影响到全社编辑的业务素质与工作作风的。王子野除了审稿，还要审读、修改编辑撰写的图书“内容提要”文字，有时改动得几乎相当于重新撰写。人民出版社在建社后就建立总编辑在审读、签发书稿时，同时要审读、签发书稿的“内容提要”的制度。王子野还重视出版社的书刊资料工作，认为做好藏书资料工作，对培养出版社编辑人员有很大作用。人民出版社从建

---

① 王子野：《同编辑谈读书》，5～10 页，北京，中国书籍出版社，1997。

社起，重视藏书资料建设，有一个相当规模的图书库，至今仍对编辑工作发挥作用。

人民出版社初期的内部刊物《出版周报》，刊载上级有关编辑出版工作的指示、选登读者对出版物的批评与建议，以及社内人员在编辑出版工作中失误的检查。诸如"新华时事丛刊"的编辑工作，书刊中重大的校对错误等，都刊出有关编辑、校对人员作出的检查和认识。对于提高工作人员的业务素质和培养严肃认真的工作作风，起了很好的作用。60年代初，王子野在全社人员大会上提出编辑出版工作中的"三风"、"一严"问题。"三风"就是：勤俭朴素的作风、谦逊团结的作风、踏实细致的作风。"一严"就是一切从严，首先是政治上从严。从编辑出版到行政管理，每一环节都要求严字当头。选题组稿、审稿、加工要严，出版校对也要从严，行政管理制度的执行也要从严。只有这样才能保证出书质量的不断提高。

王子野还认为，提高书稿质量，首先必须依靠著者、译者、编者的努力。因此，出版社除了加强编辑工作，在社内培养出更多的好编辑外，同时还应当推动著者、译者和编者也积极改进自己应做的工作，双方努力才能达到书稿质量的普遍提高。

讲到出版社要团结一大批认真著译的作者问题，王子野自己是做得很好的。他亲自在编辑访问作者的"访问记录"上写意见、作指示，有时还在全社人员大会上表扬或批评。还提倡请各方面的专家学者到出版社做学术报告；他自己跟曹葆华、曹汀、朱光潜、吕振羽、季羡林、戈宝权等一大批学者专家——同时也是作者，都有很好的交往。

其实，王子野对于社会上人才的重视与爱护，也是很突出的。60年代中期，他在出版社时，对一位研究普列汉诺夫的专家王荫庭，请到出版社来让他翻译作品，发挥专长。粉碎"四人帮"以后，王子野满腔热情支持、鼓励安徽一位美学家郭因出版学术著作。郭因的两本专著：《中国绘画美学史稿》和《艺廊思絮》，分别由人民美术出版社和安徽人民出版社出版。作者在后记中和向王子野的赠书中表示了他的感激之情。安徽有位青年学者徐学林，研究徽学，学有专长，对安徽出版史情有独钟，写出过大量的论文，王子野对他十分关心和鼓励。我很了解王子野对人才的爱护和对有价值书稿的重视，只是他不愿意多说自己是怎样做的。

图书质量是由内容与形式两部分构成的。王子野对于图书的外观形式——装帧设计也是十分重视的。无疑，这和他的哲学、美学素养，以及对艺术的爱好是分不开的。他在总编辑岗位上经常关心图书的封面设计和装帧形式，为封面设计出主意。

所有这些，可以看出，人民出版社在其发展过程中，凝结着王子野的心血和贡献。1985 年，在纪念人民出版社建社 35 周年时，王子野用秀丽的行书写下这样的题词："乐为他人作嫁衣"。这也是对他自己服务、献身编辑出版工作的真实写照。

三

早在建国前后，王子野有过做研究工作的想法。他曾经说到自己对哲学、美学的爱好，到北京以后，想从事学术研究工作，而不是编辑出版工作。不过，王子野又确实干了一辈子的编辑。王子野是编辑家，然而他又是学者和评论家，也是位勤奋的翻译家。他对中外文学、哲学、历史有很深的修养，对翻译工作也很有造诣，在延安时期就译过哲学、社会科学著作，以及翻译文艺理论方面的书籍，如《西洋哲学史简编》、《历史唯物论》、拉法格的《思想起源论》、《邓肯自传——补编》等。撰写哲学、美学、文学评论、戏剧评论，以及杂文作品和读书笔记，出版过多种著译单行本。1984 年三联书店出版的《槐下居丛稿》，是他几十年在编辑工作之余创作的结集。

1991 年 11 月，首次胡适学术讨论会在安徽绩溪召开。王子野被邀参加了这次会议。作为胡适的同乡和后辈，他作了题为《以辩证观点研究胡适》的发言。对五四新文化运动的领袖人物胡适在文化学术领域的多方面开拓工作，予以肯定。王子野提出："对胡适的学术思想采取探讨，也就是把以前倒污水时倒掉的婴儿捡回来。当然应当小心，在捡婴儿的时候不要把污水带了回来。……我以为必须坚持实事求是的态度，坚持双百方针，允许大家发表不同的意见，做到畅所欲言，心情舒畅。"这个发言受到与会同志的好评。

作为学者，王子野博览群书，勤于钻研，他藏册极富，坐拥书城。他是珍爱图书的藏书家，又是广泛涉猎的学问家。人们很惊奇地发现，王子野面对大量藏书，但又随时能够找出来使用。在王子野的读书习惯中，对外国文学的若干名著往往喜欢对照外文原文进行阅读。他懂得俄、英两种文字，最近几年还在自学法文和日文。一次我去看望他时，这位白发老人正面对着电视机认真地学外文。他对学问的执著追求，数十年如一日，乐此不疲，老而弥坚。这也是编辑家一种极其宝贵的品质，是使他集编辑家与学者、评论家于一身的重要原因。

80 年代以后，人们经常能够见到王子野的书法作品。从图书刊名题字、题词到条幅，生动的行草或古朴的篆隶，似乎突然出现了一个书法家的王子野。其实王子野的书法是很有功底的，只是过去忙于编辑业务和出版领导工作，无暇顾及。这几年他有更多的时间去追摹金石、研修魏碑；草书则倾慕于右任体，而又着意融合诸家，化为己长。需要说明的是，王子野在书法上的成就，有着深厚艺术修养的基础。他很喜爱中西绘画，他的藏书有大量的中外画册，对作品有很高的鉴赏能力。曾经为画家袁运甫等人的作品作序评论。他能刻竹、治印，这些艺术修养使他的书法别具神韵。一年前，我还见到他正在挥毫书写碑记。

四

跟王子野共事合作过的，或者在他领导下工作过的人们，都会一致称颂他写得一手好文章，清新流利、通畅晓达；同时也会觉得他带着浓重乡音的普通话，讲话、做报告时，往往缺少鼓动性和条理性。平时相处，容易见到他不苟言笑、严肃庄重的一面，不易发觉他平易近人、风趣幽默的一面。

50 年代在出版社时，王子野在食堂跟大家一起排队买饭，很爱聊天、说笑话。他称赞一个工友的工作很有条理，说他有“大将风度”。一次，北京东城智化寺举办个人采集的蝴蝶标本展览，他见人就介绍。只要读到一本好书，不住地向人推荐；如果是一本不满意的书，也要说出批评意见。跟他在一起开会，晚上喝了点酒，就会闲聊，从学问到生活，谈天说地，拥有百科知识似的。

王子野平日生活朴素，做事极其认真，细致而又有条理。他日常伏案读书、写作的书桌，总是整理得干干净净，书本和笔纸放得很有规律。

书桌抽屉里的东西，也是井井有序的。明窗净几，为他创造了文思如涌、学问日进的良好环境。

1993 年春天。我去拜访王子野同志，正巧子野同志不在家，出来开门的是他的在初中学习的孙子小遥。在小遥居室的墙上，我见到王子野用工整楷书写的几句话：

多做好事，少说空话，
先做后讲，做了不讲；
别人的好事，一件不忘，
自己的好事，做了就忘。

这是王子野赠给他后辈的座右铭。我觉得正是他自己的思想境界和道德标准的表现，应该说，也是王子野自己的座右铭。一种高尚的情操和职业道德，同样需要在编辑出版界大大提倡和发扬。

1994 年，王子野同志不幸身患癌症，住院后，我曾到协和医院去探视，他的夫人陈今同志陪侍在侧。我见他面容消瘦，说话也不多，不觉一阵心酸。但子野同志还是关心出版界的情况，问我有否见到《当代中国的出版事业》一书。谈到我正在编辑的 10 卷本《中国出版史料》时，他似乎兴奋起来，表示做好出版史料的抢救、整理工作很重要，要我重视书刊的质量。言犹在耳，忽忽已十三年矣！子野同志眷念家乡，归正首丘，风清月明，与黄山之松长伴，永远陶醉在故乡的灵秀之地了。

耕云播雨四十春

——韦君宜畅谈编辑的素质、修养、职责和作风

何启治

韦君宜(1917～2002) 祖籍湖北建始,出生于北京。原名魏蓁一。1934年考入清华大学哲学系学习,1935年投身"一二·九"爱国学生运动,次年5月加入中国共产党。1939年初到延安,曾任晋西青联常委,《中国青年》分版主编,绥德师范、米脂中学教员,新华广播电台编辑。新中国成立前夕,在河北平山县参加《中国青年》杂志的复刊筹备工作。1949年任《中国青年》总编辑。1953年7月调入中国作家协会,担任《文艺学习》杂志主编,1959年任《人民文学》杂志副主编。1960年任作家出版社总编辑,1961年调人民文学出版社,先后任副总编辑、副社长、总编辑、社长,1986年1月离任。曾任中国文联第四届委员,中国作家协会第三、四届理事,中国作协文学期刊工作委员会主任,中国出版工作者协会第一届理事,大型文学双月刊《当代》顾问。著有散文集《似水流年》、《故国情》,中短篇小说集《老干部别传》,长篇小说《母与子》等,晚年以瘫痪病人之躯写出《思痛录》,将她从抗战初期起经历过的种种重大政治运动作了回忆和思考。

到1982年我写作这篇文章的时候,在编辑工作岗位上,人民文学出版社的总编辑韦君宜同志已经度过了40个春秋。积40年之经验,她对

于怎样才是一个好编辑，对于一个编辑的素质、修养、职责和作风等等，都有些什么宝贵的见解呢？带着这些问题，我两度去拜访了她。

她的家是一排老式的旧平房。我们谈话的房间大约有十五六平方米，木地板，后墙镶有装饰性的花格木板壁，朝阳的一面镶着大玻璃；窗台上，快要绽开花蕾的水仙和几盆常绿的花草，显示着顽强的生命力。这房子就像它的主人那样，既颇有资历，又富有朝气。我和君宜同志对坐在办公桌旁的两张旧藤椅上，聊天似地谈起来。

被同志们亲切地称之为“韦老太”的韦君宜同志，其实并不是生来就喜欢编辑工作的，她原先并没有当一辈子编辑的兴趣和愿望。我们的谈话一开始，她就直率地向我讲了自己走上编辑工作岗位的经过。

1938 年年底，正当民族危机深重的时候，年仅 22 岁的韦君宜从武汉辗转于 1939 年初来到延安。那时，她本想和当时许多人一样，不是到“陕公”(陕北公学)，就是去“抗大”(中国人民抗日军事政治大学)。没想到，中央青委第二书记胡乔木却亲自到招待所的窑洞来找她，说她是老民先队员，青年工作做久了，笔杆子也可以，而现在《中国青年》又很需要人，希望她去当编辑。

一当上编辑就脱不开身了。没过多久，她被分配到前方，去晋西北做《中国青年》晋西版编辑，然后又返回延安，在《中国青年》社当编辑。这以后，还曾在晋西北解放区和陕甘宁边区绥德分区当过中学教师，在中央党校工作过一段时间，在地方上还编过小报《抗战报》，然后又回延安，在新华广播电台当编辑。1947 年党中央撤离延安时，随中央机关到达晋察冀解放区。其后曾参加土改工作团。对于自己的职业，她此时确曾一度动摇——她已在业余写了短篇小说《三个朋友》等作品，很想继续写下去。可是，全国解放前夕，她一回到河北平山县中央机关，就立即被动员去参加《中国青年》的复刊筹备工作。那时，杨述是《中国青年》总编辑，她当助手。1949 年进北京后，杨述当了青年团中央宣传部长，她就接任《中国青年》总编辑。其时，她只有 31 岁。

1953 年在韦君宜同志的人生征途中，是一个重要的年头。这时，中央组织部提出团中央应该更新换代，年纪大的可输送给党。她就是当年的输送对象。谈到这里，她不禁发出了爽朗的笑声，说：“那时可不像现在，五六十岁甚至七老八十才算年纪大。我从团中央出来时才 35 岁，就算大了。”

输送到哪里去呢？原来，是要送她到某一个工学院去当党的领导干部。她有点慌了，赶快给胡乔木同志写了一封恳切的信，大意是说，自己念中学时化学就不及格，现在完全是个业务外行，去工学院当领导怎么行?! 自己比较喜欢文学，希望乔木同志从中为力，另外安排合适一些的工作。

结果分配到全国作协。没想到，到了作家协会以后，二话没说，又要她主持《文艺学习》的编辑工作。然后，1958 年下放到河北怀来农村，和别人合编了散文特写集《故乡和亲人》；1959 年到二七机车厂，又参加了工厂史《北方的红星》的编写工作。1960 年调到作家出版社当总编辑，1961 年又合并到人民文学出版社，直到今天。

从 1939 年到现在，君宜同志除了在边区当过三年中学教员，在党校工作过一年左右，就一直没有离开过编辑工作。如果说远一点，则早在北平地下党参加妇救会党组的时候，她就编过《北平妇女》；在清华大学，当左派把《清华周刊》这个宣传阵地夺到手之后，她也当过周刊哲学专栏的编辑。这样，如果我们把编辑工作比作在文化出版园地上的辛勤耕作，那么，韦君宜同志就是在这片广阔的园地上耕云播雨，卓有成绩的老园丁了。

这样的老园丁、老编辑，有些什么经验之谈呢？

要当个好编辑，就不要去谋官位

谈起编辑工作，君宜同志颇有感触地回顾说：“我在延安新华广播电台当编辑时，才二十几岁。有一次，我和杨述去看那时在毛主席那里当秘书的胡乔木。他对我们说，你要当编辑，就别想着要提拔，要做官，别考虑这个！当编辑还能提拔做什么呢？现在是编辑，再提拔不过是总编辑。当了总编辑再往哪里提？提不上去了。再提就只能脱离编辑工作了。所以，想做官就不要当编辑；想当个好编辑就不要去谋官位，不能成官迷。从编辑提成编辑室主任，再提做总编辑，顶多提两级，还能往哪儿提？再提上去你就不是编辑了。他的话很有道理，不能考虑当官、往上提这些个人名位的东西。”

接着，她还坦率地以自己为例说："比如我，假如想做官，我是要后悔的；因为，我的很多同学早已做了官，我要做个像点样子的官大概也不会太困难。可是我觉得，编辑工作既然是很有意义的革命工作之一，就要安心去做。而要做出成绩来，固然要认真地读书，刻苦地学习，勤奋地练笔，但是还要特别强调这点道德修养。"她恳切地指出："编辑道德是很重要的。你没有这点思想根底，你就学不了，学不会。"她笑着说："你成天惦着是提拔他还是提拔我，那就不灵啰。某人提级了，某人当什么长了，你成天惦着这个就没办法。还是不去考虑这些吧，使自己心胸开阔一点是很重要的。"

她深有感触地说："当编辑反正不能偷懒，白天晚上都得看稿子，这的确是非常辛苦的职业。图名图利，什么也图不上。但是，现在确实也有人想拿当编辑作为爬上去的桥梁，比如当作家。要不然他上不去。当了某出版社、某刊物的编辑，好像就可以办到这一点，就可以利用职权把自己的作品不断地送往别的出版社或在自己出版社里出版。像这样的人，我觉得第一不是好编辑，第二这样的编辑也当不长，他坐不住，也受不了这个苦。"她进一步指出："名和利你不能考虑。现在作品出了名是作家的，作品有什么错误你做编辑的可跑不了。"她还以自己为例，说明编辑有时为作品背黑锅是难免的事。因此，想当好编辑不仅不能图个人的什么，还得冷静地、实事求是地对待可能受到的委屈。

要当耳目灵通的社会活动家

讲到这个话题，君宜同志脱口就说："当编辑是要有许多学问的。不管当哪一行的编辑，重要的一条是耳目灵通。书呆子是当不好编辑的。编辑应当是社会活动家。"

她回顾说，她编《文艺学习》，开始就是书呆子的编法。反正青年需要文学知识，她就给灌，就给教。但后来觉得，既然是文艺青年的刊物，就应该知道文艺青年关心什么，议论什么；钻不到他们心里去，刊物是办不好的。谈到这里，她以调侃的语气说："可是也有搞砸了锅的时候。我们后来发动了关于《组织部新来的年轻人》的讨论，影响很大，也就是造成了很大'恶果'的那场讨论。王蒙那时是东四团区委的，我和团的系统本有联系，知道团内有争论，于是抓起来就讨论。万万没想到会引起那么大的风波!”

她又说，在办《中国青年》的时候，建立了这样的传统，就是凡要提倡什么或讨论什么问题，总要先派人去调查，开座谈会，然后再写文章。她举例说，土改后不久，《中国青年》就发动过“郑辉人如何对待他的地主家庭”的讨论。“郑辉人”这个人名是编的，信是编辑部根据大量调查材料自己写的，这样把情况概括起来，就有针对性地深入展开了一场有广泛影响的讨论。她高兴地说：“最近《中国青年》发起‘人生的路为什么越走越窄’的讨论，看来老传统还在起作用。你就是得到群众中去吸取营养，知道他们想什么，关心什么，这样才能给群众解决点问题，刊物也才能办得活泼。”

办报刊如此，到了出版社，一个人抱着几十万字的稿子一时半刻看不出来，还要不要耳目灵通呢？君宜同志明确地回答，还是要耳目灵通。她指出，这不等同于过去的所谓“政治把关”。你知道一点当前的政治形势和文艺界的情况，对你订计划，看稿子，出书，肯定有很大的用处。鉴于不少编辑对此往往并不关心，她说：“我不赞成这种态度。到出版社以后，我就强调开编辑月会，传达文件，介绍、交流情况，通气。你向作家组稿不能光要他给写稿子，这样谈不起来，没有共同语言，组稿的任务也完成不好。因此，不但要知道上级指示精神，最好是常到群众中去跑跑；不但和作家交朋友，最好还要和读者交朋友。”

不学习万万不行

一个编辑，应该有什么样的修养呢？君宜同志认为，除了编辑道德上的修养，自然还要有文化知识的修养和积累。她说：“学习是极其必要的，不学习万万不行。我们有的编辑整天忙得要死，不读书，有的甚至自满自足，觉得很够了，其实是差得远。我也常感到来不及读书了，但还是时刻觉得书是非读不可。文字也得经常练习，一点不能马虎。读书，练笔，必须经常做。”

读什么呢？她认为，编辑就得是个杂家，什么书都得读，一切书，中外古今什么都得读一点。你很难预料编辑工作中会碰到什么问题，所以读书要广泛。她回顾《文艺学习》发表的《文艺青年必读书目》说："那是当时作协党组讨论认为要这么搞的，由林默涵同志起草。我拿到手一看，许多书我也没有读过。我当主编，让人家读自己不读怎么行！我就挤时间一本一本地看，晚上回家就念书，看一本圈掉一本。这样，除了当时没译全的如《悲惨世界》，我终于通通读下来了。否则，我和作家就没有共同语言。同时，邵荃麟同志也告诉我要关心各种流派，如苏联的安东诺夫、西蒙诺夫等等，都要注意。"

为什么当个编辑还要练笔呢？君宜同志说，当编辑，尤其是编《文艺学习》时，接触的多是年轻的作者，光靠嘴巴说要这么写，那么写，而自己一个字不写，那样下去是不行的。她坦率地说："我觉得要在作家、读者中有点发言权，就需要自己也写一点东西。自己写一点才知道作家的甘苦，知道作品怎么不容易形成。搞创作，并不是张三要捏扁了就扁，李四要捏圆了就圆。你自己写一写就懂得这么个道理，就有这么个好处。"说到这里，她强调指出，练笔的基本目的是为了更有利于做好编辑工作，当然不应该妨碍编辑做好本职工作。

谈论起练笔，使她回忆起这样一件往事：在 1949 年进城前几个月，一天她到胡乔木同志那里去，遇见他正在面对面地阅改一位报纸总编辑写的文章。这使她十分感动。她说："在我眼里，他们都是老前辈了。可是，他却是那么认真，一个字、一个标点地抠，对语句文法不通、欠妥的地方一点也不放松。相比之下，我们在练笔方面还努力得多么不够啊！"

公平正直地看待来稿

关于编辑的职责，君宜同志认为，首先必须很细心地看稿子。而看稿子，却有个态度问题。

她介绍了最近在西安一次编辑座谈会上听到许多编辑诉苦的情况，无非是挨骂，什么"交换文学"啦，"眼里只看着大作家"啦，等等。对此，她严肃地说："不管人家骂的是真是假，我觉得我们当编辑的人，必须公平正直。就是一个小小的编辑，不过你这一关，任何人的稿子，包括什么大作家的稿子，也没法问世。因此，这个权力不能忽视。"她打个比方说："当县官是为民之父母，我们不是为民父母，却是稿子的父母。面对稿子，就得抱着公平正直的态度，决不能说某人和我关系不错，我得稍微照顾一点；或者想，某人我得罪了可不好办，将就一点吧。"她不客气地指出，有的刊物简直办得和同人刊物差不多，这太不好了。

针对有的刊物以吸引、培养青年当作家为己任的情况，她说："文学的任务好像不是这样的。我们不能打包票，对外宣称我要保证你成为作家。文学的任务并不是要产生更多的作家，文学的任务是满足人民精神生活的需要。能产生更多的作家当然是好事，但是第一位的任务并不是因为中国知名的青年作家太少，我们要多多地产生知名的青年作家。"

因此，她强调说："我觉得，能否公平正直地看待所有的稿件，也是一个非常重要的编辑道德问题。你身为编辑，任务是满足人民精神生活的需要，可你自己的精神境界就非常低下，那怎么行？如果有人骂，那就骂得应该！"

那么，是不是对每一篇来稿都必须一字不差地看完，才算公正呢？她认为，那倒不一定。她说："常常有那样的稿子，你看上几页就可以肯定不能用。我并不需要把你 50 万字的稿子全给看完才知道你的稿子要不要得。根本上还是要看你对稿子的判断准不准，退得对不对。"

由此，我们又进一步谈到了这样一种情况：许多投稿者很希望编辑像老师改作文似的多给他一些帮助，多提一点意见，有的编辑也只好这么做，结果弄得写不完的意见，搞得稿子积压了一大堆不能及时处理。君宜同志认为，说到底，当编辑并不是来办一个辅导学校。她明确地表示："这做不到，当编辑并不是要把投稿者一个一个辅导成为作家。我们的主要任务是办好刊物，或者办好我们的出版社。当然，我们应该花一些功夫，去帮助那些确实有希望的青年作者。但是，不能对一切投稿者都进行这样的帮助，这是办不到的。"

谈到这里，她颇为感慨地介绍了自己最近无端挨骂的一个例子。原来，她最近收到一封信，毫无来由地把她骂了一顿。那信是这么说的："我这信送到你的手里，我相信你是不会看的，你不过是把它扔到字纸篓里。"又说："像我这样的小人物，哪里值得你大作家、大总编辑一顾。"后面还说："你们这些人，何必一天到晚宣传鲁迅呢？你们宣传鲁迅怎样帮助青年作家，而自己又说忙呀，忙呀，忙呀，没有功夫来理睬我们。你们宣传鲁迅岂不是骗人吗?”

君宜同志笑了笑说:“我回了他一封信。我说我与你素不相识,你骂我一顿不知是何道理。再则,你关于鲁迅的意见我也不能同意。鲁迅当时给回信的,是些什么人呢?是在黑暗的中国许多向往革命的文学青年。对这样的青年,鲁迅是一个都不放过的。他不仅是为了文学,也是为了革命。鲁迅也不是办一个文学辅导学校,不管你什么人写了不通的作文送给他,他都给一一批改,告诉你怎么写小说,教给你作文的秘诀。鲁迅是向来反对这么做的。鲁迅如果收到你们这样的来信、来稿,大概也不会看的。何况,现在我们来信来稿的数量和鲁迅那时比,百倍恐怕都不止。如果现在有一个作家像你说的那样,对一切来信来稿都看,对写上自己名字的来信来稿都看,那他就任何别的工作都不用做了。”

当我问及对她这封回信的反应时,她说:“今天收到一封信,好像就是这个人的回信。他是北京一个大学的学生,回信说你批评我,我很高兴,非常满意。我就怕你不理我。”她接着说:“我看这大概是总想引起编辑的注意,想来想去想了这么一招——找这么一个编辑骂一顿,把你惹火了,那么你就得注意我。不然何必这么说。”

聊到这里,君宜同志沉吟了片刻,恳切地说:“我是把一些稿子认真地看了的。但那首先是我打开一看,有些苗头,觉得值得看下去,这才看的。看几页觉得值得看,才坚决把它看下去的。”所以,她很希望众多的投稿者不要都把稿子寄给她,还是把稿子直接寄给编辑部。否则,过多的干扰会影响她的工作和写作。实际上任何个人也对付不了这么多稿子,徒然增加转交给编辑部的麻烦而已。我想,这点苦衷,热心的投稿者们是理应明白并且谅解的。

不赶时髦、不跟风看稿

我们的谈话渐渐深入到编辑工作态度的另一个问题,君宜同志认为,作为一个编辑,决不能赶时髦,不能跟风看稿和决定稿件的取舍。

她明确地指出,在实际工作中,这一段实行这个,另一段实行那个,是难以完全避免的。但生活和艺术总有客观的标准,你既然是编辑,这一点应该能掌握。她针对眼下的一些时尚说:“你可不能赶时髦。存在主义啦，什么主义啦，看到作品连一定的时间环境都没讲清楚，有点朦朦胧胧、奇奇怪怪的，心想就是什么主义吧，就给用上了。这可不行。”

她直率地指出：“有的年轻作者是很容易赶时髦的，有人还会说我不赶时髦你们不登啊。其实，有的年轻作者自己不见得真给生活中的什么事情感动了，他就是为了发表，你当编辑的可不能上当。你不能看现在的青年读者大概喜欢什么，我就赶紧给他什么。可不能这么干。当编辑的一定要头脑清醒。”

在谈到关于鉴别稿件的好坏优劣，是编辑的职责之一的问题时，君宜同志说：“鉴别稿件的优劣，并不是一件太难的事。我们当编辑的往往是作品的第一个读者，也是第一个评论者。尽管我们的评论是不发表的，但总得对作品行不行这个问题评论评论。普通读者都能知道作品的好坏，当编辑的还分不出作品的好坏，这大概还不至于。问题是分出好坏来之后，你能不能按照客观的标准来正确决定稿件的取舍。”

她举例说：“像《醉入花丛》那样的东西，任何有一点编辑基本常识的人，我想也不会发这样的作品，他却发了。这大概不是由于他丧失了美感，总是另有原因。也许是想引起轰动，也许是觉得这是当时的风气——也可能他从哪里得风气之先，以为最惨、最惊人的东西就好！这不仅是跟风、追风，而且是在创造一种什么风。这就不像是编辑的艺术鉴赏能力太低所致。”所以，她认为这还是牵涉到编辑的工作态度问题，即是否公平正直的问题。

当好参谋、“理发匠”

对一个编辑来说，如果说判断作品的优劣还不算太难的话，那么要中肯地指出作品的具体问题、缺点，给作者提出恰当的修改意见，帮他把作品改得好一点，提高一步，那可就要看编辑的水平和功力了。

关于这一点，君宜同志认为，对于有希望的稿件，编辑应该尽到自己的责任。在认真看稿的基础上，从挑小毛病到提出大问题，包括作品的人物等等，都要帮助作者好好想一想。比方说什么人物是该发展而没有发展的，哪里是应该含蓄而没有做到含蓄的，都要替作家设身处地想出点好主意来。不要光指责他这不行，那不行，他也没辙了。对那些有一定才能而又有生活积累的作家，只要他能接受你的好意见，就能发挥得很好。你一看他生活底子好而作品结构差，来个简单退稿，那也许这个作家从此就被你埋没了。所以，君宜同志强调指出："当编辑最好给人家当好参谋，别出馊主意，如叫他增加路线斗争、阶级斗争等等，人家没有这些，你硬要塞进去就糟了。"

至于如何对待大量一般来稿的问题，君宜同志不赞成那种所谓"处理烂稿子的通行办法"。她严肃地说："不能抓一把，瞧一瞧，甚至翻都不翻就退稿，或者看那字迹难看就不看。决不能那样做。"她认为，对来稿无论如何不能拿来就扔，人家写那几万字很不容易。自然，也有的稿子实在不知说的什么，题目也不通，信也写不通，像这样达不到基本水平的稿子，那只好不看就把它送走。但除了这种情况之外，她认为编辑应该有这样的修养，看到那稿子有点苗头，就认真地看下去。她指出，看稿子要有耐心，因为确实也有前头写得不怎么样，而后面硬是不错的。她举例说："有的人不会开头，我最近推荐给《当代》的就有这么一篇。作者是我素不相识的北大的一个女学生，她投稿寄给我了。我一看开头的风景描写，腻味了。那风景写得也还像，只是小说不一定需要。但看下去，后面相当不错，真不错。所以你得有这个耐心。"

那么，文字加工该怎么做呢？

她认为："当编辑不是当老师，替小学生改作文本子——那样谁也办不到，何况作家也不服。但文字修理工作确是必要的，不过我们只是'理发匠'。文字是他的，风格是他的，不能把编辑的风格塞给他。你只是帮他修饰修饰，从个别错字，直到标点，文字欠顺之处给顺一顺，太啰嗦的地方删去一点。不能太过分地大删大砍。"她指出，像《高玉宝》、《把一切献给党》等这类较好的书，固然作者是主要的，但是编辑也是花了很大力气的。

对于那种对作家的稿子只字不改照样发排的做法，韦君宜同志是很不以为然的。因为稿子的修改，既牵涉到技术上和艺术上的问题，也牵涉到思想内容上的问题，编辑是有责任慎重处理的。她以自己为例说，她的中篇小说《洗礼》，给了《当代》。几个人看过了，主编秦兆阳亲自提了意见，她作了大修改；到了已经发排的程度了，责任编辑贺嘉又提出一些意见，她又作了修改。她很赞赏这位责编认真负责的工作态度。她诚恳地说："作为作者，不管你是总编辑的意见，还是一般编辑的意见，都应该虚心考虑。不要怕人家提意见。"她认为，有的编辑对稿子一点意见也不提就发排，是书刊容易出错的原因之一。她说："稿子总是难免有毛病的。当编辑的应该负一点责任，指出毛病，提出意见，跟人家好好谈一谈，认真研究一下。就是当个'理发匠'吧，能把头发理得光洁一点，去掉那些本可以没有的毛病，你也是帮助了作家。——自然，如果他的作品确实没有毛病，那当然更好。"

注目新人，不盲目崇拜名人

谈到如何正确对待作者这个话题，君宜同志禁不住有点激动起来。她说最近出去组稿，听到对于编辑的很多难听的话。有的业余作者说编辑只重视名人，不重视业余作者，说他们的稿子一辈子也发不了。还有人举了例子，左手两瓶酒，右手烧鸡、点心……要送礼才肯登。再一种是"交换文学"，互相交换，根本不提拔新生力量……君宜同志激动地说："这种大骂，使我很难忍受。我说靠送礼登稿子是个别的。我还举了例子——眼下的许多名作家，三年前有谁知道？难道不是编辑部发现，而是靠送礼出名的吗！我最后干脆拍板，对他们说，谁有杰作而受压的，请当面交来或送到旅馆，我一定好好给看。"她笑着说："靠受贿，你这刊物、你这出版社怎么办得好哟，非关门不可！"说到这里，她明确表示：她不相信有多少编辑是靠受贿来发表作品的。也许有，绝不会多。要有了，那是败类：这样的败类应该从编辑队伍中赶出去！

那么，问题在哪里呢？她说，一方面是确实有人缺乏自知之明，而另一方面盲目地崇拜名人的编辑恐怕还是相当多的。她指出：这种编辑作风实在要不得，必须改变。要不然，新生力量是很难出来的。而培养青年，这也是我们的任务，不管他将来是不是一定能成为作家——那还需要取决于许多别的因素。

对于目前创作界的实际情况，韦君宜同志作了这样中肯的分析：现在是中年作家时兴的时候。中年作家的稿子大家抢着要，真正的业余作者往往冒不出来，老作家的稿子也很少有人欢迎。两头不行，中间行。所以，她说，眼下说的"名人"，还不是文学史上的那个"名"，而是目前谁时兴，就找谁。几位中年的得奖作家，现在正是最红的时候，几百家刊物和出版社都找他们。人忙得一塌糊涂，就难以保证质量了。这个做法实在不太好。

谈到这里，君宜同志那近视眼镜的后面好像闪烁着一种深沉的光。她感慨地说："我们发现一个作者很不容易啊。发现了一个作者，你应该好好培植他。现在有的刊物几乎没有发现什么新的作者，却专找知名之士，有的作品很不高明也照登。每当一个刊物发现了新作者，就赶紧一拥而上去抢，我觉得这样的编辑作风是很不好的。发现作者是大家的任务。"

韦君宜同志认为，对已经成名的作家，不但不应该这么一拥而上，而且也不能过于客气。谈到这里，我们讲起最近《当代》编辑部发生的一件怪事：有一个人假冒高晓声的名义，以"江苏文联转"为寄出地址，给《当代》投来一篇短篇小说。编辑部经和高晓声联系，才知道并不是他写的。君宜同志激动地说："这件事应该引起警惕，我已写了一篇文章给《人民日报》，叫《高晓声双包案》(按，已发表在 1982 年 1 月 17 日《人民日报》'文化生活'栏)。名是真高晓声的，一旦发表稿费也是真高晓声的，投稿人图什么？他还不是想在文章发表以后跳出来说这是我写的，可不是那个已成名的高晓声写的，让编辑部出洋相。这是深深值得我们的编辑警惕的，不改变盲目崇拜名家的作风不得了！当然，高晓声不会写出冒名者那样的文章来；如果写出来，也就不成其为高晓声了。问题在于，在我们的编辑部，经常能听到这样的议论，说这稿子如果是业余作者的，早不能登了，只因为是名家写的，我们没法不登。这说明，我们的编辑不是没有鉴别能力，而是思想作风有问题。这样的作风一定要改。"有人担心，公开发表《高晓声双包案》这篇文章，某些业余作者可能群起效尤。她笑了笑，斩钉截铁地说："这事必须认真处理。除非我们眼睛真瞎，否则怕什么！不管他用什么名义寄来的稿子，如果写的根本不行，就照退；如在可用可不用之间，就和这位知名作家联系一下，商议修改；如果确实写得很好，那就照登好了。"

君宜同志很恳切地说："我们不但要坚持看作品不看人的原则，而且要鼓励作家不要怕退稿。有人认为，我已经成名了，所以你退稿是对我极大的羞辱，我就受不了啦，就对你发脾气啦，以后我和你这个刊物就绝交，不理你啦。这不是好的作风，但很遗憾却真有其事。有的作家还不是被退稿，只是给他提了点修改意见，他就生气不干了。这样真不好。”

这时，我们回忆起文学出版社在“文化大革命”前的一场争论。那时，有人力主不能改作家的文章，叫作“文章千古事，得失寸心知”，因而不能变动只字。君宜同志认为，帮助作家修改好作品，应该是编辑的重要职责之一；作家对编辑部的意见，也理应认真地考虑。她以自己为例说：“如果有些词句我是用了心的，编辑删掉或者改成流行语言，我也很不满意，看校样的时候就改回来。但是，凡是好的意见，提得中肯的，我就一定接受。认为别人对自己的作品有意见就是羞辱，这种心理状态必须改变！最近，我听说蒋子龙那个中篇小说《赤橙黄绿青蓝紫》，原是某文艺月刊不敢发而退了的稿子，我们《当代》看后觉得苗头还好，后来提了意见请他改。退改后效果很好，作品确实提高了。这是好事。编辑所起的作用就在这里。”

那么，老作家的情况又如何呢？她说，有的老作家对编辑盲目崇拜时兴的名家也有意见。君宜同志批评说：“那恐怕也包括我们编辑部喽。这样不好。不一定非逼着七八十岁的老头老太太写出小说来，写点史料也可以嘛，零碎的散文也可以瞧瞧，对他们过去站得住的作品评论评论，介绍一下他的创作特色也好。不然，使老作家感到很冷落，也不合适。”她指出，当编辑的眼光就得要看得宽一点，就得眼观六路，耳听八方。你是哪个省的，就得把全省的老少作家都得看着点。我们出版社和《当代》是全国性的，担负的责任当然就更大一点。真要忙不过来，哪怕写封信也好。她说：“我今天就给萧三写了封信。老头嗓子都说不出话来了，你再叫他写新作实在难。但他老人家还关心某一本书的出版，这也是难得的。我赶紧写了封信，把这本书叫人送去。应该如此。”

胆识、预见和决断

文学作品要准确、深刻地反映生活，不光靠作家的胆识和勇气，也需要编辑有这样的胆识和勇气。谈到这个问题，韦君宜同志首先想到的例子就是莫应丰写的长篇小说《将军吟》。她说，这篇小说是人家写得好，我们的问题是敢不敢出，怎么出。这事发生在三中全会之前，君宜同志跑到湖南去组稿，不相识的莫应丰找上门来，讲他的生平，讲他“文化大革命”中在部队见到的一些十分可怕、十分可气的事。后来他躲在文家市冒着风险写了两部稿子，在箱子里压了两年，现在才拿出来，这就是后来出书时定名为《将军吟》的长篇小说。这在全国还是头一部正面写“文化大革命”的长篇，问君宜同志敢不敢要？她说：“我当即表示，你给我带回去看看吧。带回来给龙世辉看了。老龙也说小说写得好，就是全盘否定‘文化大革命’，究竟出不出？那时候，社里有人反对《铺花的歧路》。老龙说，《将军吟》与《铺花的歧路》可不同。那只写到一个女学生打死一个女教师，这比那个可厉害多啦，这关系多大呀！他的意思我明白了，意思是稿子好，就看敢不敢出。我说，既然确是好作品，咱们就出。至于你说那风险我也知道，最成问题的就是牵涉到毛主席他老人家，作品里有些不恰当的描写。我说，这些描写咱们把它稍稍去掉一点，改一改，别的照样出。于是就把作者请来，改成现在这样子，终于出来了，也没事。”

和《将军吟》类似的例子还很多。如《生活的路》、《冬》、《铺花的歧路》这些中长篇小说，现在看来很普通了，但当时社内却争论得很热闹，议论纷纷。韦君宜同志说：“当时我是坚持要出的，但我的威信不够，我就把这三部小说都搞了故事梗概，亲自送去请茅公看。茅公都肯定了，说好，这才出版了。”

对于优秀的文艺作品要敢于支持，那么对有错误的文艺作品，一个编辑应该怎样坚持实事求是的态度呢？谈到这个话题，君宜同志想到了“四人帮”猖獗时出过一部描写所谓“教育革命”的长篇小说。这本来是随大流的作品，教育思想当然不对，但想不到粉碎“四人帮”后却担了很大的罪名，以“反党反社会主义”的通栏标题在报上公开批判，作者也被隔离审查了。君宜同志生气地说：“这实在太不公平。作者原来写的中学校长是个忠厚长者，只不过教育思想上不重视劳动，后来是编辑部要他改写成‘走资派’。他虽然这样做了，改了，但那还是个勤勤恳恳、好好工作的‘走资派’。这作品无非是教育思想错了，不能说就是敌对的。那时候要出书也只能这样。当时我还曾给我妹妹魏连一看过。她是北京著名的铁二中的校长，搞中学教育也算专家了。她看后笑了笑说，‘现在没办法，现在谁还能提倡读书，只能这么写吧。'她对小说作者是抱原谅的态度。可是作者却不能得到当地有关领导的宽恕。我们写信，当面提意见，说作者没这么坏，是否可网开一面？可他们说他还有别的'反革命言论'呢，就是不行。实在没办法，我只好让人搞个简报，我亲自修改；怕中央看不到，又写信给《人民日报》的负责同志，请他们把我们的简报登到《人民日报》的简报上去，好让中央领导能看到。最后总算好，耀邦同志看到了，亲自批了，说人应该先放出来。这样问题才得到解决。"

君宜同志谈到的这些例子启示我们，一个编辑除了要对稿件和作者有正确的认识之外，果断地、及时地采取有效的措施是多么重要啊！

要当出版家，不当出版商

是当出版家，还是做出版商？谈到这个和编辑方针有关的、现实性很强的话题，君宜同志很有感慨地指出，正确的答案报上宣传过，可做起来很不容易。她说："各方面都有压力，你老赔钱？怎么办哪！"

君宜同志首先对古典文学作品的出版谈了自己的看法。她说："我们社出的古典作品，一般是能赚点钱的。如《海上花列传》是小说史料，是鲁迅在《中国小说史略》中提到的较重要的作品，长期没有刊行过，自然是可以少印一点提供给研究者的。但是，有的东西印几百万，一直行销到农村，这种搞得挤破县城书店玻璃的搞法，是无论如何不行的。像《三侠五义》，有的叫《七侠五义》，几家都出，印了四百多万。还有什么推理小说，卡夫卡啦，存在主义啦，都上市了……有一阵真是热闹极了，不少出版社都在抢着出这个'侠'那个'义'的东西。咱们社也有人嚷嚷，好像不凑热闹弄一点就不行似的。"

但是，她遗憾地指出，文学史上确有一定价值的《金瓶梅》却出不来。她说："《金瓶梅》是应该出的，但是我们却不能出，一直压着，节本也出不来。为什么？当时再三说过，我们可以少印，我们印上十万，或者再少一点也行。可出版领导部门的同志就很怕，说不行，据了解现在有好几家出版社都搞自己的节本，都排好了，他们等着，等什么时候文学出版社的书一上市，他马上就印，就出。那时他仿佛就有理啦——你先出的，我们当然也就可以出呀。接着，他们就不知道会印多少万。几百万投入市场怎么办？所以他们说你们不能开头，你们一开头就没法办。”

我大惑不解地说：“这种事是应该有领导、有控制地进行的，由出版局规定让文学出版社按一定的印数印一点，控制发行，不让别的出版社插手也不行吗？”

君宜同志颇为激动地回答我：“不好办。好像那一阵谁也管不住，出版局也实在是难办。比方，有的出版社用某某书社之类的名称代替省出版社，版权页上连印数也没有，谁也不知道就出些乱七八糟的东西，只管赚他的钱。”说到这里，她严肃地指出：“要说资产阶级自由化，我看这倒实实在在是出版界的资产阶级自由化！”

说起出版战线的自由化，君宜同志还列举了其他方面某些表现，如：有的出版社不惜花几千块钱招待作家，拉稿子，连夫人都一块儿招待，住一晚二十几块钱的高级房间，游山玩水，而结果却出不来什么好作品；有的没有章法地滥出选本，滥发稿费，有个别优秀作品据统计竟印了16次，16个不同的版本全部按第一次发表的办法付稿费……

对此，君宜同志大不以为然地说：“有些作家被捧来捧去，都捧坏了。大家都奔着那个热门货来，这绝不是办法。一个作品给两三次稿费，即一次发表，一次收入集子或编个选集，是正常的，但是发16次怎么说也不正常。那样选来选去，什么‘女作家作品选’，什么‘佳作选’、优秀中篇或短篇选，选来选去还就是那么几篇。说实在的，我觉得出版界一直存在一些不正之风，包括几千几百元大手大脚地花钱请作家，这个‘侠’那个‘义’的滥印作品，以及十几次重印某一种作品。”

她很严肃地批评说：“这样做编辑工作算什么？什么加工都不用做，剪下来贴上去就行。有的作者还就是喜欢这么搞，这个出版社不接受就转到别的出版社，直到被接受了才算。”她语重心长地指出：“一个好的编辑，实在不应该推波助澜去支持这样的事。这样做对作家、对创作都没有什么好处，只有坏处。”

君宜同志认为，要当出版家，不做出版商，就得下功夫出一些有意义的书，哪怕赔点钱也干。她说：“在有些人大出什么‘侠’什么‘义’的时候，我们古典文学编辑室倒是出了一些要的人很少，只供研究者参考的书，比一般诗话、词话的印数还少。文艺理论方面也有一些。地方上为了扶植中青年作家，只销两三千册的小说集也出。这都是应该的，就得这么干。”

为编辑呼吁

我们谈的最后一个话题是关于编辑的培养和应有的待遇问题。

君宜同志认为，一个编辑应该经过起码的专业训练，有了基本知识，有了文字基础，领导才好来帮助你提高。她说：“领导应该告诉他的是，你要读书，练笔。同时，也要为编辑的基本功训练提供一定的条件。根据过去胡乔木、邵荃麟、林默涵他们培养我的办法，我只能说这些意见。他们叫我读书，让我读哪些方面的书，我就好好读；乔木同志说你的文字还要好好推敲，我就认真地推敲、练笔。另外，就是已经讲过的，还要耳目灵通，要经常关心一些事情，领导要经常向编辑们提出一些问题来讨论讨论。你当领导的知道的事情，要经常和大家讲一讲，只要不是泄露党和国家的机密，让编辑们多知道一些事情没有坏处。”讲到这里，她特别指出：“同样的事情，在作协系统党内外都知道了，而我们这里的编辑往往还不知道。这一类限制实在没有必要，实在是对编辑工作的妨碍。”

当我们进一步谈到编辑的其他待遇问题时，君宜同志不禁摇摇头，无可奈何地苦笑了。她说，有些书，没有编辑的帮助根本就出不来。但是出书以后，恐怕再也不会有谁想起为它付出许多艰辛劳动的编辑了。对这一点，她十分感慨：“编辑在出书过程中起了这么大的作用，有谁理你呢？还是默默无闻，老是‘为他人作嫁衣裳’！从作者写东西到作品发表，编辑起了很重要的桥梁作用，可他们在待遇上的差距，实在没法说。多少外地回到北京来的作家，马上分到了挺好的新房，可老编辑住得不成样子！是的，出版社自己应该管一管，我何尝不知道啊！可我有什么办法？我自己住的几间平房还是亲自跑房管局，东奔西走跑来的啊！”

接着，韦君宜干脆以自己的例子来向领导呼吁。她激动地说：“我自己跑进作协，不是因为当了这几十年编辑——当这几十年编辑没人看到我有多少功劳，而是因为我写了几篇微不足道的文章，这才成了作协的会员。这个事情我觉得实在是不公平。向来如此。作家写了一篇小说得奖了，马上出国访问，可编辑有几个出国！”

接着，自然就谈到目前编辑队伍正在评职称的问题。君宜同志说："按说编审、副编审相当于教授、副教授待遇，副教授以上出门可以坐软席，可以要汽车，我们向哪里找去？办得到吗？作协、《文艺报》、《人民文学》编辑部等单位已经评过了。我们这里按同样标准也有不少人可以评编审、副编审。评上以后又怎么办呢？怎样从实际上改善编辑的地位和待遇呢？这种情况真要好好向领导上呼吁呼吁啊！"

时间已经不早了，我准备起身告辞，但君宜同志还没有什么倦意。望着她那斑白的头发和身上穿着的普普通通的衣服，特别是那件没结扣子的蓝布棉背心，以及已经显得很旧的格子呢面的布鞋，我不禁产生了一种联想：她所说的许多意见，不是和她的衣着、为人一样朴实吗！这也使我想起了她的平凡而又颇不一般的身世：四十多年前，在民族危难的紧急关头，她抛弃了资产阶级家庭的舒适生活，拒绝了家长安排她赴美留学的"前途"，毅然奔赴延安，在文化出版工作的编辑岗位上几十年如一日地奋斗不息……是的，应该说，她的呼吁不但是一个老编辑，也是一个革命老战士十分恳切的心里话啊！我们的有关领导能不能为编辑的锻炼、提高，为改善他们的应有待遇，做一点切切实实的工作呢？我们殷切地期待着。

韦君宜同志自己，既是个老编辑，也是个老作家；她为做好编辑工作付出了许多心血，也不停笔地写了许多小说和其他文章。1954 年结集出版了《前进的脚印》(中国青年出版社)，这两年又先后出版了短篇小说集《女人集》(四川人民出版社)和散文集《似水流年》，加上已在刊物上发表的中篇小说《洗礼》、《平常疑案》以及其他尚未结集出版的文字，总数已在百万字以上。如果考虑到一个编辑在我们国家的实际待遇，考虑到十年停笔等多种因素，应该说她已经写得不算少了。从"一二·九"运动宣传工作中颇有名气的"才女"，到今天的国家文学出版社的总编辑，她在编辑工作上倾注了那么多心血，作出了重要的贡献，而练笔、写作又那么勤奋，主要靠晚上的业余时间为人民奉献出丰硕的创作成果，一个编辑所作出的牺牲，经过努力可能取得的成绩，都在她的身上得到了体现。难道我们不可以说，她是用实际行动，为众多的编辑工作者树立了良好的榜样吗？

自然，“金无足赤，人无完人”，君宜同志在繁忙紧张的工作中也难免有过差错和失误，我们也许还可以要求她做得更多一些，更好一些吧。正是怀着这样的心情，我在临别时问候她的健康。她爽朗地笑着说：“挺好，我没什么病，还可以好好干一些时候。”是呀，她就要过66岁的生日了，“满目青山夕照明”，让我们衷心地祝愿她在未来的岁月里，为社会主义的出版工作和文学事业继续作出更多的贡献吧！

（1982年1—10月，北京—羊城。本文曾经韦君宜同志过目并改定。）

君宜同志，您走好！

谢明清

君宜同志，迎春花开了，您伴随着春天的脚步声静静地走了。作为晚辈，我曾在您领导下的人民文学出版社工作过近二十年。春去春又来，花落花又开。在这鲜花盛开的日子里，我从记忆的长河里捧起瓣瓣落花，寄托对您的无限哀思和永远怀念。

那是 1979 年 1 月中旬的一天，您打电话叫我到您办公室去。您是知道的，我们一般不轻易进您的办公室。因为您态度严肃，工作认真，啥事都公事公办，每天除了开会之外，几乎都关着门看书稿，我们都尊称您“韦老太”。

我敲门进去时，您不像平时那么严肃，也没有埋头看书稿，好像正在思考什么，还不时露出淡淡的微笑。您说，你负责联系北京地区的作家，丁玲回来了你知不知道？我来不及回答，您又说，你是读中文的，毕业后又在中国作家协会工作过，丁玲的不幸遭遇你是应该知道的。

我点了点头，又摇了摇头。点头的意思是，我知道丁玲是作家协会的“死老虎”，被打成“右派”之后送北大荒“监督劳动”；摇头的意思是，她后来的遭遇、特别是又回到北京我一无所知。

您好像没有注意我的神态，望着窗外自言自语地说，她终于又回北京了。算起来这是第四次了：第一次是 1924 年，她从老家湖南来到北京，先后写了《梦珂》、《莎菲女士的日记》等小说；第二次是 1936 年，她秘密逃离南京，到北平寻找党的关系；第三次是 1949 年，她随解放军进北京，后任中宣部文艺处长；现在是第四次回来了。回来就好，回来就好。您又转过身来对我说，她这次回来是中组部安排文化部接待的，住在和平里文化部招待所 211 房间。你们先去看她，向她约稿，安排出版她的作品。

1 月 16 日，我和小说北方组组长王笠耘同志按照您提供的地址去看望丁玲。去之前，我心情比较紧张，见面之后反倒轻松多了，丁玲豁达、开朗，还不时说说笑话。她说，她是 1 月 12 日从山西长治回来的。在短短的几天里不少人都来看她这个“老右派”，谢谢大家了。她还说，您过去主编刊物，现在担任出版社领导，担子更重了，叫我们捎话问您好。当谈到社里计划出版她的作品时，她说她是回来治病的，医生怀疑她有乳腺癌，现在腰又患病，不能长时间趴在桌子上写东西，出书的事以后再说。

我看了看房间的摆设，没有沙发，也没有像样的家具，只有两张单人床，一张小方桌，几把椅子，都是旧的，有的油漆也脱落了。特别是放在墙角里的煤油炉、锅碗瓢盆等杂物，看后令人刺眼，不觉感到几分寒意、几分凄凉。

这些情况，我们回社后都向您汇报了。您先是默默不语，随后要我们转告屠岸、李曙光同志，尽快安排再版丁玲的长篇小说《太阳照在桑干河上》。

遵照您的意见，编辑室安排了该书再版事项，并研究了重编《丁玲短篇小说选》的计划。后来我又去文化部招待所征求丁玲的意见。她欣然同意，并表示要写一篇《重印前言》。

4 月 24 日，您在编辑室研究选题计划的会上说，要重视出版丁玲的作品，不仅要出她的小说选，还要着手编辑她的散文集、评论集。您还说，丁玲前段时间住医院，现在回家了，您要去看她。

“五一”节前夕，您带着王笠耘、朱盛昌和我去看丁玲。她已搬到友谊宾馆东北区 7 号楼 2 单元 17 室住了。您见丁玲后，开门见山，向她约稿，说社里除了已安排出版《太阳照在桑干河上》和《短篇小说选》之外，还计划出版她的散文集、评论集和《太阳照在桑干河上》的续编《在严寒的日子里》等作品，希望得到她的支持。

你们在近两个小时的交谈中，兴致勃勃，谈笑风生，从“文化大革命”谈到当时的创作情况。

丁玲列举了大量事例，说明在“史无前例”的日子里，北大荒农场的职工是如何保护她的，准备写一本小册子，记载那些感人的故事。您说，如何反映"文化大革命"是大家关心的课题，她写的角度新，催她早日动笔。

丁玲说，创作要有一个安定的环境。在山西农村时，她以为永远翻不了身了，回不来了，就安心创作，写了十多万字的《在严寒的日子里》；现在回来了，环境变了，客人来来往往，心定不下来，想写长的又想写短的，都还没有顾上。

您说，现在有的作者用录音机写作，边讲边录音，随后再整理成文。您不大赞成这种写作方式。丁玲也有同感。她说，感情要在笔端才能流出来，那种用录音机写作，编出的只是故事，不是艺术作品，她不能那样创作。

6 月上旬，我去友谊宾馆取丁玲为《太阳照在桑干河上》写的《重印前言》。她说前几天她去看叶圣陶老先生，叶老非常高兴，连夜为她作了词。让我帮她复印一些送朋友。我接过原件，见叶老写着"见访，喜极"，作词《六么令》一首赠之：

启关狂喜，不记何年别。相看旧时容态，执手无言说。塞北山西久旅，所患唯消渴。不须愁绝。兔毫在握。赓续前书尚心热。

回想时越半纪，一语弥深切。那日文字因缘，注定今生辙。更忆钱塘午夜，共赏潮头雪。景云投辖。当时儿女，今亦盈颠见华发。

我似懂非懂地看了一遍。丁玲说，叶老对她的关心和帮助永生难忘。她时常想，要是当年叶老不帮她发表作品，也许她不会走上这条路，也许这大半生不会受这么多折磨，今天我们也不会为出版她的作品忙碌了。

回社后，我把丁玲写的《重印前言》送您审阅，同时送上《六幺令》，请教当年有关叶圣陶与丁玲那段"文字因缘"。您没有看我送上的原件，反倒让我看您拿出的《人民日报》。

原来 6 月 6 日的《人民日报》已全文发表了叶老的赠词。您已看过了，我不觉感到愧疚。您说，你们不是正在编《丁玲短篇小说选》吗？不要只看作品，还要研究作家，了解作家创作发展的脉络。叶老词中说的"回想时越半纪，一语弥深切。那日文字因缘，注定今生辙"，是回忆 50 年前他主编《小说月报》时，先后帮助丁玲发表《梦珂》、《莎菲女士的日记》、《在黑暗中》、《阿毛姑娘》等作品的事。后来叶老又出面与开明书店联系，出版了丁玲的第一个短篇小说集《在黑暗中》。该书出版后，鲁迅、茅盾、叶圣陶都作了较好的评价，有的文章还说，该书的出版，好似在死寂的文坛上扔下一颗“炸弹”，大家都不免为丁玲的天才所震惊等等。您说，这些情况我应该了解，有关作品也应该收入选集，否则就是失误，闹出笑话。您的一席话，我受益匪浅。

8 月中旬，我带着社里出的新书去丁玲家。她感谢出版社将陆续出版她的作品，并建议多再版一些老作家的书。她当时提到白朗、罗丰夫妇的长篇小说《为了幸福的明天》、冯雪峰的文集及反映太平天国的长篇小说《莽秀才造反记》。她说这些作家和作品您都熟悉，要我向您报告她的建议。还说过些时候他们要搬到木樨地去住，房子倒是很大，但家具要自己购置。他们没有积蓄，正在筹钱买家具。

随后我向您汇报了丁玲的建议。您说，冯雪峰的作品有影响，又是人文社老领导，出版他的作品已有考虑。但《为了幸福的明天》没有想到。该书当时反映较好，现在应该安排再版。我也顺便说起丁玲要搬家的事。

说话无意，听话有心。您接过我的话茬说，丁玲说缺钱，倒是事实。解放后，她不拿国家工资，只靠自己的稿费生活；后来打成“右派”，被送北大荒“监督劳动”，据说每月只有十多元生活费；“文革”中“坐局子”，更不可能发工资；在山西农村劳动，也不会有收入。这些情况文艺界的人大都了解。只要替她算算账，就知道他们没有什么积蓄。

您在屋子里来回走着，沉思片刻说，这样吧，你们商量一下，先借给丁玲一笔钱，就算预支稿费吧，帮她解决一些困难。

编辑室同志一致同意您的意见。在起草报告时，我们提了两个方案：一是预支即将出版的《太阳照在桑干河上》的稿费。但当时稿费标准太低，又是再版，就是按最高标准付酬，也到不了 500 元；二是一次性预支 2 000元，以后出版她的作品，都按稿酬的最高标准逐步扣还。我们认为第一方案解决不了丁玲多少困难；第二方案数目较大，社里没有先例，能否批准，没有把握。

再向您请示时，您说，2 000 元数目是大了一点，但她的情况特殊，没有人能和她比。500 元只是杯水车薪，对她意思不大。稿费总是要给的，就是早给和晚给的问题；先预支 2 000 元吧，就这样定了，你们正式打报告来，我批。

财务部门也支持您的决定，理解丁玲的困难。他们看了您的批件，当即就让我办了手续，开了支票。

次日，我和现代编辑室的杨立平同志带着支票去了丁玲家。我说，您听说她购买家具急需用钱，先预支了一些稿费。丁玲先是一怔，随后看了看支票，高兴地站起来对老伴陈明同志说，我们不是经常说列宁那句名言：面包会有的，牛奶会有的，一切都会有的。现在不是有了吗！陈明接过支票看着说，这真是雪中送炭啊！又笑着问，你们预支这么多稿费，是不是想把她的作品全买了，要是她的作品不在人文社出版怎么办？当然，这是开开玩笑。随后又说，借债还钱，天经地义，她不赖账，以后从稿费中慢慢扣除吧。

我们一直望着两位老人高兴的神情没有言语。这时，我和杨立平分别谈了出版《母亲》和《短篇小说选》的有关事项，征求她的意见。她说，请您决定好了，出版快一些、样书多送点她就高兴了。

丁玲搬进新家之后，她的《太阳照在桑干河上》和《短篇小说选》也先后出版了。我去送样书，也祝她乔迁之喜。她住在木樨地 22 号楼 5 门 9 层 18 室。我进门时她迎了出来，乐呵呵地引我参观她的新居：5 室、两厅、两卫，宽敞亮堂，窗明几净。她说，住在 9 层楼，高高在上，真是到了“九重天”啊。据说是“部长楼”，这都是党组织的关怀和照顾。没有党，就没有她的今天，也没有这一切啊。这是心里话，不是教条。她在《“七一”有感》的文章中说过了，在被撵出党的 21 年里，她是一个孤儿，得不到母亲温暖。现在回来了，处处受到组织上的照顾，不到一年的时间里搬了三次家，一次比一次好，这房子是办公厅安排的，这些家具是你们借钱买的，作品现在又出版了。她热泪盈眶，越说越激动。

这时门铃响了，又来客人了。我连忙送上带去的样书要走。她叫我等一下，从书房里拿来一张名单说，这些都是她倒霉时关心和照顾过她的朋友，不能忘了他们，请我帮她送书，也让他们高兴高兴。最后还提醒我，把书款和寄费都记在她的账上，以后统一扣除，不能占公家的便宜。

1979 年后，人文社有关编辑室先后编辑出版的《丁玲短篇小说选》、《丁玲散文选》、《生活、创作、修养》、《太阳照在桑干河上》、《回忆录》、《母亲》、《韦护》、《集外集》和《在严寒的日子里》，都受到读者的重视和欢迎。《太阳照在桑干河上》、《丁玲短篇小说选》和《丁玲散文选》等作品还多次重印。您批准预支的款项，财务部门都从这些作品的稿费中逐一扣除了。

丁玲后来病了，我到医院去看她，她还不时说起社里借钱的事。她说，有人说她把自己卖给人文社了，她承认。人文社是党的，又不是资本家的。卖给党的出版社有什么不好？总不会又挨批，再打成“右派”吧。

1986 年 3 月 4 日，丁玲因糖尿病、肾衰竭等并发症，病逝在北京协和医院。您得知这一不幸消息后，心情沉重，十分悲痛，关心开追悼会的具体时间，叮嘱社里一定要送花圈。15 日下午，您参加了八宝山公墓礼堂丁玲遗体告别仪式，您送的挽联，表达了对死者一生坎坷的思索和怀念：

早岁慕英名女人郁积重重因君一吐

比年得顺境何事忧心忡忡令我三思

人们常说“好人一生平安”，您是真真切切的好人，却很不平安。您刚刚把丁玲送走，却病倒在作家协会的一次会议上，被送进了协和医院。说来也巧，您住的病房就是丁玲生前住过的那间病房！我和陈明同志先后去看您，您都说很快就要出院了，但万万没想到您一病不起，无情的病魔竟整整纠缠了您 16 年！

现在春天回来了，您却走了、静静地走了。鲜花为您铺路，音乐为您送行。我面对九泉，真诚祝福：

“君宜同志，您走好！”

多有建树的编辑出版家陈原

柳凤运

陈　原（1918～2004）　广东新会人。中共党员。1938年毕业于广州中山大学工学院，20世纪30年代即投身拉丁化新文字运动、世界语运动。一生长期从事文化、出版、写作、翻译工作。80年代以后，他以更多的时间和精力参加国内外的学术活动，特别是致力于语言文字应用研究和规范化工作。曾任新知书店、生活书店、生活·读书·新知三联书店编辑。新中国成立后，历任中国国际书店副经理，三联书店编辑室主任，人民出版社副总编辑，文化部出版局副局长，商务印书馆总编辑兼总经理、顾问，国家语言文字工作委员会副主任、主任，中国社会科学院语言文字应用研究所所长。是中国出版工作者协会第一、二届副主席，中国世界语协会会长，国际世界语协会荣誉监事，国际科学院院士，评议会委员，名誉委员。著有《陈原语言学论著》、《陈原出版文集》、《书林漫步》等。2004年获中国韬奋出版荣誉奖。

2004年10月26日，我国当代资深编辑出版家，作家，翻译家，著名学者，“中国韬奋出版荣誉奖”获得者陈原，走完了86年的人生之旅。

陈原自21岁参加新知书店工作，献身编辑出版60余年，见证了中国现代出版的进步与发展。他毕生致力于“做好出版工作”，主持编辑出版了一大批精品书刊；他的《总编辑断想》，是他从事出版工作的心血结晶，已经成为广大编辑出版工作者的精神财富。他锐意进取，博学勤奋，为我们留下了丰富的著译。

2008年由商务印书馆出版的《陈原序跋文录》，收录了他60余年为自己90余种编著译(并非全部)写下的约107篇序跋，以及为他人主编的著译、丛书写下的32篇序文。这些序跋见证了他一生的足迹；文章阐发了他的理想与追求，他的进取与求索。

他喜欢说历史老人从来不走直路，他也经历了曲折和风雨。可以说，在历史所能提供(甚至不提供)的有限舞台上，他总能超常地演绎好自己的角色。最初萌发的启蒙与救亡的革命理想，成了他毕生的追求，也是他做好出版，以及所有工作的出发点；无论是环境艰苦，还是处身逆境，都不曾使他须臾放弃。善于谋划与集编、著、译全才于一身的素养，成就了他的出版大任。读书与求索，使他更加睿智，更加虚怀若谷。

“理想是种子，理想在地下，到了春天就会发芽。”

2000年末面临世纪之交，他在一篇文章中曾写下这样的感言：

“我们这一代人，从青少年时期起，就憧憬着这所谓人类‘未来的希望’，如今亲眼目睹这场雪崩(指苏联与东欧剧变)，不能不心情沉重。但是人——真正的人——是坚强的，顽强的，甚至是顽固的，特别是老人。因为他们看到过数不尽的沧桑，经历过个人力量阻挡不住的世变，确信理想在未来的世纪中必定会实现。”又说，“历史老人从来不走直路。‘西方不亮东方亮’。信念是不会消失的，理想是不会湮没的。理想是种子，埋在地下，到了春天就会发芽。”

上个世纪30年代，理想的种子曾在南国少年陈原身上发了芽，而“幽灵”在欧洲的漫长徘徊，那时已近百年。

陈原1918年生于广东新会，1938年毕业于广东中山大学工学院。他是在岭南文化和通才教育(libral educatian)的熏陶下成长起来的。在古老帝国最初的开放口岸广州的读书生活，不但激发了他的爱国热情，也使他很早便沐浴了优秀的中西方文化。

他自幼酷爱读书，博览广涉。他说，读书使他不知不觉学会了呼吸正义，诅咒黑暗，也在心中唤起了一种力量。读书使他从着重修身到寻求救国之道，从关注中国到关注整个世界，他的世界观就这样年复一年地在人生最初的20年形成了。特别是1931年学了世界语，他说"使我的视野大大地展开，理想的火焰燃烧着我的心，这诱导我后来走上革命的道路。"

我们从陈原的文章中可以发现，他童年受过良好的旧学熏陶，初中三年沉醉于文学美术音乐，高中三年则钻研数理化和政经哲，古今中外，无所不爱，无所不读 。这是由于他从幼年就开始接受严格的英文训练，对于学习各种语言，一直怀有浓厚的兴趣，此时已不同程度地掌握了英、俄、日、法、德、世界语等。

大学专攻工科，却因国难日亟，奋力参加救亡运动，世界语运动，拉丁化新文字运动——这也是五四时期革命知识分子热衷提倡的新文化运动，他参加广州艺术工作者协会，创立广州世界语研究会，主持中山大学世界语团体"踏绿社"，任职国际反侵略会广东分会，从事对外宣传工作……

在读书期间，陈原开始以稚嫩的文笔与极大的热情，用中文和世界语写作，他描述三轮车夫和中国妇女的生活，也写过关于广东话的语言学论文，编辑中外文杂志，也有著作。他先后在《民国日报》副刊(1931～1934)、《读书周报》(1934～1935)、《生活日报》(1936)、《世界》、日本普罗世界语者联盟的世界语杂志、中山大学的《La Verdemulo》(踏绿者)(1933～1935)上发表文章。

在大学期间，为拉丁化新文字运动著作有《广州话新文字课本》(1937)。为《广州日报》编《世界语周刊》；为香港《大众日报》编《新文化周刊》；为新知书店编英文月刊《International Herald》(国际导报，即《国际英文选》)。主编世界语宣传抗战刊物《到新阶段》(Al La Nova Etapo)，《正义》(Justeco)。协助匈牙利世界语者在香港创办《东方使者》(Orienta Kuriero)。

1936年，他办起生动活泼的世界语学习班，成功推广世界语，被广州世界语协会的老世界语者称为"拓荒牛"。……他边读书边写作边投身进步文化活动，似乎精力无限，能量无限。

1938 年，陈原大学甫毕业，10 月广州失陷，他立即放弃了等着他的工程师职位，随第四战区撤退，奋身投入宣传组织抗战的进步文化活动。从此，编辑，写作，翻译，研究，出版，发行，音乐，戏剧，官员，学者，只要是革命和建设需要的，他样样都做，样样都做的富有创意。

“昨夜星光灿烂”

1939 年 3 月，陈原在桂林正式加入新知书店，从此开始了他漫长的出版生涯。在抗日战争和解放战争的艰苦岁月，他辗转桂林、曲江(韶关)、重庆、上海、香港，先后加入生活书店、三联书店。他亲历战火，也经受了白色恐怖。

这一时期，他主编《反侵略周刊》、《新军》月刊、《世界文艺连丛》、《民主世界》和《读书与出版》。参与编辑《工作与学习·漫画与木刻》、《少年战线》、《新华南》、《世界知识》。同时为《救亡日报》、《中学生》、《开明少年》写文章，为上海《联合晚报》写专栏，为《文汇报》、《时代日报》写评论，为香港《华商报》、《文汇报》、《大公报》写文章。在报刊界，他的身影十分活跃，他主编的刊物，如《反侵略周刊》，深受读者欢迎。1947 年，他以观察家身份写的每周国际评论，与姚溱(笔名秦上校)写的军事述评，杨培新的经济述评，成为以苏联商人名义主办、姜椿芳主编的《时代日报》的三大亮点，很受读者喜爱，特别是秦上校的军事述评。在战火中度过青年时代的老人，也许记得他在青年时代主编的《读书与出版》，它曾在艰难的年代引导读者走上进步之路。

由于斗争的需要，他写了大量国际问题评论，并有许多著译。如《世界政治手册》、《战后新世界》、《变革中的东方》、《战后美国经济剖析》(译)、《新欧洲》(译)等，以致人们都把他当成了国际问题的专家。

1940 年，新知书店出版了他的第一本著作《中国地理基础教程》，这本为躲避检察官的刀斧，不得不用晦涩的伊索寓言的方式宣传爱国和论证抗战必胜的地理书，不料颇受欢迎，多次再版，延安马列学院也印了一版。此后他又继续著、译了《世界地理十六讲》、《中国地理新讲》、《世界政治地理讲话》、《现代世界地理三讲》(译)、《苏联新地理》(译)，中国的、世界的、自然的、政治的、经济的地理书籍，竟有14本之多，他俨然又成了一位地理学家。

同时，他也写了鼓舞人心的英雄赞歌——散文随笔《平民世纪的开拓者》，翻译了七八种欧美和俄国文学名著，以及苏联电影《列宁在1918》等，并编、译了多种歌曲集，特别是在我国首次编译了苏联歌曲，成了处于水深火热中的人民的精神食粮。正如他在那本散文随笔的后记中所说："英雄的事业就是一连串的苦斗：——与命运的搏斗，与恶势力的搏斗，与传统的搏斗。在艰难而孤寂的战斗中，时刻有痛苦，有错失，有迂回，但自然也有欢欣，……于是经过时间的考验，战胜了！这就是英雄。这中间，没有一点奇迹，没有一点侥幸。如果你了解这苦斗的过程，那么你就能汲取他们的勇气做我们的养料。'倘使我们太弱'，罗曼·罗兰这样写道：'就把我们的头枕在他们的膝上休息一会吧，他们会安慰我们。'"那些滋润、温暖、激励了自己的文学、歌曲和英雄，他唯愿它们也能去滋润、温暖、鼓舞读者，使困苦中的人们更增添几分战胜困难的力量和勇气。

新知书店创建人华应申回忆："陈原编的《二期抗战新歌初集》、编译的《苏联名歌集》，是在我国初次介绍，发行之多，简直救了新知的命。"

战争与白色恐怖的恶劣环境，不但锤炼了他的意志，也锻炼了他的能力。在严酷到编辑部只剩一个人时，他能以不同的文风写着不同栏目的文章，让杂志继续出下去。这样，他又成了写作的高手。他勤奋而多才，广博而敏感，既长于编、写、译，又擅于应对复杂局面，与敌人巧妙周旋。在艰苦的环境中他锻炼成长，逐渐成为优秀的编辑家和出版家。

陈原在《〈三联〉纪实——以此纪念三联五十年并告三联后来人》一文写道："先后参加这三家出版社工作的不超过二千人……在革命的洪流中，二千人不过是一支小小的队伍，但是他们同甘共苦，排除万难，以大无畏的自我牺牲精神，加上全心全意为读者作者服务的热忱，宣传马列主义，传播进步意识，进行启蒙教育和文化积累，对人民革命的胜利做出了应有的贡献。"又写道："在艰苦的岁月里，三联书店曾团结了几乎所有党内外的进步作者，吸引万万千千青年爱国者走上民族解放，接着走向社会革命斗争的道路……"在艰难困苦的岁月里，作为"三联"人的陈原，亲历了这一切，见证了这一切，似乎其中每一个短语、每一个句子都印有他的足迹！

在这篇文章中他还写到："生活书店的邹韬奋、徐伯昕、和作为'设计师'的胡愈之；读书出版社的李公朴、黄洛峰、艾思奇、郑易里；新知书店的钱俊瑞、徐雪寒、姜君辰、华应申，他们都是进步文化运动的先驱。其中有些是作家学者，有些则是社会活动家或管理人才；他们的人格和业绩永远值得后人怀念和尊敬。"

晚年，他多次表示要为那些他所景仰，所怀念的人们撰写一本《昨夜星光灿烂》；他很谦虚，在文章中却很少谈到他自己。依照我们今人的目光，他何尝不是昨夜一颗灿烂的星？！

重振百年老店"商务"雄风

说到陈原，人们总会联想到商务印书馆，以为他是老"商务"的。其实，他正式执掌"商务"不过四年之久；然而四年所为以及前后对"商务"的关注与支持，已经把他与这个百年老店，同我国近代出版业的嚆矢牢牢地连在一起。

说到"商务"，初创与辉煌，不能不提张元济；而建国后的重振，则不能不提陈原。早在 1957 年，陈翰伯开始主持商务期间，被人戏称 cc 的两位老总就密切合作，陈原支持翰伯，常在深夜通话，不时有良策献上。在调离"商务"之后仍兼顾问，"商务"也一直为他保留着办公室。

在"文革"十年的浩劫中，"商务"遭到严重破坏，一度被定为撤销单位，后同中华书局合并得以保存。陈原虽然早在 1972 年就以顾问身份来到"商务""中华"这个联合机构，可是那时他什么也做不了，可以说"动辄得咎"。"文革"后，陈原出任这个联合机构的总编辑、总经理，开始重整旗鼓。1978 年 8 月"商务""中华"分家，陈原正式出任"商务"总编辑兼总经理。从此，他不但成了商务的掌门人，更成了"商务"与我国近代出版的研究者。

在 1979～1983 年专任商务印书馆总编辑、总经理期间，陈原乘改革开放的东风，以过人的胆识和勇气，重续"商务"历史，把一个历史复杂的"民族资产阶级的旧书业"、"公私合营的资本主义企业"，推举为中国近代出版的滥觞。为此，他做了切实的工作，也将研究心得写成大量文章，使“商务”得以正名。“商务”的历史地位，在“商务”百年庆典之际已取得共识。

陈原上任伊始，便以非凡的眼光、决心和韧力，致力于规划、整理、组织“汉译世界学术名著丛书”的翻译出版与重印，在1982年“商务”85周年纪念之际，一次推出50种。在十年书荒之后，这套一流的著作，一流的翻译，涵盖了西方(以及东方)哲学、思想、政治、经济、社会、历史、地理等人文科学的学术代表作，给了学界和广大读者巨大的惊喜！

为此，他应《人民日报》之邀，写了《写在〈汉译世界学术名著丛书〉刊行之际》，发表于1982年2月5日。该文不啻为《丛书》的出版宣言，充分论证了《丛书》的价值和意义，重申了老“商务”的历史地位，也是有关学术著作出版的宏论，写的可圈可点。

趁85周年纪念之机，陈原亲自带人编写大事记(大事记编得很有特色，亦为业内人士称道)；邀请曾在“商务”工作过的领导人、文化人、学者陈云、胡愈之、沈雁冰、叶圣陶等题词，以正历史。他又力主重印老“商务”旧版严复译《天演论》、《原富》等学术名著8种、林纾译《巴黎茶花女遗事》、《黑奴吁天录》等文学名著10种，这些译著曾启蒙了一个时代！同时，汇编贺麟、侯外庐、冯友兰、钱鍾书、郑振铎等名家评介，出版了《论严复与严译名著》和《林纾的翻译》，重申老“商务”推介世界学术名著与文学名著的贡献。出版《张元济日记》(上、下)，成为重要的“商务”史料；编印了商务印书馆1987～1949年图书目录和1949～1980年图书目录。对于“商务”出版的旧中国历史最悠久的《东方杂志》，他指导编印《〈东方杂志〉目录》，使新中国成立后久已匿迹、曾具有重大文化影响的杂志，得以被人们重新了解和使用。

在出版的春天到来之际，他发表了《划清词典工作中的若干是非界限》的重头文章，根本扭转了“文革”中被严重干扰破坏的词典工作，一时成了词典编纂工作的经典。他以极大的热情领导《辞源》、《现代汉语词典》、《汉英词典》、《中华人民共和国地名词典》等词典编纂与修订，积极参与组织、策划，并给以具体指导和帮助，使“商务”成了我国著名的辞书出版机构。同时，他还是全国重点辞书《汉语大字典》和《汉语大词典》的学术顾问，在危难时刻，他都能给予有力的支持与帮助。他努力吸纳人才，使饱受不公待遇的文史家刘叶秋，安心为《辞源》尽力。

他尊重人才，也注重培养人才。他首先建立《馆讯》，每周一定时出版，提供一个上下沟通的渠道；最初从写作方式、收录内容到文字表达，均作了细致的指导；同时，“馆讯”也为“商务”留下一份珍贵的史料。另有《工作简讯》，不定期出版，是编辑业务的交流园地。他举办编辑出版业务讲座，举办各种知识讲座，邀请名家演讲。放手让年轻编辑参加学术活动。办了内部刊物《练笔》，督促大家练习写作。建立评书制，他亲自参加一些书评讨论会，常以自己的卓见给人以启迪。倡导读书，设立读书假……馆内一时形成浓厚的业务学习气氛。无论传达文件还是讨论业务，他从不以“官本位”为圭臬，凡是与业务有关，他都能细心约请有关编辑出席，这令许多老编辑十分感动。他提出“日出一书”的口号，激励“商务”职工多出书，出好书。“商务”的编辑、出版、校对人员，在他的鼓励和培育下，为编辑出版大批精良图书做出了巨大贡献；他的饱学和优良作风，也教育和影响着年轻的一代。

如今，商务印书馆成为举足轻重的学术出版机构，她代表着一种文化，一种品牌，代表着巨大的社会效益和经济效益。“商务”依然是雄风不减的百年老店，是中华民族的“商务”，也是世界的“商务”，她继续为人类文明的传承与发展，为社会的进步与和谐努力奉献着。

抚今追昔，是陈原的雄才大略，给“商务”带来重振和发展的契机。也许今天人们会觉得这是再平常不过的事了，可是在改革开放初期，在各种势力和思维还在顽固地干扰着文化与出版的情况下，这几乎是不可思议的。陈原一位老友赞赏他主持“商务”的那几板斧，说有大才而“举重若轻”，乃见真才；有大才而“持盈若虚”，乃见真心；公而忘私，真才而多面，才能主持“商务”这样一个学术出版机构，并做出如此骄人的成绩。

一位书迷的理想与追求

关于出版工作者的社会职责与自我修养，陈原在十年“文革”之后做过多次演讲。他说，“作为一个编辑，最起码的修养是什么？是爱书，做一门钻一门。”还说，“不爱书不能当编辑，或者说，决计当不好编辑。”他强调编辑自我修养的重要方面，“就是要获取最广泛的，深厚的知识面。

是面，而不是点，不是线。……这才有利于工作，有利于履行社会职责。”“没有广泛的知识面，编辑不能对‘千里马’及其作品做出判断。”

1993年初，陈原应香港联合出版集团之邀，给这个集团所属的若干出版机构的老总们做了一次演讲。演讲凝练透彻又兼具幽默风趣，引起轰动。他事先作了两个月准备，写了两次提纲，却只讲了两个小时。后来，他将这次演讲的内容写成《总编辑断想——演讲备忘札记》，收入《陈原出版文集》(中国书籍出版社1995年6月版)。2001年辽宁教育出版社出版单行本，书名简化为《总编辑断想》，附康笑宇插图。

《总编辑断想》共17段，2万余字。第一段的标题就叫“书迷”。陈原说，自我修养的头一条，就是使自己成为“书迷”。有人提醒说，还是“政治第一”。他说：“我想，也许是对的，没有人能离开‘政治’，不管你愿意不愿意”，“你不管它，它要管你”。十年后他又重讲这个问题，他说：“坦率告诉诸君，经过又十年的探索，我仍然认为，作为一个编辑，作为一个老总，他的自我修养的头一条还是应当成为‘书迷’。”

陈原在“书迷”中这样写道：

“古语云：‘书中自有黄金屋，书中自有颜如玉’——这不叫书迷，这两句反映出一个钱迷和色迷的那种低级形象。”“也许他有点钱，也许他很穷，也许他有个天仙般的情人，也许他还是个光棍，但不论怎样，他仍旧见了书就着迷。”

“古语又云：‘开卷有益’。这句话有点劝善的味道，当然同时也有点功利主义的味道。”“但一个书迷却不怎么看重这句话，……迷了，着迷了，有益无益，大益小益，全然不管，这才叫书迷。”

“他着了迷，风风雨雨，他还是迷上了书，他在这里……得到的是一种高尚的情操，一种向上的理想，一种人生的乐趣，一种奉献的品格。有所得即有所失——失去了尘世的明争暗斗，失去了低级趣味的欲望，失去了愚昧和无知，失去了冷漠和无情。”

“所有伟大的出版家都自幼就‘嫁’给或‘娶’了书这个行当。他不是天主教神父，他也结婚，但它确实将灵魂嫁或娶了书这事业。他爱书胜过一切。他为书而生，他为书而受难，甚至为书而死。……没有这种痴情，成不了气候。打开中国近代出版文化史，举凡张元济、夏粹方、高梦旦、胡愈之、邹韬奋、叶圣陶、徐伯昕、黄洛峰、华应申，以及章锡琛、陆费伯鸿、汪原放、张静庐无不是书迷。”

“孕育这种‘迷’情或‘爱’情，各人有各人的出发点，不尽相同，但是起码的是对人类文明的向往和投入。书迷与文明共生，甚至于过着一种淡泊宁静的自我牺牲生活，具备一种虔诚的殉道者精神。默默地勤劳，做出无私的奉献。不是为了黄金屋或颜如玉，绝不是只有‘职业’道德，书迷已超越了‘职业’，他的职业性的责任感，已升华为对人类文明的奉献。”

而陈原自己，也正是这样一位不折不扣的书迷。

从南国少年播下的理想种子，“昨夜星光灿烂”，和“重振商务雄风”中，我们不难看到书迷陈原勤奋而执着的身影，看到“一种向上的理想，一种人生的乐趣，一种奉献的品格。”因有所得亦有所失，在他的身上几乎失去了低级趣味，失去了愚昧和无知，失去了冷漠和无情。

然而，若没有“文革”中不能读书(下干校前，他心爱的一万几千册书被勒令化为纸浆)的陈原，那么，我们尚难理解“他爱书胜过一切。他为书而生，他为书而受难，甚至为书而死”的痴情。

在经历了揪斗、审查和下放干校之后，陈原于1972年奉调回京，任商务印书馆中华书局联合机构顾问，他自称“行走”。切身的经历和全社会的现实，均告白“书荒”之严重。在残酷的现实面前，消沉者有之，扭曲者有之，急于冲破桎梏放手大干者有之，……然而，“文革”还在继续，他深知还不是大干的时候；在这一点上，他可以说是难得的清醒。他一方面消极应付运动，一面也在寻找机会。

1973年，为了配合“复课闹革命”，陈原建议将“文革”前编纂，出过试印本的《现代汉语词典》，稍加挖改，内部发行，以应教师备课急需。不料翌年3月就招来一场大祸，被“四人帮”诬为“黑线回潮”，与“批林批孔”对着干，顿时全国上下一片批《现汉》的喧闹声！指斥《现汉》“宣扬客观主义”，是“封资修大杂烩”，这加剧了词典编纂领域的混乱，令他痛心与不安。他拒绝检讨，却就此称病，连半天班也不上了，一头扎进语言学的海洋里了。

他说“那时我什么也不做，说的准确些，是什么也不让我做。好，心静有如一池死水。我重读了许多书，做了四卷笔记。最妙的是从头到尾读完了一本旧《辞海》，一本旧《辞源》，一本第五版的《简明牛津英汉词典》(C. O. D)，……我的词典活动从此开始了，一发不可收拾。”“一棍子打开了我在未来十多年间从事词典编写组织工作的路。”他潜心探讨了干扰了辞书编纂工作中令人困扰的问题，后来写成《划清词典工作中的若干是非界限》一文，彻底清算了词典领域的错误谬论，成了“文革”后新时期辞书编纂工作切实可行的准则。

1973 年一个偶然的机会，陈原接触了国外的语言学的前沿社会语言学，引起他的兴趣；“四人帮”的“棍子”，使他趁势扎了进去。他托国外亲人带来一批语言学著作，如饥似渴地研读，几年间写了四卷语言学笔记，凡百余万言。他敏锐地感觉到，“语言学那一片经院牧歌式的一向平静的领地，也不能不勇敢地去迎接‘信息’观念的‘入侵’。由此，创始了并且成长了一连串多科性交叉学科，其中包括社会语言学、心理语言学、神经语言学、文化语言学、认知语言学、计算语言学、计算机语言学以及晚近偶尔出现却还未被学界普遍认可的控制论语言学或信息论语言学，或我现在称之为语言信息学这样的边缘科学。”他援引恩格斯把文艺复兴称为一个伟大的时代，是一个“需要巨人而又产生了巨人的时代”的说法，说：“现时代——信息化的时代将比文艺复兴时代更加伟大，更需要巨人，更能产生巨人。在文艺复兴及其以后以蒸汽机为标志的工业革命，只不过革了‘阴暗的魔鬼的磨坊’的命，导致了手的贬值；现今这场信息‘革命’将导致脑的贬值。”他的语言学研究就是在这样一种认知指导下，艰难地展开了。

1978 年，压抑已久的他从我国“文革”的特殊社会、语言现象入手，以他特有的敏锐深刻丰富的观察力，写了妙趣横生的社会语言学小册子《语言与社会生活》，引起广泛关注和欢迎；再后来，就有了被誉为中国“开山之作”的《社会语言学》，以及皇皇三卷，一百几十万字的《陈原语言学论著》。他也由语言学领域的业余单干户，转变为语言专业户—— 创办中国社会科学院语言文字应用研究所，担任中国社会科学院研究生院语用系教授——此是后话。

业余单干是很苦的，他说“那几年每天上班，整个白天都在开会。半夜十二点以后才是我的‘自留地’：研究语言学。两三点睡觉是平常事，第二天照常上班，不知道精力是从哪里来的；总之你用它，它就会源源不断地冒出来。一懒下来，什么事都做不成了。这就是我的‘处世哲学'。"

1973年也是"文革"中相对平静的一年。1、2月间，遵照当时的出版"口"(相当局)领导要求，陈原主持召开了古籍整理与翻译外国学术著作三次座谈会。第三次是关于翻译外国学术著作的座谈会。在这个座谈会上，压抑了7年之久的与会学者专家，兴奋异常，充分发扬了百家争鸣，畅抒己见，甚至带来系里、研究所里同仁的意见；从作者、书目，到翻译方法，讨论得非常热烈。在当时的条件下，所形成的高见简直就是一份令人鼓舞的、精神文明建设基础工程的实施方案；座谈会也是十年荒漠中难得的一抹绿彩。陈原立即整理，以迅雷不及掩耳之速请人印成百份《业务参考资料》，送达各方参考；主持者的欣喜与用心不难洞见。——然而，几个月后又是一片"反回潮""反复辟"的喧嚣，"口"领导甚至追查《业务参考资料》是何人签发，说他无权批印；甚至"洗刷"自己，说座谈会是"被一个资产阶级知识分子骗了"。——简直匪夷所思！对于这种无力阻挡的"世变"，他只有等待。

1975年春天，小平同志的复出又给他带来希望，针对当时汉译世界学术名著极端贫乏的情况，陈原授意并指导几位资深骨干，草拟一份重印出版的短期计划。当计划刚具雏形，在紧随而来的"批邓反击右倾翻案风"中又一次搁浅。

此后，陈原曾负责筹备全国中外语文词典规划会议。然而，开会时却被请出会议领导小组，他既非领导成员又非会议代表，无权发表意见，仅能以大会秘书处工作人员身份，每日送往迎来，听会记录，他坦然自若……就是这次会上，代表们的发言使他看到了人心，看到了希望——"四人帮"的谬论真正赞同者寥寥无几，这给了他很大的启发。

1975年7、8、9月间，陈原主持的《辞源》修订工作正式上马，他千方百计的推动，筹备工作开始有序地进行……虽然此前他已接到调离中华商务联合出版机构的通知。他在回忆中说："我之所以能在其后一段最黑暗的日子里仍然千方百计去协助实现这个包括修订《辞源》在内的规划，这人心和这希望就是我的力量。"……

陈原一次一次地策划，一次一次地受阻。他常常自喻为"为跌下而造的塔"，然而，却依然造塔不止。"用舍行藏"本是中国文人的传统美德，子谓颜渊曰："用之则行，舍之则藏，唯我与尔有是夫！"而于陈原却是迂腐至极。只要是振兴中华，建设精神文明需要的，他是用之大行，舍之也不藏；这就是一个现代书迷出版家对“世变”的抗争，和对理想的不懈追求。

晚年，陈原依然读书不止，经常是几本书一起读，几篇文章一起写。他读书之快，虽青年人犹不及。无论古今中外书籍报刊，只要一经他那高度近视加弱视的双眼扫描，其钩玄与提要的功夫，实在难有其俦。

他那十四平方米的书房又是四壁皆书了，淘书、购书一直是他的所爱。每当走过报亭，总要购买各种书讯，以致他宅旁的报亭，书讯类报刊种类之多不亚于大邮局；每有新报到达，书贩都会主动向他报告。即使是海外的新书，只要是心仪的，他总能第一时间到手。他的讲演或文章，总是充满时代感，充满新语证。

他那四壁皆书的斗室里，还摆满了电脑、扫描仪、打印机、电视机、录影机、影碟机、高保真音响、无线电话、对讲机……90 年代的他，不仅漫步于书林，亦漫游于网上。他已不是传统的读书人，他的视野从书本随时切入社会，甚至超越时空，走向世界，贯穿古今，直视未来。

陈原在他最后的绝唱《我的小屋，我的梦——六十年往事：如歌的行板》中写过这样一段话：

我自小爱幻想，时常幻想有朝一日能像巴格尼尼似的，把灵魂卖给魔鬼，换来令人倾倒的小提琴绝技；可我没有遇见魔鬼，也未曾学会拉小提琴。再说我即使真的遇到魔鬼，也未必肯把灵魂卖给他。可是我却真心实意地恭恭敬敬地献给神，我所信奉的可敬的神。谁知我就这样失去了我自己，以神的意志为意志，以神的思想为思想。所谓独立思考者也不过是沿着神所指示的方向去思考罢了。……幸亏住进这小屋，二十年间慢慢好不容易找回了我自己，找回我失去了的朴素思想。这就是“得”。

从“惑”到找回自己的朴素的思想是痛苦的，漫长的，是需要勇气的。我想，他是真诚的，勇敢的，严于责己的；因而他也是无私的，高尚的，睿智的。这恐怕是一个书迷的最高境界！随后，他由衷地感叹：

多么值得留恋的小屋啊。……仿佛是一片浩瀚无边的书海，我日夜在这书海中冲浪，似若反思，似若沉思，似若冥思，尘世一切俗念与引诱都化为乌有，只剩下老人与海，老人与书海——天连海，海连天，好一幅风流潇洒的画面！灵魂得救了，超脱了，自由了，可以飞翔了。

这，就是一个书迷那淡泊而又不朽的精神世界！

界外人

关于“编辑是杂家”，陈原在《总编辑断想》中说，“现今看起来，对，也不对”。

“其所以对，因为编辑是作品的第一个读者，第一个鉴赏家，第一个评论员，第一个影响决策者；而‘作品’是千变万化的，即使一门学科，也是很杂很杂的。”“你也许是罗马史专家，可是你碰到一部希腊史，怎么办？退稿乎？不看乎？闭目签发乎？一推了之乎？……所以，编辑的对象是‘杂’的，也就决定编辑是个‘杂’家。”“其所以不对，是不完全。”“编辑完全有可能在‘杂’的基础上‘专’起来”，“‘专’了一门，一通百通，百理自融，然后可‘博’。博而能‘杂’。”

而陈原于“博”于“杂”于“专”，均有非凡的体验。

凡喜欢音乐，崇拜老柴的人，大都读过他翻译的《我的音乐生活——柴科夫斯基与梅克夫人通信集》，以及上世纪 90 年代翻译的《伯辽兹》(或译《白辽士》)和《贝多芬》，认为他准是一个音乐学家，翻译家；有人读了他晚年出版的几本散文杂文集《海外游踪与随想》、《人和书》、《书和人和我》、《隧道的尽头是光明抑或光明的尽头是隧道》、《黄昏人语》、《陈原散文》、《陈原书话》、《界外人语》，以及多次荣登排行榜的语言随笔《在语词的密林里》、《重返语词密林》，认为他的散文丰富多彩，独具精深之见，发乎自然，绚烂归于平淡，是“具学人之体，得通人之识”的散文家，……等到三卷本一百几十万字的《语言学论著》面世，人们又惊异地发现了这是一位社会语言学家。

他简直是一个万花筒，多面人！

在古老帝国最初的开放口岸广州的读书生活，使他受到中西、古今、文理等多元文化的熏陶，特别是多种外国语言的掌握和运用，为之打下良好的基础，使之具备了良好的素养，如是养成他的广博而通达，敏锐而深邃，务实而超然的独特性格。何止是学问，作为一个社会的人，他亦复如此。时而研究所所长，时而文化官员，时而翩翩学者，时而总编辑总经理……他在不同的场合给不同的接触者以不同的印象。由是铸成他的性格：有时古板严肃，有时热情奔放，有时严格得一丝不苟，有时也很有人情味。

他的经历，他的研究和写作，似乎不专属哪一界，又似乎哪一界都沾点边。以至各“界”都不视其为同道，使他不免略感寂寞。确实，如他那样地广泛涉猎，在学科林立、壁垒森严的世俗社会里，哪一界都很难“收容”他。后来，他习惯了，常怡然自得地称自己为“界外人”。

他十几岁时写过论文《广州话九声研究》，大学毕业的论文是《广州石牌地区水土流失与排水工程设计》；他在二十岁时，曾以老到的文笔，为香港报纸写过惊心动魄的广州大撤退的长篇报导；二十一岁到三十一岁之间，写译了十几本地理书，被误以为是专治地理的老学者；与此同时，作为一个文学青年，翻译了六七部俄国和西方的文学作品；在战争中和战后，写译了大量分析国际形势的文章，独力编成《世界政治手册》那样大部头专门参考书；60年代，他又迷上了鸦片战争史，从《林则徐译书》开始，写了《关于裨治文和〈中国丛报〉》等一系列专论，吸引了史学界的注意。他说，原想写一部历史书外加一部历史小说，那场浩劫中断了他的研究。

1973年开始，陈原一头扎进语言学，特别是社会语言学，以及语言文字应用学。这是上个世纪60年代的新兴的边缘学科，为此他必须研究新兴的信息论、控制论、系统论，以及博弈论、概率论、拓扑学、热力学，甚至量子力学；他不辞从经典语言学出发，大量涉猎语音学、语义学、语源学、术语学、符号学、数理语言学、计算语言学、神经语言学、心理语言学等等，以及机器翻译、人工智能、语言规划、语言工程等。若无一定的语言学修养，没有一定的数理基础，特别是没有丰厚的外语基础，探讨这门学科是无法想象的。在他的语言学论著中，涉猎之广与触角之深，更可从他的几篇札记中略见端倪。如“语言与信息学论纲札记”“语言信息学引论稿”“走向语言信息学——札记”“语言信息学与概率论札记”“语言信息学与神经生理学札记”“术语学札记”“语言与悖论札记”“语言与信息论札记”“语言与控制论札记”，如果每一篇都展开探讨，几乎都是很好的博士论文选题。

80年代，他应邀参加了许多国际间的学术会议，这种国际间的学术交往，大大开阔了他的眼界，结交了不少边缘科学研究者，对他的语言研究，影响颇大。无论访问欧美俄日，或参加国际学术会议，他都是独往独来。外语素养无疑给他提供了极大的方便。

而这三卷语言学论著，主要是近二十年的作品。读他的社会语言学，似乎不需要多少语言学准备，亦不会令你感到枯燥。正如海外一个青年读者发给他的 e-mail 说的，老人和青年读来都有兴味，而且"you can read it just for fun, or for knowledge , or for thinking , even for serious research."正所谓不论是为了派遣时间，读来消闲，还是为了求得知识，或进一步思索，甚至为着严肃的研究，读这三卷都能得益。读过此书，也许你对他这"界外人"会有更多的体会。

最后的脚步

2001 年新年伊始，他就显得格外匆忙。也许这两年与他年龄相仿，共同活跃在文化界出版界的友人戈宝权、胡绳、李琦、廖盖隆、黄秋耘一个一个地走了，这给他带来寂寞和忧伤，也给了他某种启示，因而加紧了行进的步伐；他要为钟爱和牵挂的事业多做一些什么……

请看，在他羁卧病榻前的最后三个月的脚步：

6 月 11 日和 14 日，在商务印书馆作了两次关于"编辑实务"的演讲，分别以"图书出版的前期制作"和"图书出版的后期制作"为题目。广博的见闻，大量的中外出版的实例，使他讲得有声有色。

7 月 10 日～22 日，应邀参加香港国际书展。其间，应香港商务印书馆之邀，以"商务人"为题，在新编辑培训班作演讲。他生动地介绍了商务的历史地位、贡献和传统，编辑的职责与修养，鼓励大家做"商务人"。同时，还参加了一系列研讨会，如关于新科技与未来的阅读和出版、关于现代汉语的规范化问题等，对于这些他早已关注的问题都作了积极的回应。

7 月 23 日，甫回京，就接到《赵元任全集》责任编辑的电话，告音乐卷有许多问题待定夺，遂决定 24 日开会研究。他参加了 24 日的会，他是音乐行家，自然有中肯的意见。

7 月 31 日，参加《赵元任全集》编辑工作会议。对各卷陆续发现的编辑问题进行研究，对体例作新的补充。他是《赵元任全集》编委会主任，一个责任重大，而需要无私奉献的“职务”。

8月22日，主持了一个有关序言的内部研讨会。会上，他畅言学术著作的序言问题。他说序言不应写成序言八股，只要是真知灼见，可以不拘形式，甚至可以借此阐发一己之见。他援引了茅盾为阳翰笙写序、梁启超为蒋百里写序、罗素为维特根斯坦写序的实例，这些出版史上的佳话，反映了一种学术自由，一种不以“一道同风之旧见相绳”，兼容并收的学术境界。发言开阔了大家的视野，也给人以教益。发言也反映了他一贯所持反对序言八股，防范学术腐败，提倡学术宽容的求实精神。

8月27日，寄出了“维特根斯坦断想”。这是为维特根斯坦的《逻辑哲学论》再版所作的序。从1月动手，三易其稿，终于写就了满意的一稿。

9月4日，在8月15日接到黄秋耘去世的消息，当年主持《辞源》修订工作的三位主编，如今都去了，引发许多感慨。遂决定应总编室早已发出的邀请，在“商务”作“《辞源》三主编”专题演讲。他把《辞源》修订工作的艰辛，三位可敬老人的非凡经历与事迹告诉后人；他还告诉大家，商务有许多值得尊重的老人，是不应忘记的。

9月11日，完成“重刊《节本康熙字典》小识”。《节本康熙字典》是他向商务印书馆馆庆105周年推荐出版的献礼书，并应邀为之写序。《节本康熙字典》是张元济亲手编选的，于1949年初版。两位主持过商务的智者在此相向，可谓珠联璧合。

9月14日，他向编辑室通告了《陈原文存》第三批书目：(1)《社会语言学·补卷(大众语汇学)》；(2)《思想的火花——维特根斯坦语条＊摘译评说》；(3)《井底蛙语》(散文杂文集)；(4)《狗的故事》(L. 托尔斯泰著)。这些书稿，想必都作了整理和准备。现在留下来的，却只有一纸书目简函了。

9月22日，他提前半天住会，检查此次编辑工作会议的准备情况，提了改进意见。他随身带来刚写就的序文(一篇文字平易而气势宏伟，品评质朴而见地颇深的长篇序文)，尚未来得及示人——也许是想在会上研究工作时，一并出示征求意见的；然而，在次日的会上，他的主旨发言尚未开始就倒下了；从此羁卧病榻，离开了他挚爱的出版工作。

这三个月中，还有老友的文集、自己的序跋集、友人的回忆等书稿，均在策划、准备中……

回头一望，在最后的三个月中，为了巨著的出版，为了培养编辑、出版人才，为了高品位的出版事业后继有人，为了多留下一些有价值的文字，他竟然做了这样许多！一位耄耋老人是怎样地夜以继日，甚至透支着生命！短短的三个月呵，他留给我们的却是如此宝贵，如此丰厚！这是他出版生涯的缩影，也是他——一位书迷勤奋的写照！

出版之路背负着理想与责任，也充满欢乐与激情。他以罕见的勤奋去读书和写作，也以睿智与敏感去求索和实践，他也年轻过、幼稚过，但他从不因循苟且而远离真理，就是这样，他成了人们敬仰的编辑家、出版家。

知音和挚友

——怀念编辑世家传人叶至善

史晓风

叶至善(1918～2006)　江苏苏州人。中国民主促进会会员。编审。1941年毕业于国立中央技艺专科学校农产制造科。曾任技术员、教师。1945年8月进开明书店，编辑《开明少年》月刊和“开明少年丛书”。1952年主编《中学生》月刊，1953年转入中国青年出版社，仍任《中学生》主编。1956年6月，中国少年儿童出版社成立，任社长兼总编辑。1983年任中国青年出版社和中国少年儿童出版社编审委员会副主任。是全国政协第六、七届常委兼副秘书长，中国民主促进会中央第七、八、九届副主席。曾任中国出版工作者协会第一届理事、第二届副主席，中国科普创作协会第二届副理事长，国家教委中小学教科书审定委员会委员。著有《失踪的哥哥》、《竖鸡蛋和别的故事》、《梦魇》(合著)等儿童科普读物。晚年出版《我是编辑》、《父亲的希望》、《父亲长长的一生》等著作，还编辑了《叶圣陶集》(25卷)。2004年获“中国韬奋出版荣誉奖”。

2006年3月15日上午，我去八宝山送别至善兄，在纪念册上用颤抖的手写了：“相识盛年时，深交鬓已丝。与兄诀别日，是弟断肠时。”先当了“吊客”，后充了“家属”。头一天，我对至善兄的孩子们说，“你们的爷爷把我当儿子；你们的父亲把我当弟弟；你们一直叫我晓风叔叔。我就顶替你们早走了的至诚叔，跟你们站在一起吧”。他们“接纳”了我。当我向遗体三鞠躬，与家属握手致意时，至善兄的女儿小沫一把将我拉进了他们的行列，站在第二排。透过人流的缝隙，不时能看到遗容。往事历历，像未经剪接的电影胶片，一幅一幅地展现。

初　识

上个世纪50年代初期的一天，叶圣陶先生邀我到他家里吃饭，第一次见到英挺练达的至善兄，叶先生给他介绍说，“他也属马，比你小十二岁”；又给满子姐(至善夫人)介绍说，“你的同乡，浙江余姚人”，嘱咐“多做点家乡菜招待他”。这时候，看见人民教育出版社的几位领导同志进来，我站起来打招呼，刚要离座去沏茶送水，叶先生一把拉住了我，要我坐下。坐在一旁的至善兄察觉了我的困惑，悄悄对我解释说：“今天你也是父亲请来的客人。来的都是客，没有职务的高低，没有年岁的大小，一律平等，所以父亲不让你去做接待工作。”我还是有点不安，对至善兄说：“那我就到书房里去把叶先生的茶杯拿来吧。”至善兄又拦住了我，说：“父亲早就准备好了招待客人的茶具。为了表示对客人的尊重，他自己也用同样的茶具，不用他平时专用的杯子。”正说着，服务员端上茶来，每人一盏带托盘的细瓷盖碗龙井茶，特别醒目的是碗盖正中那个钮儿的空间里，放着一个大小很合适的小圆硬纸片，纸片上叶先生亲自用毛笔恭楷分别写着每位客人的姓氏，并且亲自指挥送到每位客人手里，我接过来的是一个遒劲浑厚的“史”字，临走的时候，我把它拿下来装进皮夹子里，保存了好多年，可惜在乱糟糟的年代里丢失了。当时，至善兄还对我解释说：“父亲精心安排茶具，一是献茶的时候，等于一一介绍了客人；二是饭后再用茶的时候，不会交叉使用别人用过的茶具。”

入席的时候，叶先生要我坐在他身边，亲手给我斟了一杯热气腾腾的陈年绍兴黄酒，夹了一块又肥又嫩的“白斩鸡”，说：“都是你家乡的。”叶先生话不多，但三言两语就把客人们的情绪调动起来，气氛活跃起来。只有我，当着这么多领导同志的面，不免有点拘谨，叶先生怕冷落了我，借着一位湖北同志讲到黄鹤楼，就吟了一句："昔人已乘黄鹤去"，问我"晓风！下面呢?"我就照着私塾老夫子的腔调声情并茂地吟诵起来："此地空馀黄鹤楼……烟波江上使人愁。"叶先生一边听，一边拿着象牙筷子在左手手心里打拍子。听完以后，'竖起大拇指，冲着大家说了三个字："中学生!"又问当时也在上中学的大孙子三午："你们能吗?"我赶忙说，"我只是初中毕业。高中还是上的夜校，数理化都不行。"至善兄大概为了消除我的自卑心理，插话说："不看文凭看水平。我也是个中学生，也是店员、编辑出身。听说你很用功，上学不多，读书不少。父亲夸你字写得比我好，我要向你学习。"几句话，说得我脸上火辣辣的，心里热乎乎的。

从那天起，半个多世纪以来，我成了叶家的常客，几乎成了叶氏家族中的一员，同至善兄结下了深厚的兄弟情谊。

鼓励我参加"民进"的活动

1988年2月16日叶圣陶先生病故。我应邀参加了2月27日民进中央举行的"思念会"，带去一副挽联。一进入会场，感情很激动，抑制不住想发言，悄悄问至善兄："可以吗"？他点点头。我不知天高地厚，在胡绳同志讲话以后，就插了进去，作了长篇的即席发言。工作人员要稿子，我只能给她一张五分钟前写下的二十多个字的"提纲"。事后感到不安，我想一定占用了不少民进领导同志讲话的时间。而至善兄却宽慰我，"没关系的。我们民进没有这么多规矩"。

1998年2月16日，我写了一篇稿子，题为《一封没法邮寄的信——叶圣陶先生十周年祭》(后来发表在3月8日的香港《文汇报》上)，对叶先生用的是第二人称"您"。2月18日，民进中央举行纪念座谈会，我应邀出席并报名发言，带去的就是那封"信"。工作人员在会议中间把我的稿子给了至善兄，他仔细看过以后，给我递了个条子：

晓风同志：用第二人称("您")作散文，在报刊上发表，是通行的。作发言稿来念，可不太好。您看对不对。

至　善

经他指出，我也觉得不妥，因为那天不是祭祀活动，不是读祭文，不是读给叶先生听的；是纪念会，是讲给大家听的，必须把第二人称“您”改为第三人称“叶先生”或“他”。于是我就手忙脚乱地改了起来。这中间，至善兄不时投来关注的目光。老编辑嘛，知道这件小事短时间做起来并不容易。果然，我还没改完，就轮到我发言了。走向主席台的时候，经过至善兄身边，从他的眼神里，感到他在替我“捏一把汗”。还好，我大会发言也算是“久经沙场”的了，居然没出一点差错。会后，他走到我跟前高兴地说了四个字——“天衣无缝”。第二天，又打电话鼓励我：“昨天的发言，口碑很好。”这是很难得的。

1994 年，中央统战部领导同志主持一个小范围的仪式，接受民进中央捐献的叶圣陶先生手书《实践论》。我应邀参加回来的当天，就给统战部领导同志写信，反映了一些关于圣陶先生演讲《实践论》并身体力行的事迹。同时给至善兄寄了复印件。他收到后立即打电话给我，称赞“这封信写得好”。果然，《统一战线杂志》按照领导同志的批示，全文发表了，标题用的是圣陶先生的原话——《深研求是　不拘故常》。

兴趣广泛

至善兄家学渊源。从小在接受传统文化、文史知识熏陶的同时，就对自然科学感兴趣。有一回听他说起，读中学的时候，非常喜欢做数学难题，除了规定要做的题目，还自己找难题来做，做出来了，高兴得很。跟圣陶先生一样，至善兄也很喜欢动植物、生物、生理卫生等。干校回来的第二年，倒春寒，至善兄忧心忡忡地对我说，“春寒冻死老黄牛。我真担心干校里我养过的几头牛会冻死”。我问，“为什么不死于冬冷而死于春寒”？他说，“熬过一冬，体力耗尽，春寒难耐。重病患者不也是这样的吗”？真是“一语成谶”。他们的父母和一个儿子不都是春天走的吗？有一年，听说我心脏不太好，至善兄给我讲了心脏的结构、功能、病变、症状、药物利弊、配伍禁忌、预防(包括衣食住行)等等，百忙中讲了个把小时。至善兄还喜欢和关心航天科学。有一年，苏联卫星上天，他夜里听到消息，马上给我打电话。那时候，我家还没有电话，是离家 300 米左右的胡同口小铺的公用电话，他们派人给我送来一张纸条，我再去那里回电话，又老打不通，大概他还在通知亲友。到后半夜才打通，闹清楚了是怎么回事。妻放心不下，不敢睡，问我，“叶家出什么事儿啦”！我说，“是苏联卫星上天”。妻说，“离我们十万八千里呢！操这门子闲心干什么”！我说，“幸亏有电话了。要不然，他准会‘奔走相告’，半夜三更敲门把你叫醒，把这个好消息告诉你”。

退休后“要身闲心不闲。要勤用脑，多动笔”

20 世纪 90 年代，我“超期服役”四年以后，从工作岗位上退了下来，一时有点“没着没落的”，向至善兄“取经”。他说：“要身闲心不闲。要勤用脑，多动笔。”我说：“我一定向你学习。”本来我想写些回忆文字，当时考虑难度较大，就把那些素材在记忆库里封存了起来，正好有一个整理晚清史料的机会，就一头扎进了故纸堆，一干就是十年。2004 年 5 月有了初步成果，我把一套刚出版的样书给至善兄送去，他很高兴，连声说：“不容易，不容易！我一定仔细看。”几个月以后，他告诉我：“你点校整理的《恽毓鼎澄斋日记》，120 万字我都看了，文言文居然没有一处断句错误，也没有错别字，这在‘无错不成书’的今天，特别值得称道。等我写完《父亲长长的一生》，腾出手来写篇书评。”

2004 年 10 月底，我应邀参加了人民教育出版社纪念叶圣陶先生诞辰 110 周年大会；并且讲了一个多小时的“往事”。尽管是“即席发言”，还是打了一个多月的“腹稿”。我把封存了多年的记忆库打开了，蹦出许多鲜活的素材，“发言”只用了百分之几。会后给至善兄通电话，他饶有兴味地听我喋喋不休地讲了一个多小时的素材，连声叫好，迫不及待地说：“赶紧写下来，寄给我，我找报社给你连载。”

在至善兄的鼓励和帮助下，我一口气写了十几篇回忆叶圣陶先生的文字，原稿的总标题是《一辈子受用不尽——在叶圣陶先生身边四十年》，是从学生的角度写的，从 2005 年 1 月 4 日到 24 日在《北京青年报·副刊》上陆续发表了八篇，每篇都经过至善兄精心修改，并把原来的副标题改为总标题，说：“这样，题材可以广泛些，不必篇篇都想着当时对自己有没有直接的教育意义。”我怕过多地增加他的负担，怕他累着，提出是否一个星期给他一篇，他说：“我很有兴趣做这件事，不觉得累。一个星期至少给我两篇，写满十万字，我找出版社给你出书。”我说，“出不出书以后再说吧。连载以后，反映不错，篇幅也够，就出。否则就不出。”我还说：“你这一辈子写过许多序跋，如果出书，写序的事儿，就不必我开口了吧!”他哈哈大笑，意在不言中。

“有其父必有其子”。至善兄不但文章写得好，改文章也是一把好手。我在机关里也算是个“笔杆子”，有点虚名，其实不过“文通字顺”而已；改别人的文稿，往往不是“从宽发落”，便是改得“面目全非”。至善兄是尽量顺着我的思路改，尽量保留原文，只是作些删节和语序上的调整，增加几个关键词和点睛之笔。我那个搞古文献研究，对语言文字很挑剔的大儿子，有一天忽然给我打电话说：“我看了您写的《叶先生的写诗填词》，语言特别精炼、准确，很到位。”我说：“这里有你至善伯伯的功劳。”的确，这是至善兄最费心力修改的一篇，也是经他修改发表的最后一篇。

《又学了一遍〈共同纲领〉》一文，至善兄认为“有史料价值”，报社限于篇幅，只登了半篇，全文由至善兄推荐给《出版史料》发表。原稿提到解放初期“办个人民教育出版社，国家投资二百多个亿”，我写到这里准备加个注，觉得一时很难下笔，说是“相当于现在的二百多万吧”，由于物价的因素，显然不确切；说是“相当于后来币制改革那年的二百多万吧”，读者还是要问币制改革是哪年哪月，新旧币按多大比例兑换。这么注，就得查对资料，当时已经熬了几天几夜，急于一气呵成交稿，实在舍不得花时间去查，就打了个“马虎眼儿”，不料还是让至善兄看出来了，换了我，批上“加注”退还作者，就很够朋友的了，至善兄却不是这样，以老弱病残之躯遍找有关资料，亲笔给我加上这么一条重要注文：“(旧币。1955 年 3 月 1 日发行新人民币，以一比一万收兑旧币。此处的二百多个亿，相当于新币二百多万元)。”我看了，又是感动，又是内疚。

《叶先生四次扣动“扳机”》一文，至善兄称赞(他的称赞是很“吝啬”的)说：“这篇构思很新奇。四枪贯穿了我父亲的少年、壮年、老年、暮年，时间跨度近 80 年。”接着就问：“第三次，你打靶回来，父亲要你……”我说：“做三遍。”他说：“你记性真好！我想问你，当时你把枪带到办公室没有?”我说：“没有。”他说：“这一点你得向读者交代清楚。”我说：“是。”立即在头脑中的词汇库里选出“纪律”、“交回”、“不过夜”、“虚拟动作”等关键词，准备遣词造句，插入适当地方。为了掩饰我的迟钝，说了句："看来这里还得费点笔墨。"至善兄笑笑说："不难。我替你加上了。"我接过修改稿一看，不禁拍案叫绝！真是"修改的艺术"，"艺术的修改"！原来，至善兄在"我一丝不苟"与"做了三遍"之间加了"比划着"三个字，收到了"四两拨千斤"的效果，根本不需要说明，我没有把枪带回办公室，为什么不带回来，因为有纪律等等，否则恐怕补30个字也不够，而且会冲淡主题。至善兄只用了三个字，而且紧扣主题。只此一例，就让你佩服得五体投地。

至善兄不但替我修改文稿，还让儿媳替我打印，他再细读五号字的打印稿，校订后替我用传真发往报社。见报后还要仔细看一遍，订正排校中的错漏，然后按时间顺序剪贴到硬纸本上，给我出书用。这使我想起上个世纪20年代末、30年代初，叶圣陶先生为沈雁冰先生的小说编稿，改笔名"矛盾"为"茅盾"，付排，校对，写广告等故事。叶氏父子"为他人作嫁衣裳"，还细针密线地绣上花；我为自己"作嫁衣裳"，却懒得锁边，钉纽扣，不该啊，不该！

知　音

我和至善兄的心是相通的，我们有默契，有许多共同语言。写回忆叶圣陶先生文稿的时候，我给自己定了三条守则：一是亲见亲闻亲历，力求真实，时间、场景、人物、思想、感情、语言等细节不虚构，不文饰；二是"小题大做"，从小事说起，扩展到较大方面；三是"让事实本身说"，一般不多加议论，即使讲点心得体会，也力求用当年的真实思想，不拿后来的和今天的认识移植到历史上去。我问至善兄："你看好不好？"他说："这三条很重要。我写《父亲长长的一生》，大体上也是这么做的。但要真正完全做到，很难很难。"我说："我已经初步体会到写回忆文字的艰辛了。"

2005年1月间，听说至善兄骨质疏松，整副骨架子已经支撑不住他那魁梧的身躯，旧痕新伤，多处骨折，被迫卧床，我立即赶去，见他还是老习惯——"卧而不休"，正垫着一块硬纸板在改我的文稿呢。我说："我很矛盾，盼你看，怕你看。你都病成这样了，我于心何忍！"他说："我喜欢看，喜欢做这件事。你有了新作，尽管送来，不必顾虑。"又说：

"桌上第二摞书的第二本是你文章的剪报，你拿出来看看，前两天见报的那篇排校中有两个错。"我说："我已经发现了，掉了半个引号，少了一个'万'字。'日理万万机的周总理'中的第二个'万'字是你加的，校对同志不了解你的用意，当作衍文删掉了。"他说："那你说说我的用意是什么?"我说："周总理历来就是日理万机的，在那动乱的年代，内政外交、革命生产件件都得他亲自抓，还要花很大的精力去安排接待毛主席请来的几百万小客人，而十几位副总理都被打倒了，办公室的几十名工作人员都被精简了，所以说他'日理万万机'一点儿不夸张。"至善兄笑了，说："就是你能琢磨我的心思。"我说"这篇里还有一个类似的错误。我故意用了一句四川方言'现在而今眼目下'，比'关门闭户掩柴扉'更生动，大概校对同志不知出处和用意，把'眼目下'的'目'字当作衍文删掉了，说起来就不带劲儿，不传神了。"至善兄说："这回轮着我来替你作注解了。'现在而今眼目下'是川剧《抓壮丁》里王保长的一句口头禅，他还有点儿口吃，说：'现在——而而今——眼眼目下，蒋——总总——发财'，给观众留下很深的印象。你是用这句话来影射动乱时期那种空话、套话、废话'铺床叠架'的文风。"心灵的沟通，相知的愉悦，使我们不禁放声大笑起来，不料引起至善兄一阵剧烈的咳嗽，我赶紧按住了他，怕震断了他的肋骨。

乙酉年(2005)的大年初一，照老规矩我是要去东四八条拜年的，之前几天听说至善兄住院了，就来到医院，见他睡着了。听早来的开明书店的一位老朋友说，他已守了三个多小时，至善兄一直在昏昏沉沉地睡。听在旁照料的至善兄的小儿子永和说，他常说梦话，连做梦还在改我的稿子。我心里很不安，就说："回头我把稿子带走吧。"正说着，至善兄忽然眼睛睁开了一条缝，他发现了我，一下睁大了眼睛，脸上露出笑容，一把握住我的手，紧紧地握着，一直没有松开，我顺势坐到床前的小圆凳上，还没顾得上寒暄问病，他就兴致勃勃地谈起了我的文稿。我在一篇文稿里讲到随叶先生参观小学的时候，我们同时想起丰子恺先生的一幅漫画和题画诗。至善兄问我："那首诗是他自己写的吗?"我不知道"他"指丰先生还是指叶先生，就说："是丰先生自己写的四句题画诗，我吟了'踉跄趋讲席，诵读斗高声'，叶先生接着吟了'我亦曾如此，而今白发生'(我摹仿了叶先生的口音和语调)，我们相视大笑。"至善兄也笑了起来，这回我克制自己，没敢放声大笑。显然，这段文字也引起了至善兄对童年的回忆。我告诉至善兄，那篇《叶先生的悼亡诗词》发表了，报社把标题改成《叶先生的写诗填词》，我说："其实不改也无妨。'悼亡'专指悼亡妻，悼别人不说'悼亡'。苏东坡的悼亡诗……"至善兄立即吟出："十年生死两茫茫，不思量，自难忘。"至善兄又说："那篇《三角形两边之和大于另一边》有深意。你在叶圣陶研究会上的发言……"医护人员过来打断了我们的谈话，正像叶先生在一首词里说的："常恨深谈易歇。"

2005 年 3 月 5 日早晨，听到医院报病危的消息，我连忙赶到医院，至善兄全身插满了管子，布满了电线，当然很难受，挣扎着要拔掉管子，人们只好用纱布条把他的双手分别固定在左右护栏上。看见我进去，突然兴奋起来，一边紧紧地握我的手，一边高兴而无声地笑着。我用吴侬软语叫了声"阿哥!"，是第一次，也是最后一次。他非常激动，伊里哇啦地说了一串带着浓重喉音的"话"，小沫把耳朵贴在他嘴边，可惜还是什么也听不清，只好说："晓风叔叔，他看到你就激动，大家看了很难受，是不是先别跟他说话了吧。"我默默地坐了一会儿，他已安详入睡，两道厚长的白眉毛，白里透红的脸色，跟他父亲一模一样，17 年前也是在这家医院，也是在这类病房。临走的时候，小沫送我一本刚出版的至善兄的力作《父亲长长的一生》。唉！至善兄长长的一生，几乎都用笔、用语言、用实践在写、在解读、在传承他父亲长长的一生，却很少写他自己。我很后悔动手晚了，关于老叶老的《回忆》刚开了个头，就要来回忆小叶老了。（叶氏父子晚年的时候，"民进"同志都尊称他们为"叶老"；在提到他们父子俩的时候，往往以"老叶老"、"小叶老"分别指代，以示区别。）

"现在请家属行礼!"八宝山至善兄遗体告别会上司仪的声音把我从"意识流"中唤回到现实。在入殓、盖棺，即将起灵的一刹那，我几乎要扑上前去大叫一声"阿哥"，抚棺大恸。但我还是使劲克制住自己，不让自己这么做。在克制感情方面，也要学习至善兄。我不能给已经极度悲痛的家属们再增添悲伤的气氛。

回家以后，我化悲为奋，振笔疾书，给有关方面写了感谢信，又把那首"五言古诗"改为"七言古诗"——"八条初识盛年时，切磋深交鬓已丝。自怜落落知音少，更觉依依别难辞"。

替至善兄了一遗愿

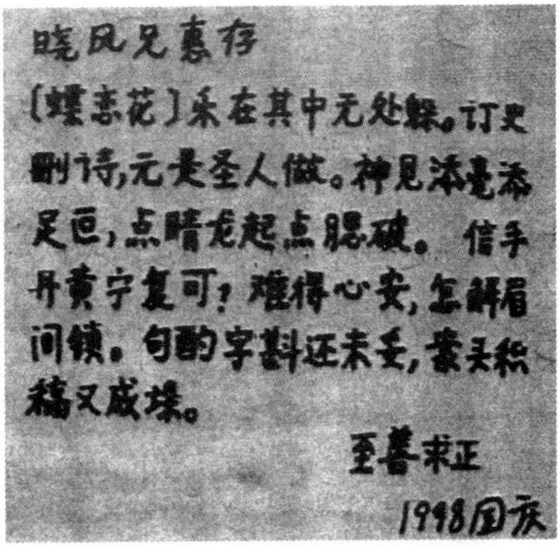
晓风兄惠存
〔蝶恋花〕乐在其中无处躲。订史删诗，元是圣人做。神见添毫添足叵，点睛龙起点腮破。信手丹黄宁复可？难得心安，怎解眉间锁。句酌字斟还未妥，抬头积稿又成垛。
至善求正
1998国庆

叶至善手书《蝶恋花》词作赠史晓风的题签

在悼念至善兄的日子里，我想起他还有个小小的遗愿。

至善兄家学渊源，兴趣广泛。文、史、哲、经、教，数、理、化、生、地，几乎都喜欢。他还喜欢音乐。有一年，吕叔湘、张志公等先生发起给圣陶先生祝寿，在同和居楼上摆了三桌酒席，席间至善兄引吭高歌助兴。唱的是《卖布谣》，大概是上个世纪二三十年代刘大白词，赵元任曲。歌词开头四句是："嫂嫂织布，哥哥卖布。卖布买米，稀饭落肚。"下面不记得了，只记得韵脚有"裤"、"布"、"补"字样。至善兄浑厚沉郁的男中音很是好听。

1995年，我去看望至善兄，只见桌上放着一台录音机和许多音乐磁带，是德沃夏克、舒伯特、莫扎特、贝多芬等名家名曲，原来他正在兴致勃勃地从事一项工作：把这些名曲与一些著名的唐诗宋词相匹配。那天，他刚用舒伯特的《摇篮曲》配完白居易的《赋得古原草送别》，正在用德沃夏克的《新大陆》配曹操的《龟虽寿》。我还替他看出唐诗宋词里的好几个错字，他说："诗词你比我熟。"过了一段时间，他给我寄来一本刚出版的《古诗词新唱》，还夹了几张他和我的合影。

1998年春节，至善兄寄了一张贺年片给我，上面题了一首他的词作《蝶恋花》，反映他的编辑生涯，末两句印象很深——还有"难得心安，怎解眉间锁"，这使我想起1979年6月26日圣陶先生致贾祖璋先生信中的一段话："至善把给孩子编书的事看得太认真，有时说起社中的工作推不动，竟至于失声而哭。他一天到晚在家看稿改稿，看完了到社中去接头谈事，回来时高兴少，懊恼多。我是非常同情他的，但是我没有办法使他宽心。"后来这首词他誊正后印在《我是编辑》的扉页背面右下角，也有他送我的题签，落款时间是"1998国庆"。所以我保存着《蝶恋花》的两个手稿版本。有一天，我跟至善兄说："我很喜欢你的《蝶恋花》。一般的词牌名与内容是'勿搭界'的，只有这首词牌名与内容很贴切。记得1956年叶圣陶先生赠诗祝朱文叔先生(时任人民教育出版社副总编辑)六十大寿，句云：'旧学蜂成蜜，新知鲸吸川。''蜂成蜜'和'蝶恋花'，比喻编辑工作是十分贴切的。现在工人有《咱们工人有力量》、《石油工人之歌》，战士有《我是一个兵》，学生有《毕业歌》，编辑好像还没有一支歌。你把《蝶恋花》也谱成曲子唱吧。还可以在报刊上发表，作为《编辑之歌》传唱开来。"他苦笑了一下说："那也总得等重编父亲的文集以后了。"

为了替至善兄实现上述遗愿，我尝试着用〔美〕S. C. 福斯特(1826～1864)《梦中美人》曲(《BEAUTIFUL DREAMER》，亦译作：《美丽的梦中人》)配至善兄的《蝶恋花》，求正于编辑出版界的同仁和音乐界的朋友们。

蝶恋花·编辑之歌

叶至善词

〔美〕S. C. 福斯特
《梦中美人》曲
史晓风配

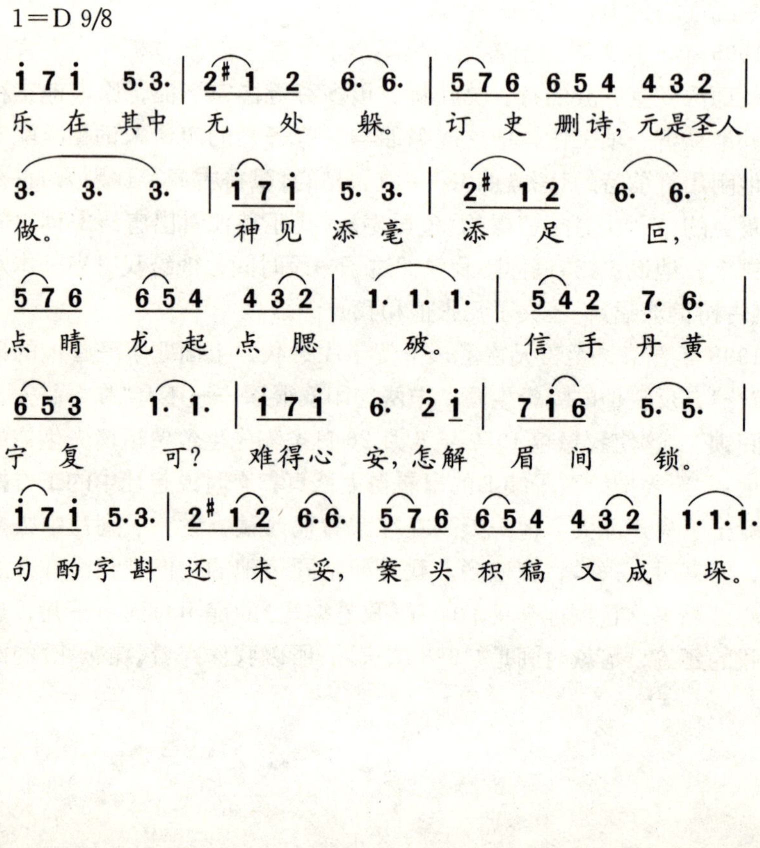

《蝶恋花》是至善兄一生编辑工作经验的总结，也是值得弘扬的敬业精神和守则，即："添毫"不"添足"，"点睛"不"点腮"，"丹黄"不"信手"。

此歌如能传唱开来，可能成为第一首《编辑之歌》而载入编辑出版史和音乐史的史册，也许还因其将中国古典诗词与西方近代名曲相结合的形式，促进中西文化交融，而受到世人的注目。

默默奉献的编辑人生

——怀念远去的师友王仰晨

方厚枢

王仰晨(1921～2005) 原籍山东禹城，出生于上海。原名树基。中共党员。编审。幼年家贫辍学，曾在上海、重庆等地当过印刷厂工人、职员。1943年在桂林参加新知书店，其后曾在《广西日报》社(昭平版)、大连光华书店等处从事编辑、出版工作。新中国成立后，先后在生活·读书·新知三联书店总管理处、中国图书发行公司总管理处、国际书店总店工作。1956年调人民文学出版社，历任编辑、小说组组长、“五四”组组长、现代文学编辑部副主任、鲁迅著作编辑室主任。他是中国作家协会和中国鲁迅研究学会会员、中国茅盾研究学会理事、中国出版工作者协会第一届理事。1987年4月获首届“中国韬奋出版奖”。

每当我在图书馆和书店的书架上看到一长列排列整齐的《鲁迅全集》(1981年版)、《茅盾全集》、《巴金全集》、《巴金译文全集》以及鲁迅、郭沫若、茅盾、叶圣陶、巴金、曹禺等著名作家的文集、选集时，脑海中不由地就会浮现出为这些著作做责任编辑的一位同志的身影和许多书后的故事。这位为文学出版事业拼搏终生的编辑就是王仰晨同志。

编辑启蒙　师友佳缘半世纪

我与王仰晨相识始于新中国成立初期。1950 年他在生活·读书·新知三联书店北京总管理处工作，我是商务印书馆南京分馆的营业员。这年年末，在出版总署的推动下，三联书店和商务印书馆、中华书局、开明书店、联营书店五家的发行部门联合组成公私合营的“中国图书发行公司”。1951 年 4 月，中图公司总管理处创刊了店刊《发行工作》，我是该刊的通讯员，负责报道南京地区的发行情况。中图公司总处驻沪办事处编印的《新书快报》是我喜爱的宣传品，读过五期后，出于期望它编得更好的愿望，我将五期中发现的 50 余个错、漏字之处并提出六点改进意见写成文章，投寄《发行工作》编辑部，很快在该刊和《新书快报》编者写的检查同时发表，并加了编者按语，肯定了这种批评和自我批评精神。时隔不久，中图公司总处给商务南京分馆来函，调我到总处工作。直到 40 年后，在和王仰晨一次闲谈中，我才得知这次工作调动正是出于他的提议。

1951 年国庆前夕，我到北京中图公司总处报到，分配在人事处工作，当时王仰晨是人事处秘书兼教育科主任，也是店刊《发行工作》主编。这份 16 开、每期约 6 万字的月刊，实际就是王仰晨一人在独立进行编辑，我来后成为他唯一的助手。我从一名基层书店的营业员突然进入编辑工作的新岗位，感到不知从何下手。但在王仰晨的耐心指导下，我从编务工作的杂事入手，接着熟悉刊物从编发稿件到印刷厂排印出版的全过程，最后学习如何做编辑工作。我至今仍清晰记得，王仰晨先拿一篇稿件让我试改，然后详细讲解哪些地方改得好哪些改得不妥，应该如何改才合适。看我工作一段时间基本熟悉各道工序了，就鼓励我大胆放手工作。经过多方锻炼，打下了我从事编辑、出版工作的坚实基础。十个月后，王仰晨的工作有了变动，《发行工作》的编辑、出版就全部由我接手独立负责了。

1954 年 1 月，中图公司总处和新华书店华北总分店的业务部门合并，成立新华书店北京发行所，王仰晨调国际书店总店工作。我和他一起工作的时间仅有两年多，但作为我的编辑启蒙老师，他踏实细致的工作作风和严肃认真的工作态度，对我后来长期从事编辑工作的成长有着重要影响，我们之间的师友之情一直保持了半个多世纪。

七十春秋　编辑人生硕果丰

王仰晨原籍山东禹城，1921 年 6 月出生于上海一个工人家庭。这年是农历辛酉年，生肖属鸡，因此父亲为他取名“树基”，后来改名“仰晨”。他少年时期因家境贫寒，仅在小学读了四年书即辍学，从 14 岁起就到印刷厂当学徒，开始了人生道路上的艰苦跋涉。他从 1935 年到 1955 年的 20 年间，先后在上海、昆明、重庆、桂林、烟台、大连、北京等地，当过排字工人、印刷厂工务主任，做过校对、编辑等工作。

王仰晨从少年时期即爱好文学读物，参加工作后在业余时间读了不少文艺书刊，并试写和在报刊发表过一些散文、小说等作品。他多年来希望成为一名文学编辑的愿望，到 1956 年终于实现，成为人民文学出版社的一名编辑。

王仰晨在人民文学出版社几十年的编辑生涯中，曾责编过中、长篇小说 30 多部，并扶植了不少新作者。例如杨沫的长篇小说《青春之歌》书稿是在别处两次退稿后，经他审阅予以肯定并担任责任编辑，1958 年 1 月由作家出版社出版后，[①] 到 1959 年 6 月底就印了 13 次，累计发行总数达 121 万册。其他小说如《人望幸福树望春》、《海岛女民兵》、《红路》、《渔岛怒潮》、《沸腾的群山》等无名作者的处女作，都是经王仰晨做了大量的编辑加工后才得以问世的。经他编辑加工过的书稿，有的曾作为出版社的青年编辑学习的范本。在现代文学作品方面，他还编辑和终审了鲁迅、郭沫若、茅盾、叶圣陶、巴金、曹禺、萧红、沙汀等许多知名作家的选集及单行本，以及多卷本的《茅盾文集》和《巴金文集》等。

“文革”厄境　《鲁迅全集》频遇挫

1966 年“文化大革命”爆发后，许多出版机构被合并或撤销，编辑出版干部受到批判、迫害，大批图书被停售、封存甚至销毁，全国出版事业遭到新中国成立以来最严重的摧残和损害。

人民文学出版社“文革”中被污蔑为“黑染缸”、“毒品制造所”，工作

① 人民文学出版社 1953 年至 1958 年、1960 年至 1969 年用作家出版社的副牌出书。

人员大多被视作“放毒犯”。出版的图书被批判为“封资修”和“名洋古”的“黑货”或“毒草”，连《鲁迅全集》(1958 年版)也因注释被认为有问题而成为“禁书”，在书店中绝迹。1969 年 9 月，出版社除留下极少数人参加文化部出版组编辑出版“革命样板戏”图书外，都被“连锅端”到湖北咸宁文化部“五七干校”劳动改造了。

“文革”期间，周恩来总理在十分艰难的情况下对濒临灭顶之灾的出版事业给予关注。1971 年 2 月 11 日，专门召集当时主管出版的“出版口”负责人讨论出版工作，指示召开一个全国性的座谈会。

3 月 15 日，“文革”爆发后首次召开的全国出版会议在北京举行。会议制定的“第四个五年计划期间全国图书出版工作设想(草案)”中，在“文学艺术读物”一节提到鲁迅著作的出版计划：“鲁迅全集、鲁迅日记、鲁迅书信、鲁迅译文集、鲁迅整理的古典作品等，需要重新整理、增补出版，争取两三年内完成。同时，对回忆鲁迅和研究鲁迅著作的作品，亦应适当整理和出版。”会议通过的《关于全国出版工作座谈会的报告》经毛泽东批示“同意”，于 8 月 13 日以中央文件下达全国贯彻实行。

这年 6 月，人民文学出版社从下放干校的人员中，将王仰晨、孙用等六七人首批调回北京，准备着手鲁迅著作的整理出版工作。他们征求了有关方面的意见后，王仰晨草拟了《关于重印鲁迅著作的报告》，上报“出版口”领导小组。报告中写了对重新编注《鲁迅全集》的一些设想，并提出拟先行编辑出版有注释的《鲁迅杂文书信选》和《鲁迅创作选》等计划，但报告送出后迟迟未见批复。在等待期间，他们约请南开大学中文系和鲁迅博物馆的鲁迅著作研究专家编了有详尽注释的《鲁迅杂文书信选》。

1972 年 1 月 13 日，王仰晨再次写了《关于重版鲁迅著作几个问题的请示报告》，其中提出了重版鲁迅著作的全面规划，同时也提及已编就的《鲁迅杂文书信选》拟即付印，可望于近期内出版等。

当时在中央分管宣传和文教(包括出版)工作的是张春桥、姚文元，“出版口”对工作中的重要问题都要报他们批。1 月 21 日，姚文元对上述报告“批复”：“先提一个意见，其他待研究。”鲁迅的“杂文以同书信分开为好，即单独编一本《鲁迅杂文选》”；“上海也要出类似选集”，“以协商出一种为宜”。

王仰晨见到姚文元的“批复”后，只得将正待开印的《鲁迅杂文书信选》从印刷厂撤下，并派人到上海联系。可是上海有关方面却答复，他们没有出版鲁迅选集的计划，也不打算正式出版《鲁迅杂文选》。王仰晨等即在北京组织力量根据“分开为好”的精神，夜以继日地重新编注了一本《鲁迅杂文选》，共收 99 篇杂文，近 40 万字(其中注释即达 13 万字)，在印刷厂的支持下，很快完成了排校工作，打出清样于 3 月 20 日报姚文元审批，但送出后却杳无回音，虽经多次催询，对方都不予置理。

11 月 21 日，王仰晨又将编选注释的《鲁迅创作选》打出清样送姚文元，并在信中催询之前送去的《鲁迅杂文选》审阅结果。12 月 2 日，姚文元终于“批”了，对上述两种选集的答复却是：“不必再选了。鲁迅的著作可以出单行本，如《呐喊》、《彷徨》、《故事新编》、《野草》4 种创作集都可以出鲁迅自己编印的单行本，以省注释之繁。其他杂文集亦然。”姚文元还将这个“批示”送江青、张春桥阅，两人都在当天就画圈同意。江青还加写了几句不伦不类的批语，因为它们并不符合编选这两个选集的初衷。

王仰晨关于整理、出版鲁迅著作的一次次报告，都被姚文元利用掌管出版审批大权，伙同张春桥、江青，不是以“待研究”为名加以扣压，就是下令“不必再选了”，扼杀了即将付印的鲁迅著作选本；他们还用“以省注释之繁”为借口，不准对鲁迅著作进行必要的注释。张春桥在一次“批示”中说：“应该相信工农兵是能够读懂鲁迅的书的嘛”，还有什么“注释要简单，不要搞烦琐哲学，不要把注释搞成专案”等奇谈怪论。他们的这些“批示”使许多专家辛辛苦苦完成的鲁迅著作注释本一一被扼杀于摇篮之中，花费的心血尽付流水。但在上海，由他们的亲信直接控制的“写作班子”所炮制的这样那样的鲁迅著作选集，却接二连三地出版。

1972 年 2 月 21 日，美国总统尼克松访华，周总理要送他一套《鲁迅全集》作为礼物，为此周总理办公室多次派人到人民文学出版社要求设法解决。但《鲁迅全集》10 卷本当时已成“禁书”，不能送给外宾。要送只能送 1938 年出版的 20 卷本，而出版社仅有残旧的普通本也拿不出手。后经多方探寻，才从鲁迅博物馆库存的纪念本中选出一套赠送。

人民文学出版社作为国家的文学出版社，连鲁迅这样一位大作家的《全集》都拿不出来，这件事使王仰晨等人深感震悚，更觉得是一种耻辱。他们考虑出版《全集》新注释本遥遥无期，因此提出将 1938 年版无注释的

20 卷本先重印一版。9 月初王仰晨写了报告由出版社报“出版口”后，姚文元批了“赞成”意见，又送江青、张春桥并周总理批，最后由周总理批示同意。

《鲁迅全集》20 卷无注释的新排重印本，人民文学出版社安排在上海印刷。在有关方面通力合作下，这套 600 多万字的《全集》于 1974 年初出版发行。为了这套书的排版、印刷，王仰晨在上海几乎工作了一年，还大病一场。但出版后出版社连一部样书也未给他，还是自己掏 80 元(当时他的月薪 118 元)按定价(社内连折扣都未打)买了一部特精装本留作纪念。这套《全集》是经周总理批准重印的，但出版社居然没有送周总理一套，使王仰晨深感遗憾。

1974 年，王仰晨仍念念不忘《鲁迅全集》的重新注释工作，他于 2 月 5 日又写了一份请示报告，提出注释工作的具体方案及有关组织机构和人员编制等，经“出版口”报姚文元后，结果仍如过去同样杳无音讯。

王仰晨和鲁迅著作编辑室的同志都认为，鲁迅生前就说过：“我的文章，未有阅历的人实在不见得看得懂……”[①]鲁迅著作如不作注释必将影响普及。从长远看，对《鲁迅全集》的旧注释进行全面整理和补充势在必行。这是一项工程浩繁、颇费时日的工作，不宜无止境地久拖下去。他们反复考虑后，觉得不管姚文元何时能将报告批下或作怎样的批法，不妨先做起来再说，将工作成果预为积累，迟早必有用处。于是从六、七月份起，就和一些高等院校的中文系联系，请各校分担一些注释工作。当时各院校因都未正式复课，所以大都乐于接受这一任务。

王仰晨在考虑对鲁迅著作进行注释工作时，立即想到了冯雪峰，他于 1972 年从干校回京后，出版社一直未分配工作。冯雪峰是《鲁迅全集》1958 年版注释和编辑出版工作的主持者和组织者，是公认的了解鲁迅后期思想和创作的“通人”，如果请他参与注释工作是最理想不过了。经王仰晨与出版社“革委会”负责人多次争取后才被批准，但有多项限制：(1)冯雪峰不能参与编选、注释等重要工作，只能做一般资料性工作；(2)不许对外，不要来出版社办公，以防不良影响；(3)凡外来向他了解鲁迅情况的人，须经组织批准。王仰晨对这些限制不忍心向冯雪峰传达。

① 鲁迅 1936 年 4 月 5 日致王冶秋函。

冯雪峰却对能让他为鲁迅著作做些工作而感到高兴。这位多年来受到极不公平对待的老人，仍然甘心做一名普通编辑，以病残之身，为《鲁迅全集》注释提供了许多重要的、比较权威的历史资料。

冯雪峰从干校回京后，大约从 1972 年下半年起，到 1975 年春做癌切除手术前，他每周至少要到王仰晨家中一两次，主要是交流关于鲁迅著作注释方面的事。冯雪峰生病住院期间，医院遇事就会通知出版社；而出版社并不出面，只是转而通知王仰晨。在相当长的一段时间里，王仰晨经常下了班不回家，先去医院或是先去北新桥冯雪峰家中看望。1976 年 1 月，周恩来总理去世的消息带给了冯雪峰最后的打击。这年的农历除夕，冯雪峰病危被送进首都医院，出版社于晚上 8 点钟打电话通知王仰晨，他立即赶到医院，一直陪在病房。冯雪峰在 1 月 31 日丙辰年的元旦午时撒手人寰，终年 73 岁，王仰晨亲手为冯雪峰净身和更衣。

王仰晨和鲁编室同志约请各地为鲁迅著作做注释的工作，到 1975 年上半年，全国已有 13 个省、市、自治区 20 多所高等院校中文系以及一些研究单位进行，参与其事者大都全力以赴，在调查研究、积累资料等方面取得了不容低估的成果。人民文学出版社将各地交来的初稿分别印成“征求意见本”，共 26 种(“书信”和“日记”因篇幅太大未印)，每种各印 400 本，分发有关方面征求意见。收到的单位和同志对这项工作十分重视，几乎对每本都认真仔细地提了意见。例如叶圣陶老人 1977 年已 83 岁高龄，对送给他的本子都认真审读提出意见。他看了十来本后，对《野草》的注释(扬州钢铁厂工人理论组、扬州师范学院中文系注释)的内容作了好评，1977 年 3 月 14 日在写给王仰晨的信中说：“告诉您我以为高兴的事，《野草》注释看得相当满意，看过的十来本稿子里头，这一本最好了。因为看下去有味道，就不放手，看了四天就看完了。看以前的那些稿子，都没有这回的愉快。”“《野草》的注释者体会鲁翁的心思很到家。这一册是不太好懂的，他们却体会得相当深入，而且恰当，少有牵强附会。他们博览鲁翁的著作，常常引用鲁集里的文章来阐明《野草》的各篇，使人看了觉得他们的理解的确是对的。”并提出：“我还有些不满意处是他们能‘深入’而不能‘浅出’，不能用浅显简明的语言来阐说鲁翁的这些‘散文的诗’。阐说也带着文艺的笔调，可能有些读者还嫌其不容易懂。”叶老的信最后说：“我对这一册的注释者表示钦佩。”

鲁迅著作注释“征求意见本”所收文章的“题解”用6号字排，“注释”用小5号字排。叶圣老的视力不好，借助放大镜逐字逐句地认真看后还提了详尽的意见。后来累得他眼底出血了，王仰晨才没敢再送给他看。叶圣老的眼疾就是从那时起开始严重起来的。十多年后，王仰晨回想起这件事时还深感内疚。

1975年7月初，毛泽东就调整文艺政策发表谈话，做出指示，文艺界出现了“文革”以来未曾有过的有利形势。鲁迅之子周海婴和叔父周建人等商量，感到应该乘这个时机给毛主席写信，将长期没有解决的有关鲁迅著作注释等方面的问题向毛主席反映，请求他的支持和帮助。10月下旬，周海婴到胡乔木家中谈了有关情况和想法，请胡给予指点。胡乔木支持周海婴给毛主席写信，并对信的写法谈了意见。周海婴的信写成后，又请胡乔木转呈毛主席。

周海婴写给毛主席的信中说：“近年来，我常想到关于鲁迅书信的处置和出版，鲁迅著作的注释，鲁迅研究工作的进行等方面有一些亟待解决的问题，也向有关负责同志提过多次建议，始终没有解决，感到实在不能再拖下去，只好向您反映，请求您的帮助。”

周海婴给毛泽东的信中提出的主要建议内容是：(1)由文物局负责将鲁迅书信全部影印出版，供研究工作者使用；(2)由出版局负责编印一部比较完备和准确的鲁迅书信集(包括鲁迅给日本友人的信等)；(3)编辑出版一部比较完善的新的注释本《鲁迅全集》(包括书信和日记)；(4)关于鲁迅研究，要有按照毛主席对鲁迅的评价写出来的观点明确、材料详细可靠的鲁迅传记，还要有年谱。

周海婴10月28日写的这封信，毛泽东于11月1日就作了批示：

“我赞成周海婴同志的意见，请将周信印发政治局，并讨论一次，作出决定，立即实行。”

毛泽东对周海婴的信的批示，彻底打破了江青、张春桥、姚文元等企图控制鲁迅书信等著作出版的阴谋，但他们毫无改悔之意。张春桥在不得不向国家出版局负责人传达时，只是拿文件给看了一看，说了句“你们去做计划报中央”。他一句不讲毛主席批示的重要意义，也不谈半句对周海婴的信的意见，却谈什么“我现在忙得很，这事那事一大堆，偏偏又碰上你们这个事”。“四人帮”的拿手武器是“帽子”和“棍子”，他们一会儿亲自出马，一会儿通过他们的心腹到处造谣，说周海婴写信是“有人指使的”。姚文元还派人调查周海婴“接近什么人”，叫嚣要抓“后台”。他们还通过别人肆意歪曲攻击周海婴这封信的内容，污蔑他在感情上反映的只是“父子之情”，思想上则“反映了鲁迅研究上的一种旧的习惯势力的情绪”等等。

1976 年 4 月 23 日至 5 月 10 日，国家出版局在济南召开鲁迅著作注释工作座谈会，与会的有 13 个省、市、自治区宣传部门负责人和参加鲁迅著作注释的单位代表及专家 79 人。会议传达了毛泽东关于鲁迅著作注释出版“立即实行”的批示，制定了《鲁迅著作注释出版规划(草案)》，明确了各地分工承担的任务。6 月 2 日，国家出版局写了这次座谈会的报告，国务院于 7 月 1 日批转各地执行。

由于“四人帮”的干扰破坏，鲁迅著作的注释工作仍然阻力很大，困难重重，进展缓慢。济南座谈会后，王洪文、张春桥、姚文元曾分别单独接见参加会议的上海“写作班子”一个负责人。姚文元说，这个会议请他几次，他就是不去；张春桥则说，“北京和你们没有领导与被领导的关系”，北京搞的“你们可以批”，“要打出威风来”等等。

济南会议制定的新注鲁迅著作单行本有 26 本，要求两年内全部出齐，而直到 1977 年 9 月止仅仅出版了两本。

拨云见日　《鲁》方付梓又编《茅》

1976 年 10 月，江青反革命集团覆灭的历史性胜利，也给新版《鲁迅全集》的编辑注释工作带来新的希望。1977 年 5 月，中央派王匡、王子野主持国家出版局工作，随后被分别任命为局党组书记、局长，党组副书记、副局长。出版局的新领导数次到人民文学出版社了解新版《鲁迅全集》工作进展情况，决定采取措施解决工作中存在的困难问题。

1977 年 9 月 11 日，国家出版局领导小组向中共中央写了请示报告，提出：“由于‘四人帮’加以阻挠和破坏，这一重大任务一直未能顺利进行。”“毛主席的重要批示下达迄今已近两年了，新注鲁迅著作单行本 26 本中仅仅出了《呐喊》、《彷徨》两本，照这样的进度，15 卷全部出齐，真不知要拖到何年何月！这完全有背毛主席的遗愿。”报告汇报了《鲁迅全集》注释定稿工作的现状，说明“当前的主要问题是无人定稿”。为此提出三点建议：“一、请中央批准胡乔木同志分出部分精力来过问一下这项工作，主要是掌握方针和对注释中的重大问题加以指导和审定。二、约请郭沫若、周建人、沈雁冰、王冶秋、曹靖华、李何林、杨霁云、周海婴同志担任鲁迅著作注释工作的顾问。三、请调林默涵同志(现在江西等候分配工作)来协助胡乔木同志主持具体工作，同时还需借调冯牧(现任文化部政策研究室副主任)、秦牧(现任广东文艺创作室副主任)两位同志来加强原来搞注释工作的班子。”

国家出版局的报告经中央批准后，在胡乔木、林默涵的领导和主持下，使整个《全集》的编注工作有条不紊地开展起来，进度大大加快。

新版《鲁迅全集》是集体劳动的结晶，凝聚了众多同志大量心血，仅从参加编注的人员来说，除了人民文学出版社鲁迅著作编辑室的同志，先后从各方面借调了 30 多人(如将参加“征求意见本”注释的同志计入，将十倍于此数)，他们对此都作了不可磨灭的贡献。

王仰晨作为鲁迅著作编辑室主任，除了参加定稿讨论、审读注释和通读校样等工作外，还担负了繁杂的编辑事务工作，包括为借调人员安排食宿、参加校对等与出版业务相关的许多事务。为了保证《全集》于 1981 年鲁迅诞辰 100 周年前夕出齐，他分秒必争、全力拼搏，比其他人付出更多的心血。曾一同参加《全集》编注工作的何启治回忆说：当时，只有 50 多岁的王仰[①]，白发已过早地爬上了他的头。由于长期劳累而致诸病缠身：严重的关节炎、高血压、慢性支气管扩张……每到冬春，咯血频仍——他身边的痰盂里常漂着淡淡的血丝。可这位正如鲁迅所说是“拼命地作，忘记吃饭，减少睡眠，吃了药来编辑”的人，却几乎总是第一个跑来上班，晚上往往又加班到八九点钟才回家。压在他身上的担子实在太沉重了：29 种单行本，16 卷《全集》的全部注释(包括索引)240 万字，发稿前和付型前，他都要先后两次认真审读；此外还要完成编辑部庞杂的组织工作。他的时间实在不够用，便只好早来晚走，往往把星期日当成了第七个工作日！他最担心的就是没有完成新版《全集》的编注自己就病倒了。他说：“只要能在这个岗位上完成党的嘱托，我心里就踏实

① 人民文学出版社的同事对王仰晨都叫“王仰”，含有亲切之意。

一些；我身体不行，干完这件工作就差不多了，得分秒必争！”每当诸病同时发作，走路都很困难时，我们劝他在家歇两天，他却说，拼命也要把《全集》搞出来，不然就无法交代！……他的母亲病重时，已近花甲的他每天中午还赶回去给老人喂饭、洗涤。在母亲住进协和医院那几天，他也没能陪侍在病榻旁。一个星期六的下午，终于把母亲从设在走廊的临时“急诊室”转到了病房，王仰稍感安心，便又回到出版社来上班。岂料，母亲竟然就在这个夜晚溘然长逝！让大家感到意外的是，第二天，星期日一早，王仰臂戴黑纱，竟然又到办公室来加班了……①

1981年8月末，作为鲁迅诞生100周年纪念活动中的重要项目之一，新版《鲁迅全集》16卷终于全部出齐。和1958年的10卷本《全集》相比，新版《全集》总字数由253万字增至399万字(末卷未计入)，注释由5 800余条、54万字增至23 400余条、近240万字。和10卷本之于这次新版一样，它无疑为日后编印更完善的版本提供了较好的基础。据人民文学出版社统计，这个16卷本的《全集》自1981年初版至1999年为止，普通精装印了10次，特精装印了3次，总印数共19万部，是几个版本中印数最多的。

茅盾于1981年3月27日逝世后，中共中央书记处讨论通过了中国作家协会党组关于编辑出版《茅盾全集》与筹建茅盾故居、茅盾研究会的报告。《茅盾全集》编委会于1983年4月召开第一次会议，决定自1984年3月起分卷出版《茅盾全集》。《全集》由人民文学出版社出版，王仰晨在完成《鲁迅全集》1981年版的编辑出版工作后，又投入了《茅盾全集》的编辑工作，担任《茅盾全集》编委会委员并任《全集》编辑室副主任。

《茅盾全集》按文体分类编年，收入作者从事文学活动以来除翻译和古籍选注之外的各类著述1 200余万字，共出40卷，其中前18卷和后7卷(34～40卷，不含附卷)共计25卷，是由王仰晨编辑的。

① 何启治：《思忆王仰》，载《中华读书报》2006年7月5日，略有删节。

老友携手 《巴金全集》飨读者

王仰晨作为一个文学爱好者，在抗日战争开始前后，曾读过当时可能找到的巴金作品，它们以炽热的爱憎和流畅的文笔征服了他。1939 年夏初，王仰晨随印刷厂自上海内迁到昆明，第二年又迁往重庆。当时文化生活出版社重庆办事处是印刷厂的客户，它的不少书籍都由该厂排印。那时巴金在桂林主持文化生活出版社的办事处，常往返于桂林、重庆两地。1942 年春巴金来重庆时，和王仰晨相识，两人从此建立了几十年深厚的友谊。

王仰晨在编注《鲁迅全集》(1981 年版)的过程中就多次感到：如果鲁迅依然健在的话，那么工作中遇到的一些难题在作者的帮助下就可迎刃而解，现在则如大海捞针一般，即使“踏破铁鞋”也难以解决，甚至有的问题到最后只好暂时“挂起来”。在编辑《茅盾全集》时，即使作者去世不久，注释数量不多，也同样存在有些难题不易解决。王仰晨由此想到编《巴金全集》的事，当作者健在时即着手编辑，会有很多有利条件。特别是巴金从事创作的时间长，作品多，版本也多，如能在他的直接指导下进行，不仅在选目、编排等方面可以听取作者意见，遇有疑难问题时也可在作者指导下迎刃而解，对于加快编辑进度和提高书稿质量将大有好处。

为健在的著名作家编印全集，新中国成立以来似未见先例，王仰晨提出为巴金编全集的做法曾引起有的老作家的非议，但王仰晨还是坚持自己的看法不变。

王仰晨为巴金编全集的设想得到出版社领导的同意后，就多次写信或口头和巴金商量。开始巴金并不同意，以四川文艺出版社已出版由他编辑的 10 卷本《巴金选集》已经够了等各种理由婉言拒绝。但经过王仰晨多次说明，他的热情和决心终于打动了巴金。王仰晨提出的编辑、出版计划也说服了巴金。一年之后，巴金终于同意，对王仰晨说：“《全集》的事，你愿意搞就搞吧。我知道你，你也知道我。”后来在写信中又说：“我活着的时候我还可以指指点点，出主意，想办法，你也多少了解我。让你来搞，这样总比我死后别人来搞好些。”1985 年 3 月，巴金来北京出席政协会议，将他解放前出版的几十本作品交给王仰晨。自此王仰晨就全力以赴编《巴金全集》，编辑中遇有问题就向巴金求教，都能及时得到巴金的回信答复。

《巴金全集》从1987年1月开始由人民文学出版社陆续出版，历时7年，至1993年10月出齐26卷，约960万字。

1992年11月21日，在《巴金全集》最后一卷即将发稿时，巴金写信给王仰晨，饱含深情地说："……你为我的书带病工作了这些年，一个字一个字认真地、仔细地编写、校读，忍住腰痛，坚持坐在书桌前，或者腿架在凳子上，为了我的《全集》你花费了多少时间，多少心血，多少精力……我的书橱里有不少朋友的信件，其中有一大叠上面用圆珠笔写满了蓝色小字，字越写越小，读起来很费力，但也很亲切。不用说这是你的来信，我生活忙乱，常常把信分放在几个地方。我有一种奇怪的感觉，那里好像有什么东西在发光。这不是什么幻想，这闪光是存在的。我明白了。它正是我多年追求而没有达到的目标：生命的开花。是你默默地在给我引路。不管留给我的日子还有多少，不管我能不能再活一次，我默默地献出最后的一切，让我的生命也开一次花。"

巴金于1989年7月28日、1993年1月5日两次为《巴金全集》写了《最后的话》："书出到末卷，我可以讲最后的话了。树基，感谢你接受我的委托编辑这个《全集》。我把《全集》交给你，因为我相信你会把它编成一部对读者有用的书。我写书有我的需要，每一篇都是如此。读者读书也有自己的需要。我认为你懂得两方面的需要，容易帮助读者接触作者的心灵""……我讲话吃力，写字困难；笔在我手里重如千斤；无穷无尽的感情也只好咽在肚里。不需要千言万语，让我们紧紧地握一次手无言地告别吧。"1993年7月25日，巴金又在写给王仰晨的信中说："我到了九十。来日无多，可以休息了。树基，你也该休息了，谢谢你。"

但是，王仰晨还不想休息。此时他想的是：巴金除创作外，还有大量畅达、优美的翻译作品未收入《巴金全集》是一件憾事。于是又向巴金提出编《译文全集》的建议。巴金由于健康原因下不了决心，考虑了近一年才回信："我知道你我不搞，就不会有人搞出来。我们可以搞好这套书，有我们两个人几十年的友情作为保证。""这样，我就托给你了。"

王仰晨从1994年秋开始了《巴金译文全集》的编辑工作，这时他已74岁，健康情况又不好，但对关心他病况的同事说："我唯愿时针走得慢些，上帝对我宽大一些，让我可以在‘走’时不要有太多的遗憾。”两位老人以病残之躯和难以想象的毅力又合作了三年，《巴金译文全集》10卷共350万字，于1997年秋由人民文学出版社一次出齐。

王仰晨从抗战胜利后开始与巴金通信，在长达半个世纪的时间内，巴金给王仰晨写了数百封的信。1997年巴金94岁诞辰前夕，王仰晨接受友人的建议，将现存的巴金给他的300多封信编一个集子。在征得巴金同意后很快完成了编辑工作。

1997年11月25日，巴金拿到刚刚出版的《巴金书简——致王仰晨》十分高兴（右为王仰晨）。

1997年11月25日，在巴金喜庆94岁华诞的日子，《文汇报》“笔会”副刊主编萧关鸿“把文汇出版社刚出版的《巴金书简——致王仰晨》样书送到两位老人手中。巴金见到这本还散发着油墨清香的‘寿书’时，眼神里透出一丝惊喜。他用那双颤巍巍的手缓缓地翻动着几十年来同王仰晨的一封封书信，如同一泓清泉缓缓地流进了老人的心田。此时，巴老心中涌动着许多话语要向王仰晨诉说，终因疾病缠身，无法向老友表达。坐在巴金身边的王仰晨，也是一位不善言辞的人。他的目光始终凝视着巴老在病中为此书作的小序上”。

这篇《小序》是两个月前，正在杭州“汪庄”养病的巴老坐在轮椅上思

考多时后口述的，全文150字的小序断断续续地通过女儿小林的笔端流到纸上，成了巴老搁笔后的一篇“长文”：①

小　序

我生活，我写作，总离不开朋友，树基就是其中的一位，可以说，我的不少书都有他的心血，特别是我的两个《全集》，他更是花费了大量的精力。我没有感谢他，但是我记住了他为我做的一切。现在，我把这本书献给他。

这是一本友情的书。半个多世纪以来，我们相互关心，相互勉励，友情始终温暖着我们的心。如今我已九十三岁，他已七十六了，尽管我衰老病残，可我想，我们仍然有勇气跨入下一个世纪。

巴　金　1997.9.9

《巴金书简——致王仰晨》全书共收巴金自1963年12月28日至1996年2月23日写给王仰晨的信392封，其中1987年至1996年的信有245封，占全部书信的62.5%。在这批信中，有19封作为《巴金全集》的“代跋”，有10封作为《巴金译文全集》的“代跋”。王仰晨在本书的“编后记”中说：“巴金同志是个极重友情的人。他总是满怀热情地给他周围的朋友以爱和温暖，希望和鼓舞。……几十年来，我就总觉得自己是在他长兄般的真挚关怀以至呵护下生活和工作的。尽管我和他长期不在一起，但友情却使我们的心十分贴近。……我手边还存有他的不少书信，从几十年前潇洒飘逸到如今扭曲变形的字迹中，我仿佛看到了他在人生道路上的艰苦跋涉，也看到了自然规律的冷峻和无情，这往往会使我涌起难言的惆怅和感喟。”

安然离世　知己亲朋长太息

王仰晨在编辑工作岗位上辛勤耕耘，特别是晚年带病进行鲁迅、茅盾、巴金几部巨著的编辑工作长年超负荷的拼搏，使他的健康情况每况愈下，视力、体力日衰，肺病又再次发作。2002年冬的一天，他应邀到现代文学馆去参加关于茅盾的座谈会，在上地铁口时腿部发软，一下子

① 陆正伟：《巴金与一位编辑的友情》，载《上海滩》2004年11月。

跪在石梯上，还是旁边路人将他扶起来。他仍坚持到会场开完会议，主办单位用车将他送回家，家人从此就不再让他独自出外走动。

王仰晨的健康情况日渐恶化，终于 2005 年 5 月 30 日下午被 120 救护车送到离家最近的北京民航总医院，立即住进监护病房。谁也没有想到，他入院后的第 13 天就因肺功能衰竭于 6 月 12 日去世，连他生前嘱咐捐献遗体的愿望也不及办理实现。

王仰晨 84 年的人生道路，有 70 年服务于印刷、新闻、发行、出版行业，其中不下 50 年的时间是在做编辑工作。王仰晨逝世后，他的次子王小平回忆说："爸爸有个久已有之的心愿，就是把自己写过的东西也编成一本小书。因为各种原因，这个愿望到他去世也没有实现。也许是他太习惯了编辑的角色，转换这个角色在他竟成为难以逾越的障碍。也许是他内心对读者的尊重已经成为敬畏，很怕自己的作品虚耗了读者的时间和金钱。只有家人知道，他还是有小小的而又执拗的不甘心，他就带着这种不甘心离开了世界，终身只是一名编辑……爸爸走得安静(爸爸的双眼是完全睁开的，表情平静)，他的后事也同样办理得安静。他说了不留骨灰，不开追悼会，不设灵堂，我们都照做了。他真的从这世上无声地消失了，他身后的安静和冷清，一如他的生前。这在爸爸，或许是求仁得仁，而在家人，却是在伤痛中添了酸楚。"[①]

王仰晨在编辑工作岗位上默默奉献了半个世纪，他生前在工作单位最后的职务只是一个编辑室主任。在他逝世后一个不短的时间内，首都的出版媒体上没有见到有关他去世的哪怕只有几行字的讣告或消息，在 2006 年出版的出版界权威的年度出版物(2005 年)"逝世人物"专栏中也找不到他的名字。但是，"王仰晨同志作为编辑家的历史地位不是行政级别能够限定的"。[②] 2002 年 8 月，中国编辑学会刘杲会长在《我们是中国编辑——〈中国编辑〉代发刊词》中对编辑所作的"礼赞"说得很好，我从中摘录几句略作改动，以此敬献于九泉之下的王仰晨同志：

你默默奉献，好比无人看重又无法离开的空气；

① 王小平：《爸爸是扇门》，载《出版史料》2005 年第 3 期。

② 刘杲：《浅议社会主义编辑职业道德建设》，见刘杲著：《出版笔记》，401 页，石家庄，河北教育出版社，2006。

你为人作嫁，好比燃烧自己而照亮别人的蜡烛。

你没有显赫的地位，却有穿越时空的翰墨芬芳；

你没有殷实的财富，却有寄托心灵的文化殿堂。

仰晨同志，你无愧于中国编辑队伍中一名杰出的代表，了解你的广大读者和出版工作者会永远怀念你！

在韬奋精神鼓舞下前进

——记编辑家戴文葆

吴道弘

戴文葆(1922～2008)　江苏阜宁人。中共党员。编审。1945年8月毕业于复旦大学政治系。1942年春起从事党的地下革命工作，曾在重庆担任公开发行的《中国学生导报》主编。1946年，出任《大公报》国际版编辑与社评委员。新中国成立后，历任《大公报》副编辑主任，人民出版社、世界知识出版社、生活·读书·新知三联书店编辑部副主任，中华书局编辑，文物出版社、人民出版社、三联书店编审。戴文葆编辑出版了许多有价值的哲学社会科学书籍。他组织出版了陈寅恪《隋唐制度渊源略论稿》、张荫麟《中国史纲(上古篇)》、戈公振《中国报学史》等一大批著作，参加过《世界知识年鉴》的设计与定稿，协助范长江编辑了《韬奋文集》，为吴晗整理了约三百万字的《朝鲜李朝实录中的中国史料》，改编和校勘了《谭嗣同全集》(增订本)，编辑了《严复集》，参加编辑过《蒋介石言论集》。20世纪90年代，戴文葆又参加编辑《宋庆龄选集》和《宋庆龄书信集》，编选并注释《鲁迅选集》等。在做编辑工作的同时，他始终未放下写作的笔，著述达一百多万字。他早年就为《理论与现实》、《民主》等进步报刊撰稿，创作散文集《中国走在前面》、传记《刽子手麦克阿瑟》以及《压不碎的民心》。他擅长编辑难度大、涉及范围广的书稿。撰写了多篇书评文章，热心出版公益事业，参与制定多项国家级出版规划，热情扶持青年编辑同志。在促进编辑学学科建设方面，戴文葆发表了《编辑工作的重要意义》、《编辑学与编辑业务》、《中国编辑史初探》等论文。作为《中国大百科全书》出版学科编辑委员会副主任、“编辑学”部分副主编，他亲自撰写了《编辑》和《编辑学》长条目。他主编的《编辑工作基础教程》，是我国编辑学的首批教材之一。他倡议成立中国编辑学会，并担任中国编辑学会第一、二、三、四届顾问。1987 年获首届“中国韬奋出版奖”。

为了纪念邹韬奋同志对出版事业的卓越贡献，表彰和鼓励对出版事业作出重大贡献的出版工作者，中国出版工作者协会决定设立“韬奋出版奖”。1987 年 4 月，首届韬奋出版奖评奖委员会召开会议，评选出 10 位同志为获奖者，戴文葆同志是其中之一。在 9 月 9 日的授奖大会上，他代表全体受奖人以《韬奋永远活在我们心中》为题致答词，其中说道：“从人民出版社成立的第一年起，我就是该社的政治书籍编辑，不久又是生活·读书·新知三联书店的编辑。‘人民’和‘三联’的同志们，特别是从党的十一届三中全会以来，像其他兄弟出版社一样，做了大量的工作，我只是他们中间的普通一员。我真实地理解，今天不过是代表人民出版社和三联书店的同志们，来为他们拜领这份荣誉。”

他的答词，话音刚落，就引起全场的掌声。

一

新中国成立后，北京成为全国政治文化中心，也是出版中心。1950 年 12 月成立的人民出版社是党和国家的第一家政治书籍出版社，它云集了编辑界学术界的许多专家学者，如臧克家、史枚、何封、董秋斯、宋家修、梁纯夫、陈原、朱南铣、王以铸等，戴文葆当时虽只有而立之年，但已是才华出众、饱经磨砺。1954 年 3 月，正式成立“三联书店编辑部”时，他被聘任副主任，协助陈原主任工作。其时编辑部主要任务是组织古典学术著作的翻译。为了做好这一工作，编辑部曾集中力量开展相当深入的普查工作，制定了不同学科门类的长期翻译规划，还有计划地整理、重印过去出版过的有价值的著作。他们到全国各地访问学者、教授，又分三批人马，分别到华东、中南和东北等地了解著译力量，组稿出书。这是新中国成立以来出版界头一次大规模访问作者、展开组稿活动，当时形象地叫做“翻箱倒柜”，发掘稿源。不久就出版了陈寅恪《隋唐制度渊源略论稿》、张荫麟《中国史纲(上古篇)》、戈公振《中国报学史》、夏曾佑《中国古代史》、漆树芬《经济侵略下之中国》、高名凯《语言与思维》、陈登原《国史旧闻》等一大批有价值的著作，有的至今仍在不断重印。文葆还亲自参加《世界知识年鉴》的设计和定稿，并协助范长江编辑新中国成立后第一部三卷本《韬奋文集》，同时写了《编者的几点说明》。1957 年的一场政治风暴，他被迫离开了不懈努力、为之奉献的工作岗位，但仍为中华书局、文物出版社做了大量卓有成效的编辑工作。

1962 年文葆在中华书局整理约有三百万字的《朝鲜李朝实录中的中国史料》。这部由吴晗主编的 12 巨册史料集，在中华书局搁压十多年。文葆将吴晗辑抄的原稿与《李朝实录》原著一一核对，遇到疑难，就到北京图书馆善本室，悉心查考核订。这部史料集终于在 1980 年 3 月出版。作为该书责任编辑的他曾经情不自禁地说：“此书之编录如此艰苦，遭遇如此离奇，其价值又如此不同寻常，既体现中华书局一贯重视学术事业的本志，又表现吴晗治学严谨的风范。”

随后他又改编和校勘《谭嗣同全集》(增订本)，还编辑了《严复集》。1964 年按照毛泽东主席的要求，人民出版社、中华书局等单位着手组织编辑《蒋介石言论集》，文葆也参加了这本书的编辑工作。后来文葆在回忆这段难忘的岁月时就曾袒露了自己的内心世界：“那儿学术气氛的熏陶，使我经常感到自己的浅薄，无声地催促我去认真学习。那时物质条件和精神环境都很贫困，但是青灯黄卷，一编在手，宠辱皆忘。”这是一位忠诚于编辑出版事业的知识分子在特殊境遇下的心声，反映了编辑家矢志不渝的可贵品质。

20 世纪 90 年代，文葆被聘回到人民出版社以后，得到曾彦修总编辑的重用。他一如既往地全身心投入编辑工作，审读重大稿件、解决稿件中的疑难问题；参加编辑《宋庆龄选集》和两卷本《宋庆龄书信集》，做了大量的工作，为了适应中等文化程度读者的需要，编选并注释两卷本《鲁迅选集》等。在此期间，还为三联书店编辑部审读和处理了许多稿件，并参与三联书店独立建制的一些工作，充分发挥了他的编辑家的才华和智慧。

二

在20世纪最后二十年里，编辑出版界兴起了编辑学、出版学理论研究的热潮，同时也是为了回应“编辑无学”和“编辑是简单劳动”等偏见的需要，戴文葆曾潜心于编辑学和编辑史的研究，发表不少论文，如《编辑工作的重要意义》、《编辑学与编辑业务》、《中国编辑史初探》。他认为：有书籍就有编辑，有编辑才有编辑思想和编辑事业。孔子编订六经，刘向父子校理群书，以后历代治乱盛衰，编辑工作都有程度不等的发展，编辑理论也随之发展进步。为了研究编辑史，他读了大量古籍和书刊，并写出《编辑家列传》的系列论文，分别论述了徐光启、冯梦龙、顾炎武、黄宗羲、方苞、姚鼐、谭嗣同等历史人物的作用、贡献和局限，很有创见。这里仅就他对编辑出版《中国大百科全书》出版卷和《编辑工作基础教程》二书的贡献，作一点介绍。

1990年出版的由许力以主编的《中国大百科全书》出版卷，是对编辑出版学科建设的一大贡献。戴文葆担任出版学科编辑委员会副主任、“编辑学”部分副主编，亲自撰写了《编辑》和《编辑学》长条目，从编辑学的含义、对象、研究范围等方面作了阐述。指出：“编辑学是一门新兴学科”，是“研究编辑基础理论、编辑活动规律及编辑实践管理的综合性学科”。“编辑工作是现代出版事业的中心环节。”其中，有关古典编辑经验的总结和外来经验的引进，尤其吸引读者。

在此以前，文葆曾受中国版协的委托，就编辑工作各项重要业务问题，编写一部可供教学用的教材。经过三年多的辛苦工作，由他主编的《编辑工作基础教程》出版了。这本书总结了新中国近半个世纪的社会主义编辑出版工作经验，是在编辑出版理论研究取得初步成果的背景下完成的。作者都是富有经验的老编辑，内容兼顾文理编辑，而文葆在该书体例安排、标题设置、内容剪裁等方面做了尤富特色的策划、安排，使该书成为一部通体均衡的编辑基础教程。

文葆为此书写了一篇详细的编后记，讲到全书的设计、组稿、体例、编排等问题；还情不自禁地抒发自己的内心独白：

“有事业心和工作责任心的编辑同志们，都会有这样的心理历程：下班了，书稿已妥放在橱柜里，回家用晚饭后，原稿中存留的问题依然在脑海里反复盘旋着。初接触编辑工作的同志，一旦进入角色，就会觉得诸多重复的提醒绝不是多余的了。”(《编辑工作基础教程》第 381 页)言真意切，语重心长。

编辑工作是艰苦的脑力劳动，为了提高书刊质量，编辑多么需要“重复的提醒”呵！此刻我的脑海里不禁浮现文葆在编辑《胡愈之文集》时的那些日日夜夜，他像舞台上的演员，完全沉浸在自己的角色里，夜以继日地工作。为搜集材料而四处奔波，为分辑、加注而反复思考。正如他在书末的《说明与致谢》中说的：“选编一部文集，首先要了解作者思想发展的历程，必须搜求撰著译作成果，占有大量丰富材料，反复进行思考抉择，同时还须与学侣切磋研讨，并非适用数学中基本运算之一的数的加法所可济事的。这必须磋商释疑，解难补阙，回环求索，因而师友们的一切关怀帮助，出版单位的热忱关照，都是不能忘却的。”(《胡愈之文集》第 579 页)

我记得文葆多次讲到：编辑一本专题文集，需要很用心的对待，也最容易看出编者的工作态度和水平。

戴文葆提出“编辑要广交朋友”，以文会友，博取众长。他自己不仅广泛联系作者、专家、学者。“文革”后回到北京，一度住在西城的广济寺里，和巨赞法师成为朋友。他在全国各省市出版社里也有不少中青年编辑的朋友，而且关心他们在编辑业务和出版理论研究方面的成长。1996 年在中国编辑学会关心下出版的一套《中青年编辑论丛》，文葆是积极支持，还出了不少好主意。

三

戴文葆重新回到人民出版社的编辑岗位以后，除了完成繁重的审读、编书任务以外，还多次参加编辑出版的国际学术研讨，发表了精彩独到的演讲，促进了中外出版的交流与合作。

我国改革开放初期，人民出版社倡议，创办一个宣传、介绍人物的专业杂志。1980 年 1 月《人物》杂志发刊，这是新时期较早的人物传记期刊，在国内外读者中产生强烈的反响。

1988 年 4 月底，文葆受《人物》杂志的指派，出席了在美国夏威夷举行的“东西方传记讨论会”。参加会议的有中国、日本、印度、印度尼西亚、美国、加拿大、朝鲜、西德、菲律宾等国代表。文葆以《最近十年来的中国人物传记》为题作了发言，着重介绍了我国人物传记的编辑出版情况，提出“不少传记质量不高的主要原因，在于钻研史料浅尝辄止，写作基本功不过硬，‘左’的流毒和影响未肃清”。文葆以友好热诚的态度，充满信心地展望：“我们的国家正处在改革与开放的新时期。在澎湃的改革潮流中，人的才智和活力将会得到尽情的发挥，文学艺术也将获得相应的发展，可以预期英才辈出，人物涌起，为传记创作的兴旺和丰产准备了有利条件。”“我们《人物》杂志非常高兴与美国及到会的各地朋友们交往和谈心，使我们获得研究和借鉴的机会，对于促进我国的人物传记创作是十分有益的。我们乐意保持和发展这种学术联系。”(发言的英文本收入《东西方传记》一书)

这篇发言给与会代表留下深刻的印象。

1988 年 12 月，“在太平洋时代促进东亚各国的协作”国际讨论会在日本东京举行，会议邀请中国、朝鲜和日本的教授们参加。文葆作为中国代表在日本问题分组会上作了题为《近代世界史上日本的东亚政策及其未来》的发言。

时间过去不到一年，1989 年 10 月，文葆再次应邀赴日本东京出席“出版科学国际论坛”第四届年会。这时日本出版学会跟我国编辑出版界开始有所交往。也就在这次会议期间，文葆结识了时任韩国出版学会会长的安春根教授与韩国出版界及大学出版、新闻学科的先生们。安春根还将其著作《杂志出版论》一书赠送给文葆先生。(十分遗憾的是，《杂志出版论》由朝文翻译家张明惠女士译成中文在 1993 年 4 月出版时，作者安春根先生已经在两个月前不幸逝世了。他为该书译本写下的《致中国读者》，竟成为他的绝笔!)这是促使中韩出版界友好联系的直接端绪。

1993 年 8 月，第六届国际出版学研讨会在北京举行。来自国内各省市、港台地区的代表和日本、韩国、菲律宾、新加坡等国的出版专家、学者参加，80 多位代表济济一堂。会议起到了活跃出版学术交流，增进相互间了解和友谊的作用。会上戴文葆发表了题为《交流与远眺》的论文，他热情地说："我深信，随着科技的进步，材质的增添，书籍的外部形态日益改进变化，而作为人类最宝贵的事物——书籍是不会消灭的！出版业越来越成为国民经济中的重要部门，成为人们尊敬和艳羡的行业，这绝不是我乱弹狂想曲。既然地球上存在着重大的文化差异，世界各族人民都希望生活在美好的社会中，那末，书籍，人类智慧的载体，就是人类社会进步繁荣的通天塔。"

最近几年，中韩两国出版界的文化交流合作、图书版权贸易及出版理论研讨更加频繁。由文葆参与编辑、写序的韩国著名出版家尹炯斗的日记《一位韩国出版家的中国之旅》中文本出版后，荣获亚太出版商联盟颁发的"2007 年度亚太图书奖"金奖。著者通过这本书见证了中韩两国出版的交流与合作。

四

戴文葆是博学多才的编辑家，也是勤奋严谨的著作家。早在 20 世纪 40 年代，他的第一本短论文集《中国走在前面》，是由巴金亲自责编的。他说，我的这些短篇文字，有劳巴金先生认真校阅、检查清样，至今想来十分不安。他的谦逊与自省可见一斑。

在我的藏书中，有文葆相赠的书评集《新颖的课题》(1986 年)、论文集《寻觅与审视》(1990 年)、《板桥杂记》和《射水纪闻》(2005 年)。特别是《射水纪闻》一书，充满文葆对故乡的深深眷恋，是他在特殊年代里写出的历史研究著作。

戴文葆 1922 年出生于江苏阜宁一个知书识礼的大家庭里，自幼天资聪颖，好学上进，做事认真，得到全家的钟爱和族里长辈们的青睐。他热爱家乡，对乡贤怀有仰慕之情。这种感情即使几十年以后，仍然会时时流露出来。有时他与朋友闲谈，偶尔会半开玩笑地用上海话说："阿拉是江北人。"

在文葆的著作里，会找到他回忆故乡的文字："我在少年时代，在黄海之滨一个冷僻的县城里，刚读完高一的时候，便开始接触了编辑工作。这完全是很意外很意外的遭遇。我哪里能想到，这次偶然的接触，竟然决定了我大半生的'天路历程'，使我饱尝了'知识之树'上的苦涩的果子。……邻居是一家承印民办小报的印刷所，有一部脚踏的四开机，按二十四盘序列上架的排字房。这个商报的主持人出身于本地诗书之家，不事生产，以书法清丽得名于桑梓。他的报社只有两个工作人员。……原有的一位内勤编辑，不久前随着上海来的抗战演剧队北去淮海了。报社的社长和印刷所主人是我的父执，他们要我去暂时顶替那编辑的空缺。我居然做起编辑来了。"

他还对那时的一段编辑生涯有清晰而深情的记述。其实，文葆那时才 15 岁，无意中竟和编辑这种行业结缘了。

"文革"期间，文葆身处逆境，被迫回到老家，乡人识与不识都对他同情与善待，暗中给予照顾。

一次偶然的机会，他还与"下放"到阜宁图书馆的恽逸群有过交往，惺惺相惜，算是一段轶闻。直到晚年文葆离休以后，还经常收到家乡的年轻人的信件，问暖嘘寒，或是请教各种问题。那时，文葆白天劳动以后，追忆往昔，思前想后，内心的活动是十分活跃的。他说："窃思流离颠沛，志士仁人视为进德修业之良机，砺志发愤之正时，只须忘我忘家，切忌患得患失。"(《射水纪闻·自序》)在这种达观的精神和顽强意志支配下，他用文言体写出了 30 多万字的乡邦文献历史研究著作——《射水纪闻》，实践了"博学于文，行己有耻"和"愿为国自爱，为吾桑梓自律"的诺言。

正如《射水纪闻》自序中说的：

"洒扫之余，则以积习未除，闭户伏案，绨饰章句、采乡谈于毫端，编旧闻于楮墨。所记多属乡邦逸事、闾史里乘；前人故事，地方利病，皆为昔日所见所闻，或前辈学长谭告。爰就人之所忽者聊记二三，以显微阐幽，纠缪正讹，不致贤者泯没，风流歇绝。或忆往日所读典籍，择其涉及吾江淮间旧事者，综合而述之，以印证予历年之闻见。所记虽微末之事，亦必细察而考之，必欲得其情实，始援笔书之，或可为郡邑志乘之助也。"(《射水纪闻》第 2 页)

曲家源先生在《射水纪闻后叙》中是这样评价的："读《射水纪闻》给人印象最深的，是作者把敬乡怀旧之心具体化为对家乡历史文物的珍重。爱国的感情，首先就表现为爱家乡的感情，爱家乡的一草一木，爱家乡的父老兄弟姐妹们和他们的创造。《纪闻》不仅追寻记录了众多历史人物的业绩，而且寻访抄录了若干已经散失难觅的家乡文献，如《虾沟里乘》、《野叟联语》、《湖乡文献序跋》等，这些都是了解地方历史，编写地方志难得的第一手资料。……对研究中国近代史也有重要参考价值。这些都是依手稿抄写或据口传记录的，很能看出作者对家乡的拳拳之心。……要而言之，《射水纪闻》是一部恭记家乡人事的敬乡怀旧之作，一部存实证史之作，是一个正直知识分子在困境中不甘沉沦的发奋之作。"(《射水纪闻》第358～360页)

2006年3月，国家图书馆为收藏《射水纪闻》而颁发给作者戴文葆的荣誉证书上写着："您的赠品丰富了国家图书馆的馆藏，为读者提供了新的知识信息。特发此证，以资谢旌"。这既反映了《射水纪闻》的出版意义和价值，也从一个侧面展现了文葆先生的精神魅力。

卓越的编辑出版家宋原放

宋　存

宋原放（1923～2005）　江苏扬州人。1941 年 1 月在苏北抗大五分校政治队和干训队学习，参加新四军后方直属机关宣传队。1942 年 10 月加入中国共产党。1944 年 1 月起，先后在苏中《前哨报》、《苏中报》、新华社苏中分社、苏中出版社、华中新华书店编辑部、山东和华中新华书店编辑部等担任编辑和记者工作。1949 年 5 月后，曾任华东新华书店编辑部副主任和华东出版委员会编审室副主任，华东人民出版社和上海人民出版社副社长兼总编辑，上海人民出版社社长兼总编辑。1980 年 11 月任上海市出版局局长，1983 年 1 月至 1985 年 10 月任上海市出版局党委书记。1982 年 12 月至 1993 年 7 月曾任《出版史料》杂志主编。晚年致力于出版学、出版史的研究。主编《上海出版志》、《中国出版史料》(十卷本)，2001 年 7 月，《出版史料》杂志在北京重新出版，他担任这本杂志编审委员会主任委员。著有《出版纵横》，与人合著《中国出版史》(辛亥革命以前部分)。他是中国出版工作者协会第一届理事、第二届副主席、第三届顾问，中国版协老出版工作者工作委员会副主任，上海市出版工作者协会第一届副主席，第二届主席，上海市编辑学会会长，上海市哲学学会副会长。1996年获中国出版工作者协会授予"伯乐奖"，2003年获第八届"中国韬奋出版奖"。

一

我与宋原放同志相识并在他领导下工作，始于1952年。那年我从部队复员，进入华东人民出版社(1955年1月大区撤销后改为上海人民出版社)，在出版科做版式设计。当时，宋原放是副社长兼总编辑，社长是著名语言学家叶籁士。社里上上下下都亲切地叫他们"老宋"、"老叶"，从不以职务相称，此风一直延续至今。想当年，老宋英俊有为，风华正茂，年仅29岁；我刚刚入门，更是年轻，只有19岁。时光易逝，一晃过去了50多年，而今物是人非，不禁感慨系之。

1952年年底，叶籁士同志奉命调京，老宋接手主持华东人民出版社的工作。1979年他调任上海市出版局领导(开始是副局长，后来是局长、党委书记)，仍兼任上海人民出版社的社长、总编辑、党组书记，直至1985年离休。从1951年3月建社起，他领导上海人民出版社达30余年。在此期间，上海人民出版社出版了许多高质量的图书，并培养了大批人才，成为一个在全国有影响、有声誉的哲学社会科学出版社。

上海人民出版社的出书路子和出书格局，以及该社的组织机构和规章制度，大都是在宋原放的领导下形成的。他坚持为人民服务、为社会主义服务的出版方向，一手抓政治理论读物的出版，宣传党的方针政策，传播马列主义、毛泽东思想，普及人文社会科学知识；一手抓学术著作、研究资料的出版，广泛联络学界的专家、名流，为繁荣社会主义学术文化不遗余力。

多年的苦心经营结出了累累硕果。在政治理论读物方面，印数在100万册以上的达40余种，如《婚姻法图解通俗本》印行1 800万册，《政治经济学教材》1980年已印1 492万册(现已近1 900万册)，《做一个合格的共产党员》印了700万册，《马克思主义哲学基本原理》印了668万册，《中国共产党历史讲义》印了548万册，《塑造美的心灵——李燕杰报告集》印了422万册。在20世纪50～60年代编辑出版的"思想修养丛书"、"党的基本知识丛书"，每本印数大多在200万册左右。

在学术著作方面，更是不胜枚举，其中不乏皇皇巨著。据我记忆所及，学术价值较高的有《李亚农史论集》，杨宽的《战国史》、《春秋史》、《西周史》，林剑鸣的《先秦史》，吕思勉的《读史札记》，漆侠的《宋代经济史》，胡寄窗的《中国经济思想史》，冯契的《中国古代哲学的逻辑发展》，全增嘏主编的《西方哲学史》，张世英的《论黑格尔的逻辑学》，龚育之的《关于自然科学发展规律的几个问题》，高清海的《唯物辩证法的实质和核心》等。历经20年的辛勤耕耘，于2001年出齐的白寿彝主编的巨著《中国通史》(13卷22册)，也是老宋在位时拍板确定的选题。2004年出齐的“中国断代史系列”，作者都是擅长研究某一朝代的一流史学家，其编辑出版工作起步于20世纪50年代，历经50年终于完成。上海人民出版社还出版了一大批研究资料，如卷帙浩繁的“中国近代史资料丛刊”(中国史学会主编，有《太平天国》、《洋务运动》等10套，每套8册、6册不等)，“盛宣怀档案资料选辑”(有《义和团运动》、《上海机器织布局》等多辑)，《中国历代户口、田地、田赋统计》及《荣氏企业史料》、《刘鸿生企业史料》、《金城银行史料》等。

如果没有长远的眼光和对文化事业的满腔热忱，没有强烈的使命感和责任感，宋原放是决不会耗费精力和资源大量出版这些没有什么轰动效应的学术著作和资料书籍的。他认为：“真正的学术著作是高质量书籍的同义语，代表国家、民族、时代的文化精华，是社会精神文明的重要组成部分。”他所期盼和追求的，就是通过出版书籍保存和发扬这种文化精华。那些资料书籍，一般读者不会感兴趣，而对研究者来说却是难觅的宝贝，是对他们的学术研究的有力支持。据杨振宁先生称，一套“中国近代史资料丛刊”，在美国造就了200个博士。对此话当然不能作简单化、绝对化的理解，但它也足以说明这套书在美国学界受到的重视和产生的效应。又如《中国历代户口、田地、田赋统计》一书，出版后广受好评，著名历史地理学家谭其骧、古籍整理小组组长李一氓都极口赞誉，认为对史学界功德无量，可以省却许多查考的工夫。此书作者是中山大学历史系主任梁方仲教授，他在浩如烟海的史籍中搜集相关资料，把散乱的数据加以汇总、考辨、梳理、编纂，做成表格，详加注释，付出了很多艰辛，方才形成初稿。成稿后，作者因有教学任务，不能专注于此稿，断断续续修改、补充了五六年。出版社着急起来，为了加快进度，在老宋的支持下，特派一位历史编辑赴广州，住在中山大学招待所，与作者一起打磨了半年多，于1963年春节前最后定稿。但好事多磨，书稿因内容涉及疆域边界，有关领导部门不敢定夺而搁浅，直到党的十一届三中全会后才面世。此时梁方仲教授已经病逝，竟未能见到自己多年的心血结晶成书。

二

宋原放的远见卓识不仅表现在出书方面，更突出地表现在培养和爱惜人才上。他深知要办好一个出版社，拥有一支高素质的编辑和干部队伍是关键，是根本。而出版社人员来自四面八方，水平参差不齐，少有现成的符合要求的理想人才，需要花力气、有意识地培养和锻造。他明确地提出："出版社既要出书，又要出人。"在建社初期叶籁士还任社长时，他就主动请缨分管全社的思想政治工作和干部培养工作。从50年代至"文化大革命"开始前，社里采取了多种措施来提高干部的政治和业务素质。如：

(1)规定每周半天学习政治理论，半天学习业务。

(2)举办讲座，学习吕叔湘、朱德熙的《语法修辞讲话》，每周两小时，一年学完。

(3)指定老编辑对新编辑传帮带，在处理书稿中，要求后审指导前审。

(4)提倡练笔、撰文著书，创办了内部刊物《出版业务》(老宋自任主编)，提供发表园地，并用以交流经验，促进业务建设。

(5)鼓励编辑人员加入上海市社会科学界联合会的各个学会，参与本市和外地的有关学术活动。

(6)送干部到党校学习，到大学听课。老宋曾率领哲学、历史编辑室的一些同志听冯契教授讲中国哲学史，每周一次，坚持了半年多；还与几位编辑去听刘大杰讲中国文学史，夏承焘讲古典诗词。我自己也在1956年到复旦大学旁听了一个学期政治经济学课程。

(7)邀请各方面的专家学者如冯雪峰、华应申、陈原、蒋学模、李平心、胡厚宣、顾廷龙等来出版社作学术讲演，60年代初还请了蒋天枢来开办《诗经》讲座。

(8)组织编辑人员到新华书店做营业员，直接接触读者；到工厂、农村作调查研究，了解社会实际情况；参与有关领导部门主持的编写教材、宣传先进典型等工作，提高活动能力和写作水平。

(9)新来编辑人员，先到资料室、校对科工作各半年，以熟悉本社藏书和校对业务。

(10)一旦出版了差错较多的书，就人手一册，发动全体编辑人员查书，找出问题，开会讨论。用批评和自我批评的方法，对事不对人，共同吸取教训。主要是为了养成一种认真负责、严谨细致的编辑作风。

(11)提倡与作者交朋友，“以文会友”，既可以加深与作者的沟通，又可及时了解学术动态。还规定每次看望作者和组稿活动后要写出访问报告。

(12)在1960年前后，一度实行脱产学习制度，编辑人员每年可有一个月时间离职学习、研究或写作。

归纳起来，宋原放培养编辑干部的主要途径是：为他们创造条件，组织和引导他们不断看书学习，在编辑业务实践中积累学识和经验，利用各种机会接触社会、参加学术活动，掌握各方面的信息，拓宽思路和眼界。他认为编辑应有默默“为他人作嫁衣”的事业心和奉献精神，有较深厚的理论功底，既学有专长又有较广博的知识(即所谓“杂家”)，要能熟练运用文字，还应是社会活动家。他提出，上海人民出版社既是宣传机关，又是学术文化机关，应有一种浓厚的学习、研究的气氛，“谈笑有鸿儒，往来无白丁”。老宋深信“磨刀不误砍柴工”，学习虽然占用了一些工作时间，影响了眼前的一些业务，但从长远的发展来看，付出这样的代价完全值得。

果然，没有多少年，一批人才脱颖而出，出现了一支有较高政治和专业素养的编辑出版队伍，而且向北京、外省和本市其他出版社及研究所输送了数十名编辑业务骨干。后来担任省市出版局正副局长和出版社正副社长、总编辑的就有20人之多，被评聘为编审、研究员的就更多了。

在干部选拔上，宋原放没有一味屈从于当时“左”的政治氛围和条条框框，既不专注于家庭出身的好坏，也不拘泥于学历的高低，而是重在表现，在实际工作中考察干部的德和才。在50年代末60年代初，还没有提出干部“年轻化”，而老宋就大胆选拔了一批二十七八岁的编辑室主任和其他中层干部。其中一些人后来担任了本社和其他出版社的领导。

正是由于宋原放在培养和选拔干部方面的优良业绩，1996 年他荣获全国版协颁发的“伯乐奖”。

这里还得提一提老宋爱惜人才的一个典型事例。胡道静先生是研究中国古代科技史、上海史的专家，20 世纪 30 年代就在柳亚子主持工作的上海通志馆任编辑，有不少著作。1968 年，他在中华书局上海编辑所被张春桥打成现行和历史双料“反革命”，判刑 10 年，1976 年获“特赦”提前释放。出狱后，为“照顾”其家庭经济困难，他被安排到虹口区清洁管理所报到，在四川北路底的甜爱路上打扫马路，每月工资 20 元。1978 年初，虽然为他摘了帽，但原单位对是否接受他复职犹豫不决，态度暧昧。宋原放得悉后，决定以借调名义，先让胡道静来出版社上班。有关部门认为这样不利于胡接受“改造”，要让他半天到出版社上班，半天仍去扫马路。老宋力加抵制，才不了了之。不久，胡先生被平反，恢复公职，老宋把他正式调入上海人民出版社。此时，党的十一届三中全会刚刚闭幕，在“四人帮”活动猖獗的重灾区上海，“左”的余毒远未清除，老宋自己也复职不久，敢于大胆起用胡道静，说明他求贤若渴和对党的知识分子政策的深刻理解，也反映出他的博大胸怀和事业重于一切的高尚情操。宋原放此举，不仅使胡道静先生脱离苦海，而且使他重新焕发了学术生命，真正体现了尊重知识、尊重人才，在文化学术界产生了良好的影响。胡先生来社后，老宋仔细询问了他的身体和生活情况，就出版上海史等方面的工作征求他的意见，尽量发挥他的作用。后来老宋还专门委派一名编辑做他的助手，既协助他做学术研究，又向他学习专业。

三

与“既要出书，又要出人”有密切关联，宋原放十分重视出版社资料室的建设。他说过：“没有一个出版家不以拥有丰富的藏书而感到自豪的。商务的东方图书馆曾经吸引胡适、陈垣、傅增湘、赵万里诸名流学者前来访书、看书，培育了一批后来才华出众的专门家和大作家，如茅盾、胡愈之、杨贤江、叶圣陶、郑振铎、徐调孚等。”基于这种认识，他长期主管资料室，为办好资料室费了不少心血。上海人民出版社资料室的基础主要是接收原正中书局的七八万册图书，其中连商务印书馆、中华书局出版的世界名著、工具书也残缺不全；再加上老宋自己从山东新华书店带来的一批资料，包括全套的延安《解放日报》、延安解放社版的《列宁选集》等。要在此基础上扩充，只有靠日常的积极选购，日积月累。除了不断采购有价值的新书，他几次带领资料室同志到汉口路、云南路等古旧书店集中的地段淘好书，买了近万册解放前的文史书籍。他与一些相关出版社建立了交换关系，新书出版后互相赠送。他常讲："兵马未动，粮草先行"；"养兵千日，用兵一时"。图书资料就是编辑们的"粮草"，要广收图书，不漏购一本好书。不能因为买了一些暂时用不上的书就认为是浪费，书的门类也不能限于本社的出书范围，珍贵典籍、古今中外文学名著、艺术画册等都在选购之列。经过几年经营，上海人民出版社拥有了20余万册的藏书和一批较完整的报刊资料。华东局、上海市委和北京的不少部门曾来社借用图书资料，冯友兰、王瑶、田家英等饶有兴趣地参观了资料室，翻阅了收藏的珍本、善本，如解放前需用十几根金条购买的日本影印的《大藏经》等。老宋因本社的"家珍"受到赏识而颇感自得。

为了提高资料管理的水平，老宋让两名资料科科长进北京大学图书馆系两年制"夜大"进修，他自己也自学过"夜大"的讲义。他要求资料室提高图书资料的利用率，了解编辑工作的需求，主动为编辑部门服务。社里有一个窗明几净，陈列主要报刊、马克思主义经典著作和工具书的阅览室，便于编辑在此浏览、查阅和核对引文。书库开架，随时可以进去查找图书。每月公布新到图书的书目，及时让大家了解"书情"。资料室为配合编辑审阅书稿，为他们提供相关图书和报刊资料。这一切为工作人员博览群书、做好编辑出版工作提供了极为有利的条件。我自己也深受其益。

四

无论是在出版社还是出版局的领导岗位上，宋原放都以党员干部的标准严格要求自己，按照党的原则处理问题，廉洁奉公，勤奋工作，不求个人名利，不计个人恩怨。对下级诚恳厚道，不打官腔，不摆架子；

对上级从来不搞阿谀奉承、吹吹拍拍那一套，但有很强的组织性和纪律性，真是“心底无私天地宽”。“文化大革命”中，他是本社的头号“走资派”，大字报铺天盖地，被戴上“三反分子”、“阶级异己分子”、“出版黑线干将”之类的一连串帽子，又一度被隔离审查，他不卑不亢，从容应对。当时社里有些人起劲地揪斗他，要打倒他，会上激昂慷慨，更有甚者，动手动脚，以显示自己的“造反精神”。老宋表现了宽宏的气度，一概不予计较，恢复工作后对他们一视同仁，使他们解除了会被“穿小鞋”的顾虑，而对他更加敬重。当时，上海整个出版系统下放到奉贤海边的“五七”干校，他像牛一般背纤拉犁耕地，在烈日下挖泥开河，挑一百五六十斤一担的大粪，我真担心他会被压垮。他却不以为苦，谈笑自若，坚强地挺了过来。这是因为心中的信念、乐观的性格支持了他，他深信总有一天会阴霾散尽见青天。我之所以记述他在“文化大革命”中的事，是因为动乱的岁月最能考验人，洞见一个人的真性情，这些往事留给我的印象也特别深。

1978 年 3 月，他较早地被恢复原职，但他在拨乱反正中并不因此而文过饰非。老宋常在不同场合自觉反思过去在“左”的路线下所做的错事、蠢事，对受到伤害和不公正待遇的同志表示歉疚。这是一种出自内心的真情流露和反省，他的实际行动就是积极落实政策，解决历史遗留问题，并在领导工作中记取过去的教训。

在与老宋的接触中，他很少谈及自己的革命经历。“文化大革命”中我零零碎碎地知道一些。2003 年评“中国韬奋出版奖”，上海市新闻出版局决定推荐宋原放同志为候选人，市版协委托我整理一份上报材料，才比较详细地了解了他的过去。他是党的出版队伍的一名老兵。1942 年参加革命并入党后，在抗日战争和解放战争烽火中，他相继在苏中前哨报社、苏中报社、新华社苏中支社、苏中出版社、华中新华书店、山东和华东新华书店编辑部等新闻出版单位担任编辑、记者工作。在华中新华书店时期，经他编辑发稿的有《上饶集中营》、《患难余生记》、《近三十年中国军事史》、《论唯物史观一元论的发展》、《恐惧与无畏》、《文艺大众化的理论和实践》、《考验》、《李闯王》等重要的论著和文艺作品。在山东、华东新华书店任编辑组长和编辑部副主任期间，他编辑了“山东文艺创作丛书”，经他发稿的有《地覆天翻记》、《李秀兰》、《吕站长》等，后来又编辑了一套大众文库，选编各解放区的通俗文艺作品，由他发稿的有《李家庄的变迁》、《洋铁桶的故事》等十几种。上述不少书，我在50年代都看过，却一直不知是经过老宋之手。他不单做编辑工作，也做过校对和资料工作。革命战争的锻炼，艰苦环境中出版工作的丰富实践，为他在建国后成为一个卓越的出版家打下了坚实的基础。

五

在解放战争时期，宋原放编写过两本书：《山东民间故事》、《红军长征故事》，出版后很受欢迎。后来，他长期处于领导岗位，虽然学习从不懈怠，但无暇专心研究和著述，只能写些零星文章。1982年，他主编了《简明社会科学词典》，收词目五千多条，印行150余万册，曾获上海市社会科学研究优秀成果奖。后来，他把主要精力放在出版学和出版史的研究上。1983年，在全国版协首届出版研究年会上，他倡议建立出版学，认为与出版相近的新闻工作有新闻学，收藏管理出版成果——图书的图书馆有图书馆学，唯独没有出版学。出版不是无“学”可言，不能“不学无术”。经过几十年的实践，有了正反两方面的经验，应该也有条件探求和逐步明确社会主义出版工作的规律，以减少盲目性。此后，全国出现了出版学研究和讨论的热潮。1985年，他在《编辑学刊》创刊号上发表《出版学的对象和任务》，以推动讨论的深入。同时，开始与李白坚合作编著《中国出版史》，并参与边春光主编的《出版词典》的编纂工作，任副主编，两书分别于1991、1992年出版。他主编的十卷本《中国出版史料》，已于2004年出齐。1985年离休前后，他主持上海市出版工作者协会和编辑学会，先后创办了《编辑学刊》、《杂家》、《出版史料》三种期刊，并曾任《编辑学刊》、《出版史料》的主编，团结了一批研究工作者，也出了一批研究成果，如《编辑出版工作概论》、《中国出版简史》、《编辑学简论》、《编辑应用文》等。1989年，宋原放编撰的《中国近代出版大事记》开始发表，先在《出版史料》上连载，后与其他著述合成《出版纵横》一书出版。1987年，宋原放开始主编《上海出版志》，从策划大纲到定稿，历时13年，为之耗费了大量心血，仅有关资料就阅读了两千多万字。其间几次生病住院，他在病床上也抓紧审阅稿件。此书于2000年面世，篇幅有 200 万字。

宋原放多次参加出版理论和出版史的讨论会，发表论文和演讲，并两次参加国际出版学研讨会，都发了言。在国际出版学研讨会上他结识了日本出版学会会长清水英夫，清水送他一本《出版学概论》，他十分高兴，请人译成中文由中国书籍出版社出版，以供国内研究出版学参考和借鉴。后来他和清水英夫成为学术上志同道合的好朋友。

宋原放被上海大学文学院和上海市出版印刷高等专科学校聘为兼职教授，曾为复旦大学、上海大学编辑班讲课，给上海师范大学辞书专业研究生班讲授编辑学一学期。

陈原同志这样刻画老宋的特点："我发觉这位朋友真是出版战线上的一名不知疲倦的战士，我深深体会到一个有志的知识分子'迷'上他的事业时，是如何的意气风发，如何的锲而不舍，如何的刻苦钻研……他不止是'书迷'，而且是实实在在的'出版迷'。"正是宋原放对书入迷，对出版入迷，使他在事业上的成就熠熠生辉，成为一个卓越的出版家。2003年，中国出版工作者协会授予他出版界的最高荣誉——"中国韬奋出版奖"，是对他一生的恰当评价。

荣获第八届"中国韬奋出版奖"的宋原放与中国出版工作者协会名誉主席宋木文(左一)、主席于友先(右一)在颁奖大会上合影。

怀念胸中荡大气的边春光

王维玲

边春光（1925～1989） 山东莱芜人。1940年初在莱芜县青年救国会工作，同年4月加入中国共产党。历任莱芜县青救会儿童部长、青救会长，中共莱芜县羊里区区委书记，山东泰山地区青联主任，鲁中区党委青委组织部长，中共山东分局青委调研室主任等职。新中国成立后，历任华东团校副教育长、教育长，华东团委副秘书长、常委兼青年农民部长。1955年调中国青年出版社任编委，主管青年工作、思想修养读物编辑工作，并兼任《农村青年》主编，1956年任副社长兼副总编辑，1960年任党组书记、社长兼总编辑，并任团中央常委。1970年调陕西省工作，先后任省广播局党委副书记、省出版局局长。1976年粉碎“四人帮”后，任中共陕西省委宣传部部长。1977年调中共中央宣传部，先后任宣传局长、出版局长。1982年4月调文化部，任党组成员、出版局长，后任国家出版局局长，1986年底退居二线，任新闻出版署特邀顾问。1987年8月出任中国出版科学研究所第一任所长，他不顾病痛在身，带领全所同志在制订出版科研规划、建立出版科研队伍、召开出版理论研讨会、组织编辑出版专业书刊、推动各地开展出版理论研讨等方面做了许多开拓性的工作，取得不少成果。他亲任“出版知识丛书”主编和《中国出版人名词典》编委会主任，积极策划和制订编辑出版类高等学校教材的编写出版规划，并主持编写《出版词典》、《编辑实用辞书》等工具书，直至1989年12月29日因心脏病猝发，以身殉职。他是中国出版工作者协会第一、二届副主席，《汉语大词典》工作委员会副主任、主任。

对工作不挑不拣，分配他干什么，他就干好什么。他做了许多实实在在的工作，还准备做更多的工作，拳拳之心，至死不泯

1989年12月27日下午，在王淑英同志的遗体告别仪式上，我看到了边春光，他也看到了我，我们俩有半年多没见面了。他用眼睛和我打招呼，我明白他的意思，赶忙走了过去，我们紧紧地握着手，相互默默地凝视着，互致挚友之间的问候。他告诉我明年春天中国版协和他们研究所联合召开出版科学讨论会，总结出版改革经验，为筹备这个会，他刚从陕西、河南回来，春节后还准备到南方去。他准备围绕出版的社会效益和经济效益，出版事业的发展和方向，开发图书的重点工程和出版有价值的学术著作等问题，搞点调查研究，从理论上作一些探讨。讲到此，他非常认真地对我说：“现在新闻出版署的工作，可比我当局长时难多了。我经常在各种场合、各种会议上讲，让人们支持他们。你们出版社，也要支持新闻出版署的工作啊！”老边讲这席话时语重情长，看得出他还有话要说，但熟人们不断过来和他握手问候，我们也就没有谈下去。第二天晚上，我刚下班走进家门，就接到老边打来的电话，他声音洪亮地说：“我有两个挂历送给你，一个是猫的，一个是国画，你来拿吧！”我想到1990年是马年，随口问了一句：“有马的挂历吗？”他干干脆脆地说：“现在还没有，有了，一定给你。”我说：“谢谢你了，过两天我来取。”怎么也不会想到，这竟是我和老边最后一次通话。29日上午9时许，阙道隆急匆匆地跑来告诉我：“出版研究所打来电话，老边发病，怕不行了，要我们赶快去。”我简直蒙了，两天前老边的音容笑貌，昨天晚上的洪亮声音，都还留存在眼前耳边，怎么就不行了呢？！我们怀着极度不安的心

情登车而去，还希望这个消息失实，或者春光再一次闯过生死关，转危为安，从死神那里回到人间。二十分钟后我们赶到他的办公室，那场面让我一下呆了、傻了。春光平稳地躺在地上，头上盖着大衣，我蹲下身去，掀开大衣，他像睡着似的，安详、平静的脸上，除了给我一种灰蒙蒙的感觉外，没有任何一点变化。他已经完全停止了呼吸。他是因心脏病猝发，连抢救都没有来得及，就遽尔西去。望着眼前的突发景象，我的脑海仿佛凝固了似的，一片空白。我呆呆地坐在沙发上，不知道要说什么，要做什么，看到他的夫人邹芳和小女儿晓红，悲痛之情才一下子涌了上来，使我不能自已。

让我更加伤心和难受的是春光逝世的第二天晚上，他的长子海滨夫妇和小女儿晓红捧着两本挂历来到我的家中。他们说："爸爸突然去世，没留下一句话。爸爸在去世前的头一天晚上对妈妈说，王维玲今年挂历少，把这两本送给他。这是爸爸生前许诺的，妈妈让我们给王叔叔送来。"捧过这两本情重如山的挂历，我的手在抖，心在颤。我说不出一句完整的话，只感觉眼前的一切都模糊了，哽咽地说："照顾好妈妈。"海滨、晓红都伤心地流下泪水，他们是很懂事的，赶忙起身告辞，不住地说："王叔叔保重。"晓红还把我的小女儿拉出门外，嘱咐她照顾好爸爸。

1990 年元月 15 日，在八宝山革命公墓礼堂举行向边春光同志遗体告别仪式。这一天，我又一次和春光相聚会面，只是这一次我已不能跟他握手了，也听不到他洪亮的说话声、畅快的欢笑声，我只能默默地绕着他的身躯，咽着泪水多看上几眼！春光安详地躺在花丛中，长长的吊唁队伍，有序地向他的遗体告别，这是我近年来参加遗体告别仪式中人数最多的一次，望着眼前的人流，我的心起伏难平。我在想，春光一生，对工作不挑不拣，党分配他干什么，他就干好什么，总是愉快地接受，全心全意地去干，他做了许多实实在在的工作，还准备做更多的工作，拳拳之心，至死不泯。他对出版事业，有浓浓的情，深深的爱，这情这爱，至真至诚，有如一泓清泉，只知奉献，不图索取。仅从 1988 年至 1989 年，也就是他逝世前这两年，他留下的大量讲话、论文中，大都是围绕如何贯彻党的出版方针、政策，如何进一步深化改革，如何安排近期和长远的规划，如何建设一支高素质、高效能的编辑出版队伍等重要课题。他是把一腔沸腾的热血，慷慨地倾洒在出版科学研究这块沃土上，辛勤耕耘，大胆开拓，兢兢业业地经营着这块园地，当这块园地正向着崭新、壮丽的风貌靠近时，他却猝然离去。春光走完本不该这么快走完的生命之程，人们怀念、惋惜、悲恸，但更多的是对他熠熠闪光、毫无愧色地走完了人生旅程的崇敬和钦佩。

1970年，春光被调往陕西省，先后在广播局和出版局担任领导工作。这一干就是八年，他被调回北京时，陕西省出版界、文艺界都十分留恋他，舍不得放他走。他来到中宣部担任新时期第一任出版局长，全身心地投入到恢复、重建社会主义出版事业宏图大业之中，就在这时——1979年他第一次心脏病发作，病情来势虽然十分凶猛，但当时毕竟还是壮年，又抢救及时，他闯过来了。出院后，休息了一段时间，就上班了。一上班，就全力以赴。1982年他被调到国家出版局任局长，工作更加具体和繁重，他只是干，愉快地干，大胆地干，不停地干，忘记了他是一个心脏病患者，终于在1984年又第二次发作，这次他在医院里一动不动地整整躺了一个月。出院后，他受改革开放大形势的鼓舞，又忘记了自己是个病人，仍大刀阔斧地干了起来。这一时期，为抵制和扭转出版界出现的不良风气，也使他过于操劳，消耗了过多过大的精力。1986年12月他受命退居二线，担任中国出版发行科学研究所所长。想来自此以后他应该好好休息，安静地过些轻松的日子吧！他没有，他抓出版科研规划，抓重点出版工程，他为当时出版界出现的混乱局面而忧虑，他不停地出差，到下面调查研究，他想给有关部门提供一个有价值的参考意见。我手边就有一份1988年7月26日他在黑龙江、辽宁、吉林、天津第二届出版科学研究年会上的讲话，他在讲话中严厉地批评出版发行充满色情淫秽内容的小说。他说："侦探、公案、言情、武侠之类的小说，不能出版太多太滥，但并没有完全否定这类小说的社会价值，只要选择精当，作为一种消闲书，还有一定的欣赏价值。但那些色情淫秽读物，除了消磨人们的意志，腐蚀人们的灵魂，败坏道德风尚，甚至诱导犯罪以外，没有任何积极意义，只有消极有害的作用。淫秽色情读物在资本主义国家，有远见，不甘心民族堕落的，真正热心于文化事业的出版商都是不屑出版的。解放前，我们国家的许多出版社，不管经济上遇到多大困难，不管淫秽色情读物多么赚钱，也不去出版这类伤风败俗，消磨人们意志，败坏社会道德风尚，不利于发展积累民族文化的低级庸俗的图书。而我们现在的一些出版社，却把在港、台都受到鄙视、被称为厕所文学的东西引入中国的文化殿堂，因而受到批评，受到制裁，难道不应该吗?”这是一位刚离休的出版界的战士发出的肺腑之言，他讲得多么鲜明，多么强烈，多么具有说服力！这是边春光的风格，也是他的特点。他敢于面对许多棘手的实际问题，但他不是停留在就事论事的层面上，而是从感性认识上升到理性认识，以历史科学的态度，摆事实、讲道理，说服人，感染人，促人猛醒。同样还是因为劳累过度，他在1989年5月由于心绞痛发作第三次住进医院。医生悉心地为他治疗，用先进的心脏仪器整整监护了三天。出院后，他一天也没有休息，就投入工作。由于活动频繁，又过度劳累，仅仅半年，心脏支持不住，终于在第四次发病时猝然辞世。这使我想起一位著名的心脏病专家对我说过的一段话。他说：“心梗从它发病的那一天开始，就要坚持服药，注意保持足够的休息时间和稳定的情绪，遇事要防止感情冲动，以免心脏病复发。如不注意，一般的预后是十年。”边春光从1979年病发到1989年病逝，整整十年。想到此，我真悔恨自己，怎么就没有在他第一次犯病时，把这位专家的话告诉他呢！怎么就没在他接二连三住院时郑重地警告他呢?！我在想，如果春光考虑到了身体是革命的本钱，并且身体力行地用于自己；如果他注意调养保护，注意劳逸结合，注意适度工作，也许就不会在64岁这个最成熟、最富有经验的年龄离开我们。想起来，真叫人惋惜，叫人痛心！但这又是没有办法的，这是边春光高于一切的、强烈的事业心和责任感决定了的。

工作泼辣，作风果断，有胆识，有魄力。跟他在一起工作，干脆痛快，工作效率高，很容易出成果，没有那么多婆婆妈妈，鸡毛蒜皮的事

在与春光近三十五年的交往中，他是我的领导，又是我的良师，我的挚友。春光有着崇高的追求和理想，有着坚强的意志和奋发向上的精神，他几十年如一日忘我地工作着，直到生命的最后一息。除此，我在与他的接触中，还深深地感到，他对人，豪爽刚正，真诚直率；他对事，直言不讳，坦荡无私；他工作泼辣，作风果断，有胆识，有气魄，有远见。跟他在一起工作，干脆痛快，工作效率高，很容易出成果。没有那么多婆婆妈妈，鸡毛蒜皮的事。他为人豁达，在用人上不拘一格，没偏见，无私心，只要对工作有利，只要能充分发挥对方的聪明才智，一技之长，哪怕是反对过、伤害过他的人，他也不记恨，不计较，抛开个人的恩恩怨怨，该使用的使用，该提拔的提拔，宽容、宽厚待人，是他的为人之道。但他也绝不是是非不分，他原则性很强，绝不拿原则问题做交易。在任何复杂的情况下，他都能坚持实事求是的原则和作风。同时他又是一个很讲究领导艺术的领导干部。他对自己领导下的同志，要求很严，但又不使你感到畏惧和压力；他说话算数，一是一，二是二，毫无讨价还价的余地，但又让你感到合情合理不过分，可行、可信、可办；他对工作中出现的错误，如果是由于不负责任造成的，他从不姑息，敢于批评，他的直率，他的坦诚，他发自内心的痛惜，让你不能不自觉地感到内疚不安，从而痛下决心去改正。对工作，他敢负责任，也敢拍板，在他领导下工作，你可以放心放手，大胆地去干。他最讨厌光说不干的人，特别是不干实事的人。只要你干工作，一心一意努力去干，干好了他表扬；没干好，他循循善诱，不过多责备，让你自觉地去钻研业务，自觉地去总结经验教训。不仅如此，常常为了解脱下级，他挑担子、担责任，绝不往下卸包袱，推责任。所以在他的手下工作，你放心、舒心、有信心，下决心要干好工作。

“文化大革命”前，我在中国青年出版社从事加工量最大的一部长篇小说，就是《燎原烈火》。因为“文化大革命”开始，没能出版。但《收获》杂志根据我们排出的清样，在 1965 年第 6 期和 1966 年第 1 期上全部刊出。从事这部小说的加工，使我对编辑工作的艰难和复杂，以及应该以什么样的态度对待难度较大的书稿，有了具体的感受和深刻的认识。《燎原烈火》是一位年轻的蒙古族作家写的，他用蒙古话构思，用汉字写，写出来的是汉字蒙古话，几乎全部都要重新整理过。当时编辑部对这部小说稿的评价是不高的，能否改得好，没有足够的信心。但韦君宜读过全稿之后，评价甚高，指出十大优点，写信给边春光要求转给人民文学出版社出版。春光把小说稿要了去，他通读全稿后，一面婉言谢绝了韦君宜的要求，一面把我找去谈话，讲作者写作的艰难，讲培养少数民族作家的重要，讲小说题材的社会意义和艺术价值……最后他把这个任务交给我。春光的一番话，不仅使我的眼界开阔了，也使我增强了信心和勇气。于是我愉快地把这个任务接受了下来。但顾虑并未因此消除，我在进行稿件加工时，常常因为加工量过大而恼火，同时也因自己的生活阅历局限性和文字水平的能力所限，加工中遇到了不少困难，起伏的情绪和主客观上的困难，使我常常烦躁不安。春光了解到这一切后，在思想上不断开导我；在工作上给我提供方便条件。正是他的支持、鼓励，使我战胜一切困难，较好地完成了任务。在完成这部书稿的加工任务以后，作者也很感动，他在1964年4月3日的《人民日报》上以《我们是战友》为题，发表了一篇文章，热情地叙述了他的《草原烽火》和《燎原烈火》两部长篇问世过程中编辑们付出的心血和劳动。《人民日报》的编者在题为《新关系》的编后语中热情洋溢地写道："帮助作者修改稿子，本是编辑应尽的责任，是编辑分内的工作。但是热情的态度，认真的精神，细致的工作方法，却不是每一个编辑都能做到的。中国青年出版社出版了不少有水平的作品，这是同他们认真负责的态度分不开的。在我们的社会，我们的时代里，作家和编辑应该是个什么样的关系呢？应该是革命战友关系。他们有着一个共同的目标：为了给人民生产更多更好的精神食粮。"看过这篇文章和编后语后，我们都很高兴，也很受鼓舞。让我难忘的是，就在当天春光给我们编辑室写来了一封信，大意是："战友这个提法好，就是要把作者当成战友。我们要满足作者的合理要求，但最关键的是处理他们的书稿时要严肃、认真、热情、负责。我们是战友，就要互相支持，互相学习，互相熟悉，为繁荣文学的出版事业并肩战斗。不要挖墙脚，不要互相拆台，不要互相利用，或是戒备重重，互不信任。"他还在信中概括了五条经验，要我们进一步总结发扬："一要放下架子，甘当小学生，注意谦虚谨慎；二要发扬处理《草原烽火》和《燎原烈火》的精神；三要向兄弟出版社学习；四要下力量抓新人；五要团结新老作者。"这是三十多年前一件往事，至今细想起来，我还觉得很有意义。

边春光在编辑作风上，态度是十分鲜明的。他既反对吃吃喝喝，吹吹拍拍的庸俗作风，又反对简单粗暴的老大作风。他对待作家是热情的、诚恳的、直率的、知心的。作家们合理的要求，有求必应。柳青、姚雪垠、马忆湘、王英先、李若冰、王汶石、罗广斌、杨益言等一大批老中青作家，都和他有着很深的友谊。春光逝世消息一发布，我就接到柳青的长女刘可风从西安打来的长途电话，她哭泣着问我，边叔叔是不是真的去世了？她泣不成声地说："他可是个好人！怎么这么早就离去了?!"她向我叙述：是边叔叔在"文化大革命"中，在她爸爸病重时，把她调到西安照顾柳青；当时柳青住的地方，十分简陋，连报纸都无法投递，是边叔叔叫他们把报纸订到他那里，每天派人给他们送去。两天后，我收到柳青子女可风、晓风、梅风、竹风联名打给春光夫人和他三个女儿的唁电："惊悉边春光叔叔逝世，常忆他的关怀和帮助，倍感悲恸，万望节哀保重。"捧着这封唁电，我的心起伏难平，我想这不就是春光无私工作结下的硕果吗？类似这样的例子何止柳青一人?! 边春光与柳青，不仅仅因为《创业史》在中青社出版他们才结下友情，更主要是春光对《创业史》、对柳青为人的敬佩和爱戴，使他们两人结下了深厚的友谊。1971 年他任陕西省出版局长后，为恢复和重建陕西省的出版事业，他敢于突破"四人帮"的文化禁锢，团结老作家，培养新作者。

1972 年在他的主持下，召开陕西省业余作者创作座谈会，他把柳青请去讲话，他没向柳青提任何要求，只要求柳青按照他自己的思路，讲他自己的创作经验，辅导业余作者写作。当时正是江青专横跋扈，不可一世，在文艺界实行法西斯文化专制的时期，同时，就全国来说也仅仅是陕西省一家召开这样会议。柳青在会上既没有吹捧"旗手"江青，也没有鼓吹"样板戏"、"三突出"。会后边春光还印发了柳青的讲话，在社会上广为流传。当时我真为他捏一把汗，但他却无所谓，他觉得客观效果非常好，把很多人的创作积极性鼓动起来了，他们也学柳青那样，深入基层，深入生活，写作去了。还有一件事也给我留下深刻印象，1971 年他一担任陕西省出版局长，就把再版《创业史》第一部，出版《创业史》第二部上卷，列入计划之中。当时柳青刚刚解放不久，虽可以自由行动，但人们敬而远之，不敢接近他。春光却不以为然，他自信柳青这样的老干部、老作家是忠诚的革命者，是真正的共产党员，是受人民尊敬和爱戴的作家。他经常去看望柳青，帮助他解决生活上的困难，为柳青提供方便。每年柳青来京躲病，返回西安时，我都打电话给他，请他派车去接。他不仅高高兴兴应诺下来，常常还亲自到车站去接柳青。所以柳青生前常说："老边是把我当成他们出版局的一名工作人员对待，如果不是这样，我的生活会更加困难。"

春光敢于负责，敢于承担责任，在平时如此，在关键时刻，更为突出。1961年夏天董必武向钱瑛提出：为纪念谭寿林烈士牺牲三十周年，出版他的中篇小说《俘虏的生还》。谭寿林烈士是钱瑛的爱人，1923年入党，1931年由于叛徒出卖被捕，在狱中受尽酷刑，始终坚贞不屈，至死无口供，于1931年5月30日在南京雨花台英勇牺牲，时年35岁。《俘虏的生还》是烈士1928年写的，他以自己第一次被捕为背景，写他虽然从国民党监狱里被释放出来，表面上“自由”了，“生还”了，但面对着半封建半殖民地旧中国的社会现实，心情上并没有感到“生还”和“自由”，就在这时他参加了广州暴动，在冲锋与战斗，流血与牺牲之时，他才真正感到对“自由”的渴望，对“生还”的向往。意在说明只有推翻旧中国的统治，“俘虏”才能真正“生还”。这部小说无疑是进步的，也有一定的艺术感染力，但因为当时处在白色恐怖的环境，为争取公开出版，小说中穿插了一些灰色的描写，因为这样，要不要接受这本小说的出版，我是有顾虑的。我向春光汇报了自己的想法。他想了想说道：这本书总的倾向是革命的、进步的，20年代在白色恐怖下冯乃超先生都敢出版这本书，今天共产党的天下，为什么不能出版烈士写的书呢?！问题不是出版不出版，而是怎么出好！对书中的灰色描写，要相信读者的识别和判断能力，他们是能够历史地、辩证地理解小说中存在的弱点和不足的。同时，你还可以把你的顾虑，如实向钱瑛同志反映，在她的指导下进行编辑工作。听了春光的话，我端正了考虑问题的角度，积极地投入发稿前的编辑工作。在钱瑛的指导下，删去了书中的一些不必要的灰色描写，同时钱瑛同志还题了诗。冯乃超先生还为这本书重新出版的现实意义，写了一篇十分出色的序。董老又题诗，又题写书名。春光知道这一切后很高兴，风趣地问我：“现在没顾虑了吧?!”但在“文化大革命”中，当时社会上流传的一些小报上污蔑谭寿林烈士是叛徒，我因为经手过这本书的组稿和编辑工作，因而受到牵连，追查我与谭寿林是什么关系?！春光知道后挺身而出，他说：“谭寿林烈士牺牲时，王维玲还没有出生，能有什么关系！至于这本书的出版，是我批准的，责任由我负。”春光的话，句句落地有声，他的这一番话，使我得到解脱。令人感动的还不仅仅是在关键时刻他敢于站出来承担责任，主持公道，而是当时他自己正关在“牛棚”中，承受精神上和肉体上的折磨。但他不考虑自己的命运，一心为自己的部下解难。春光在“文革”中的表现是令人敬佩的。“文革”初期，北京和外地来京串联的红卫兵，冲到中青社，解下腰上的皮带，把边春光从“牛棚”中揪出来，叫他跪在地上，罗列了中青社出版的一批文学作品，问他这本是不是“写错误路线?”那本是不是“给××树碑立传”?“这本是不是反党反社会主义的大毒草?”问一本抽一顿。边春光只是说：“我们要好好学习毛泽东著作，用毛泽东思想对照检查。”就是不正面回答。就这样，他的肩头和后背被红卫兵的皮带抽得一片红紫。当天晚上刚好是我去“牛棚”值夜班，交班的同志详细地向我叙述了白天发生的一切，他对边春光的表现无比钦佩，对边春光的遭遇充满同情，对红卫兵的野蛮行径，表现出难以抑制的愤慨。

出版一种有影响的重点书，要比出版十本一般化的书要好得多。对重点书稿，要舍得投入人力，舍得花时间，舍得丢掉一般，要全力以赴

在1958年“大跃进”那一段时期，中青社出书品种较多，但真正在读者中产生了广泛影响的书，却是有限的几种，究竟是减少品种，集中力量，精心组织若干能够产生影响的重点书呢？还是继续增加品种，依然沿着旧轨道出书呢？这是当时大家都在思考的问题。一个联系十分广泛的综合性的出版社，要压缩出书品种，是有很大困难的，做起来并不是那么容易的。1960年边春光担任社长、总编辑后，他根据中国青年出版社的宗旨、任务、出书方针、读者对象等特点，果断提出：出书必须坚持“政治第一，质量第一”的方针，一定要坚定不移地把提高书籍质量放在第一位，不能盲目追求数量，要集中力量抓重点书。他特别强调胡耀邦说的：“出版一种有影响的重点书，比出版十本一般化的书要好得多”这句话。他规定每年的发稿计划中要有百分之二十左右的重点书，要集中大约一半以上的编辑力量，定题、定人、定质、定量，完成重点书的计划。他还结合中青社的特点提出：首先要抓重大题材的书，重大题材的含义，就是从党教育青年的需要出发，从最大多数的青年读者的需要出发的作品。

要出好重点书，就要积极发现作者。他提出：在作者工作上“两条腿走路”，既要注意团结老作家，又要注意发现新作者。编辑部主要是研究作品和了解作者，对那些初稿有较好基础，作者有深厚的生活积累，对所描写的对象有深切的感受，又有较大潜力的作品和作者，要抓住不放。对重点书稿，编辑部要舍得投入力量，舍得花时间，舍得花工本，也要舍得丢掉一般，采取集中力量打歼灭战的办法，全力以赴。为了提高书稿质量，他提出：除了严格执行三审制外，还可以采取责任编辑与集体讨论相结合的办法，多人参加审读，共同讨论，发挥集体智慧。罗广斌、杨益言写的长篇小说《红岩》就是在这样的指导思想下进行的。编辑部参加这部书稿编辑工作的，先后有七人(包括两任社长、总编辑，两任编辑室主任，三位编辑)，编辑部内部讨论了七、八次，同作者一起讨论了十多次，经过讨论修改，先后两次重排，三次部分重排，这在中青社出版的长篇小说中也是没有先例的。当时我们的指导思想就是：一切从提高作品的质量出发，尽心尽力地为作者服务，不怕麻烦，不怕反复，只要对提高作品质量有利，就要把工作做好。《红岩》这部书稿，最初是边春光的前任朱语今拍板组稿的，1959 年语今调离后，边春光任社长、总编辑，由此，《红岩》就在他的领导下完成编辑工作，最后经他终审通过后，才发稿出版。

《红岩》最早的纪实手稿，虽有丰富感人的生活内容，但整个稿子还是粗糙的、零散的，故事和人物没有构成一个有机的整体，作者只是把他们积累的素材，如实地写了出来。后来经过重新构思，按照长篇小说的结构写出的小说稿，与纪实稿相比，有很大的进展，把原来零散的、互不联系的材料，初步地结构了起来，具有了小说的雏形。春光最初审读征求意见稿时，和我们的感觉一样。他认为虽有提高，仍要修改，仍有很大潜力可以挖掘。当作者决定来京听取意见时，春光表现出极大的热情，拟在他们来京期间，一起拟定一个修改方案。

1960 年 6 月，《红岩》的作者罗广斌、杨益言来到北京，住在我社。边春光亲自出马，主持召开座谈会，参加座谈的除作者外，还有江晓天、陈碧芳和我三人。在座谈会上，春光和我们着重谈了以下四个方面的意见和设想：

一、要改变作品的压抑气氛，充分表现出当时全国胜利在望的形势，在这个大背景下，反映“中美合作所”集中营里的斗争。狱中烈士们的斗争，既要有昂扬的、战斗的气氛，还应该是十分复杂、激烈、残酷的；既要有主动进攻的精神，又付出了重大的代价；牺牲是悲壮的，令人难忘的。从这样的设想出发，小说应该分为三个大段落：敌人破坏与地下党的反破坏(包括许云峰、江姐、成岗被捕前的一系列的描写)；迫害与反迫害(主要是狱中斗争)；兽性屠杀与越狱突围。通过这三个段落的描写，显示共产党人的战斗风格和战斗力量。

二、肯定了“表彰先烈，揭露敌人”的主题。要求作者集中笔墨塑造许云峰、江雪琴、成岗、齐晓轩等革命烈士的光辉形象。把许、江作为第一重点描写对象，同时也不要忽略众多的艺术“群像”，能不能把这个战斗集体塑造成光彩夺目的艺术彩雕，关系着作品的成败。

三、反面人物(主要是敌特人员)，数量过多，要突出重点和主要的，在数量上要压缩、删减。对叛徒甫志高的描写，要深挖他灵魂深处的脏东西，由隐到显，写出他的弱点和根源，最后在关键的时刻叛党投敌，是历史的必然。

四、精心结构，巧妙构思，要在这上面下功夫。也就是如何把渣滓洞和白公馆两个监狱的斗争，有机地、血肉般地联系在一起，互相配合，互相支援，互相呼应，最后同时行动，果断地采取越狱突围的方式。写出这两个不同类型的监狱差异，包括环境描写，敌特人员的不同兽性，以及革命者所采取的不同的斗争策略和手段、行动和部署。总之，不是把两个监狱合二而一，而是要写出它们各自不同的特征、特点和特色。

边春光热情地鼓励他们，希望他们全力以赴，力争在思想和艺术上实现上述要求，如能达到这样的水平，这部小说就站住了。

座谈以后，作者提出参观军事博物馆和革命历史博物馆，当时这两个展馆都还没有公开对外开放，边春光亲自出面与团中央办公厅联系，由办公厅出介绍信，使作者在京的参观学习一一如愿。

事后，罗广斌、杨益言说，他们这次来京，最大收获是打开了眼界，打开了思路。使他们认识到《红岩》的下一步修改，不能光写狱中斗争的本身，还要扩展开来，不仅要写配合解放战争的第二条战线国民党统治区的斗争，还要写出解放战争对第二条战线的影响。把解放战争与白区的斗争，把“中美合作所”集中营里的斗争和重庆市工运、学运的斗争，以及川东地下党领导的农运斗争结合起来。用三分之二篇幅写狱中的斗争，反映敌人在大势已去的背景下，共产党人在“中美合作所”集中营里所进行的这场特殊的战斗。用三分之一的篇幅，写狱外的斗争和活动，反映全国敌我斗争的总面貌，总形势。把“中美合作所”集中营里的具体斗争，放到整个时代的斗争全貌中去表现。

北京之行以后，《红岩》的作者又一次开始重新构思，重新安排敌我双方的斗争。以许云峰为例，许云峰入狱后，一直关在渣滓洞，1948 年就牺牲了。《红岩》的初稿、二稿都是这样写的。现在他们进一步集中素材，使许云峰成为贯穿全书的主线，不仅写他在渣滓洞、白公馆的斗争，还给他安排了一系列狱外的活动，使他不仅具有丰富的对敌斗争经验，而且比别人想得深，看得远，更了解斗争的艰苦性、曲折性、复杂性；他能预见未来的斗争需要，做出必要的牺牲和准备，使许云峰始终是敌我斗争中的中心人物，全书的栋梁，即使在最困难的环境之中，也立于不败之地。这样，就使《红岩》的三稿和四稿，在思想、艺术上有了很大的转折，很大的提高，为《红岩》最后定稿打下基础。

《红岩》四稿出来后，我们就发排了。1961 年 6 月 27 日罗广斌、杨益言带着刚刚排出的四稿清样离京返川，听取重庆市委领导和有关同志的意见。这边，我们送春光终审，春光在审读过四稿清样后，于 7 月上旬把我叫到家中，他一方面充分肯定这是一部有特色的小说，有不少出色章节，相当深刻，相当丰富，相当感人地展示了许云峰、江姐、成岗等一大批共产党人的高尚、优美的精神情操和精神世界。同时他也提出了几个关键性的修改意见，这些意见对《红岩》向着完美的境界攀登，起了关键性的作用。

春光首先提出《红岩》中党的最高领导人放在狱外要比放到监狱里边去好。当时作品里党的最高领导人是许云峰。他是地下党重庆市委工运书记，李敬原是市委委员、区委书记。春光提出许云峰可以是党的领导人，但不一定是作品中的最高领导，这是从整个作品的布局和反映当时地下党的领导水平和领导力量上来考虑。他建议重新安排设计李敬原的位置，不仅可以把李敬原党内职务安排高于许云峰，而且对于某些问题的判断上(比如对叛徒甫志高的认识上)，比许云峰高一筹。这对许云峰不会有什么损害，相反某些情节还可以得到充实、丰富和提高。比如许云峰在荣园被捕的情节，现在是上级掩护下级，许挺身而出，转移敌特视线，让李敬原撤退。如果李敬原是地下党市委的主要负责人，许云峰此举的意义不是就更大了吗！同时在情节上也还可以更加丰富提高。把许云峰与李敬原的位置换一下，还可以暗示读者，遭到破坏的是重庆地下党的局部组织和部分同志，而不是全部组织被一网打尽。这样既可以在许云峰、江姐入狱后，加强地下党在外边的活动和斗争，同时也有利于展开狱内党组织与狱外党组织的呼应联系，互相配合，支援狱中最后的越狱突围的行动。还可以使篇幅不多的李敬原变得不是可有可无，而是大有用武之地，自始至终反映着党的领导水平和地下党的力量，加重他在作品里的作用。这样既可以使狱中的许云峰形象变得有声有色，也可以使狱外的李敬原变得有血有肉。

对叛徒甫志高的思想发展，以及他在关键时刻叛变，边春光觉得写得还是粗了一点。一定要写出甫志高的发展层次，由隐蔽到暴露，由表面到深层，不能让读者站在暗处，要让读者站在明处，清楚地看着他如何善于伪装自己，狡猾地欺骗党，对他的堕落、叛变有充分的思想准备。现在稿子还缺少一些有力的、一针见血的细节描写，对他的精神世界透视和解剖还不够。在表现他与党貌合神离，耍两面手法上也单薄了一些。党对他应该是有所察觉，但察觉的程度，并未超过信任的程度，所以许云峰才同意他作为联络站的负责人。这就要把甫志高善于伪装自己、耍两面手法写够，才能引起人们对他的憎恨、反感和厌恶。春光要求他们要写得充实，写得自然，写得可信。

对于陈松林、余新江等形象，春光认为，他们都是优秀的共产党员，立场坚定，爱憎分明。但是他们毕竟是年轻的，在复杂的敌我斗争中，还缺乏对敌斗争的丰富经验。写出这一点，不会给人物脸上抹黑，而是为了更合理、更深刻地写出人物的发展历史，写出他们在斗争中如何把自己充实起来，完善起来，最后成长为一个成熟的革命者。不要把他们写得一参加革命，一入监狱，就十分成熟，十全十美，那就过于理想化了，反而不真实，不感人了。

春光认为打入书店和活动在重庆大学的“红旗特务”都写得很有特色。但监狱里“红旗特务”的活动就很一般，如果突不破前两次的水准，可以不写。

最后越狱突围是全书的高潮。春光指出这部分还要加强，要让读者强烈地感受到大屠杀之前血淋淋的逼人气氛，以及突围过程中付出的血的代价。要集中使用笔墨，充分地展示这里的共产党人，面对敌特残暴野蛮的大屠杀，如何英勇、悲壮、激烈地进行这场可歌可泣的生与死，血与火的搏斗。

对于四稿的结构，春光的评价是：总的说来是紧凑的，但开头两章较松散、拖沓一些。环境气氛也不够强烈。长篇小说的开头很重要，对能不能吸引读者起重要的作用。要重新设计一下开头，既要反映当时的形势特点，又要脉络清楚，繁而不乱，引人入胜。

我在 1961 年 7 月 12 日，把春光提出的这些意见和建议，经过集中和整理，给罗广斌、杨益言写了一封长信。7 月 21 日收到罗、杨的回信，他们在信中表示出巨大的热情和信心，信里写道："春光同志审阅了稿件，并且和你们进行了讨论，提出了许多宝贵意见，我们非常高兴，也非常感谢。我们现在正在认真考虑这些意见，力求消化，以便修改。"8 月9 日他们又来信，确定了四稿修改重点：一、开头两章；二、结尾突围两章；三、改写李敬原；四、进一步加强许云峰、江姐形象；五、部分改写叛徒甫志高有关情节；六、后两次"红旗特务"活动改写；七、加强全书人物、事件、章节之间的有机联系。从这封信可以看出，他们把春光的意见、建议几乎全部都考虑进去了。修改后的五稿是《红岩》的定稿。所以春光对《红岩》的修改，以及最后的审定，对这部书的写好、改好，以及最大限度突破和提高，起了重要作用，做出了重要贡献。

我曾对罗、杨说过这样的话：你们是十分幸运的，在中青社出版的长篇小说中，还没有一部书，有两届社长、总编辑参加的先例。罗广斌也说：按照边春光的意见一改，使《红岩》的艺术力量增加了一倍。

如果说边春光抓《红岩》的出版，在当时没有任何政治上的风险的话，那么 1963 年他批准出版《李自成》第一卷就完全不同了，没有一定的勇气、胆识和魄力，是不敢拍板的！尽管当时姚雪垠已经摘掉"极右派"帽子，但在"左派"人士的眼里，他依然是个"摘帽右派"，更何况他是毛泽东主席 1957 年亲自点名批评过的人呢！在以阶级斗争为纲的年月里，这种无形的政治压力，在人们的心理上具有很大的威慑力！虽然当时武汉方面给《李自成》第一卷的出版开了绿灯，但也提出两条：一要控制印数；二在报刊上的评论文章要掌握好分寸。所有这一切没有撼动边春光出版

《李自成》的决心！对边春光来说，这是很自然的事，因为在他的意识里，他想得最多，说得最多的，就是多出好书，多出质量高的书，多出有文化价值的书，多出为广大读者欢迎的书，多出文化界、知识界赞誉和认可的书，多出能够经得起现实和历史检验的书，正是在这样的指导思想下，他爽快地在终审责任单上签了字，表明他对《李自成》第一卷的出版负责。正是第一卷的出版，才有"文革"中毛泽东两助姚雪垠这段佳话，才有了《李自成》二卷、三卷到四、五两卷的出版，填补了"五四"和新中国成立以来长篇历史小说创作和出版的空白，并推动和促进了新时期以来长篇历史小说的创作和出版的园地百花争妍、蓬勃发展的局面。边春光生前从没有讲过他对《李自成》第一卷出版的支持，但后人是不会忘记他的重要作用和贡献的。在边春光集中力量抓重点书、抓书稿质量的指导思想下，这一时期中青社还出版了一批有影响的长篇小说：《创业史》、《风雷》、《朝阳花》、《太阳从东方升起》等。

研究各类读物的出版，探讨编辑出版工作的规律，深入调查研究，并在实践中不断总结经验，他在一九六四年做的《正确处理出版工作中的十个关系》的报告，二十四年后重又发表

春光在世时，只想干实事、干有价值的事、干有意义的事。他在中青社主持工作期间，潜心研究各类青年读物的出版，认真探索编辑出版工作的客观规律，深入基层进行调查研究，并在实践中总结经验。1964年7月18日他在全社职工大会上做的《正确处理出版工作中的十个关系》的报告，是他自1960年担任中青社的第一把手以来，经过几年的工作实践，在认真学习马克思主义理论和毛泽东思想的基础上，结合出版工作的实际和自己的实践经验，总结出来的学术成果。这十个关系是：面向农村和兼顾城市，政治和艺术，数量和质量，重点和一般，理论和实际，出版社和作者，出版社和读者，编辑工作和其他工作，出版社和出版社，编辑干部的红与专。这篇既有理论性、科学性，又有现实性、指导性的讲话，对出版社工作的一系列重要问题进行了有益的探索，24年以后，重又在新闻出版署主办的《出版工作》上发表了，说明他的这篇讲话具有

很强的生命力和现实的指导意义。

春光有一大优点，就是理论联系实际，无论是他在中青社还是后来在陕西省出版局、在中宣部出版局、在国家出版局、在中国出版科学研究所工作期间，他总是到第一线去调查研究，在取得第一手材料后，他便运用马克思主义的思想、方法，与中央的方针、政策联系起来，结合出版界的实际状况，从理论上和实践上进行研究，然后提出自己的看法和建议，在《出版与发行》1987 年第 3 期发表他写的《关于加强出版科学研究的几点意见》一文中，一下子提出了 16 个当前出版界需要着重研究的课题，其中关于如何采取切实措施把出书质量放在第一位；如何保持出版界严谨的作风；怎样提高出版界的文化素质和思想境界；怎样用优秀图书充实我国的文化宝库；怎样在发挥老一辈学者、作者创作积极性的同时，继续发现培养和支持有真才实学的后起之秀；怎样及时广泛取得海内外的出版信息；怎样追求理想的选题；怎样培养有才干的编辑和出版管理人才；怎样采取措施，逐步装备现代化器材，缩短书刊编印发周期；怎样使全社会了解出版工作、支持出版工作等等，这是每一个出版工作者所关心的，希望在理论上和实践上得到完美可行的解答的问题。

编辑工作，是光荣的职业，高尚的职业。光荣在于奉献，高尚在于牺牲。语今和春光就是奉献的楷模，牺牲的楷模

1979 年春光患心脏病后，仍不停地读书、思考问题。1980 年 1 月 18 日我收到他给我的一封信，全文如下：

维玲同志：不断收到你们送给我的一些新书，很为感谢。最近浏览了一点，觉得这些出版物是健康的，富有教育意义的。这也反映出你们的工作是活跃的。我所听到的对你们工作的评论，大都是好的和比较好的。这些成绩的取得是和文艺界及其他有关方面的支持和帮助分不开的，但是编辑同志把握的方向正确，工作认真努力，也是直接的原因。当然在前进的过程中，也会出现一些非议，这是正常的，我看这也是好事。对这些非议态度，还是那句老话：择其善者而从之。

对以后的出书，你们考虑的一定会很周到，我提不出什么可供你们参考的高明意见。但是我也常想，作为青年出版社，在文艺读物方面，是否可以着重抓好这几方面：(一)富有教育意义的，能够培养青年的共产主义道德品质和高尚的理想、情操，激励青年奋发前进，为保卫祖国、建设祖国而英勇献身的各种题材的中长篇小说。诗歌、散文、短篇小说……也要出一点，但要精选。无论长的短的还是以质量胜数量。出版一本作品，要考虑社会效果。(二)出版有分析、有注释的古今中外的文学作品的选本。用优秀的文化遗产丰富青年的精神生活，陶冶青年的思想，帮助青年把自己培养成为有文化有知识的文明一代。(三)革命斗争回忆录，人物传记。当然还有其他可以出的和需要出的，但反映青年出版社出版文艺读物的特色的，我想似乎主要是这几方面。

还有一点，我想提一下也可能不会是多余的，这就是当前文艺思潮中哪些是健康的，哪些是不健康的，要注意观察、分析、研究，作为编辑和编辑工作要始终保持头脑清醒，方针正确，措施得当。

这是一位身患重病，优秀的青年教育工作者和老一辈出版家、编辑家，对我和中青社文学读物的出版工作的关怀、指导和期望。我在中国青年出版社工作 40 多年，尽管在前进的道路上有矛盾、有纠葛、有烦恼、有困难，但更多的是关怀、鼓励、支持。写到这里，我就无比怀念语今、春光这两位我十分敬重的老领导，他们把自己的心血和精力，体会和经验，各种建议和有益想法，无私地提供出来，成为我前进的引路人。我在想，语今和春光在中青社前后都工作了 20 年，他们不仅把我们这些步入编辑队伍的新人带了出来，而且他们在编辑出版工作上，又团结、帮助了多少作家，发现扶持了多少新作者，浇灌了多少新生花朵啊，如今有的出了书，有的出了名，有的成了学者、作家，而语今、春光他们对文学和出版事业的贡献，却很少有人提起，有人知道。就我个人来说，我是永远也不会忘记他们的！正是他们使我树立起坚定的革命事业观，使我认识到编辑工作是文学事业中不可缺少的一部分；要繁荣创作，没有一批勤勤恳恳、无私奉献的编辑是不行的。我也体会到，编辑工作的特点，就是默默无闻地奉献自己的心血和精力，心甘情愿为他人做好嫁衣裳。春光有段话说得非常好，他说："倾其所有，尽其所能的无私奉献的精神，是出版工作的特性决定的。有人把编辑比喻为无名英雄，是有道理的。天下是无名英雄多，有名英雄毕竟是少数，如果大家都不愿意当无名英雄，也就不可能有有名英雄了。”所以编辑工作，既是光荣的职业，又是高尚的职业，光荣在于奉献，高尚在于牺牲。语今和春光就是奉献的楷模，牺牲的楷模。他们自己的著述并不多，但他们的人品、文品，他们的风范、形象，却永鉴后人。

燃烧了自己　照亮了别人

——记老编辑龙世辉

黄　伊

龙世辉(1925～1991)　湖南武冈人，侗族。中共党员，编审，中国作家协会会员，黄埔同学会会员。1952年毕业于辅仁大学中文系，1952年至1953年入中央文学研究所进修。1953年调入人民文学出版社，历任中国现代文学编辑部小说组副组长、《当代》杂志编辑部副主任，后任作家出版社副总编辑。曾编辑出版过《林海雪原》、《前驱》、《清江壮歌》、《三家巷》、《苦斗》、《瞿秋白文集》、《子夜》、《赤橙黄绿青蓝紫》、《在和平的日子里》、《玉泉喷绿》、《芙蓉镇》、《将军吟》、《代价》等文学作品200多部(集)。在作家出版社任副总编辑时，参加主持编辑出版了“当代小说文库”、“文学新星丛书”、“作家参考丛书”。从1953年开始，在全国报刊上发表文学评论、散文、短篇小说、寓言等150余篇。已出版的文学作品有：改编元曲《窦娥冤》、《龙世辉寓言集》、长篇小说《蓝光》、文学评论集《编余随笔》。寓言《女娲和苍蝇》，在全国1988年寓言创作评奖中荣获创作优秀奖；寓言《老猩猩和她的两个儿子》选入《中国新文学大系·儿童文学集》(1949～1966)。

1981 年 3 月的一天，在庆祝人民文学出版社成立 30 周年大会上，各界来宾和新老工作人员数百人欢聚一堂。年逾古稀的老作家、老诗人、前副社长兼副总编辑楼适夷同志，以元老和顾问的身份出席这次盛会，并在会上发表了即兴讲话。老社长如数家珍地讲起了出版社历年来所取得的丰硕成果。讲着讲着，他兴致大发，热情洋溢地向满座宾客和全社同志介绍起老编辑龙世辉在《林海雪原》编辑工作上所做的贡献……

老社长那天的讲话，给我留下了深刻的印象，也引起了我进一步了解老龙的兴趣。一年多以来，我和老龙在一间办公室里工作，桌子紧挨着桌子。通过平日的接触，再加上其他编辑同志的言谈，我逐渐了解到，老龙在 30 年的编辑生涯中经手编发的书稿，何止一部《林海雪原》！介绍他在编辑工作上所作的贡献，了解他所处理的某些书稿的经过情况，也许可以看到近 30 年来我国文学创作活动及一些作家成长的一个小小的侧影。

1925 年底，龙世辉出生在湖南省武冈县城的一个教师家庭。他从小一面在学校念书，一面在家由父亲讲授古文，受着双重教育。他整个中学阶段是在抗日战争烽火中度过的。1952 年，龙世辉在北京辅仁大学中文系毕业后，又进入中央文学研究所学习，为第一期第二班学员。1953 年来人民文学出版社工作至今。其间，1973 年至 1978 年曾在北京语言学院编撰汉语教材和词典，做的也是编辑工作。

在老龙大半生的编辑工作中，经他手编辑的书稿，据不完全的统计，大致有：长篇小说 29 种，“五四”作品 6 种，古典文学 1 种，剧本 2 种，外国文学 3 种，中篇小说 4 种，短篇小说 9 种，散文、报告及各类编选 36 种，共约 90 种。在《当代》编辑部工作期间，老龙参与编辑工作的中篇约 30 篇，短篇小说约 23 篇，散文、报告约 3 篇，共约 56 篇(截止 1982 年年底)。如果和过去编的书稿一起统计，总数共约 146 种(篇)。

这个数字说明了一个编辑大半生的工作情况，但一个编辑的活动，远比统计数字生动、活泼、感人得多。

学习老编辑，帮助年轻编辑

1953 年，龙世辉从中央文学研究所刚来出版社的时候，对编辑业务不熟悉，出版社也没有一套培训编辑的制度，老龙开始做编辑工作，是向他的同事张奇学的。他学习张奇助人为乐的精神，有新同志来，他总是主动、热诚地给予帮助，如复审稿件，检查、补充加工发稿，修改审读意见和内容说明等。只要人有所求，而他又力所能及，不管分内分外和有无领导指派，他都乐于相助。

一位当时比老龙更年轻的编辑读了浩然的第一本小说集稿《喜鹊登枝》后，由于刚来缺乏编辑工作经验，一时掌握不好出书标准，开始持否定态度。老龙平常读过浩然的几篇作品，印象还好，便主动拿来看了，并提醒说：浩然的作品努力歌颂新人新事，这个倾向值得肯定；作者熟悉农村生活，语言比较生动、朴实；是否可以考虑精选一点，替他出个集子，以鼓励新作家的成长。那位编辑接受了老龙的建议，改写审读报告后送总编辑终审。王任叔同志读后大加称赞，不但立即批准出版，还自任责任编辑，亲自润色加工，并连续写了好几篇评论。王任叔大力支持青年作家的热情是很可贵的。但是，当时作为一般编辑的龙世辉，为一本并非自己责编的书稿出版问题所作的努力，一直很少为人所知。

在处理复杂困难稿件中经受磨炼

在出版社待得久了的同志都知道，常常有一些稿件的处理是比较复杂困难的。之所以复杂困难，有各种原因。一个编辑在处理这些稿件时，不仅对自己是一个磨炼，而且是得到锻炼和提高的极好的机会。在这一方面，老龙是经受过检验的。

阿英的剧本《李闯王》，注释部分引用了大量明史。该书解放前虽然曾经出版过，但注释中讹误较多。老龙接受了这部书稿的整理发稿任务后，从北京图书馆借来作者引用过的大批史料，根据不同版本逐条进行校勘，任务是艰巨繁重的。校勘完毕，老龙去拜访阿英。阿英听了龙世辉的汇报后表示满意，并问他是哪个大学毕业的，他说是辅仁的。阿英点头赞许说：“呵！原来你是陈垣的学生，难怪会这些！”

一位老作家的一部长篇小说，30年代曾发表过前几章，鲁迅在一篇文章中曾经提及。该书后面绝大部分篇幅是陆续写成的，并未发表，也存在一些问题，鲁迅先生自然也没有看到。如何协助这位老作家修改整理这部稿件，是一个难度较大的工作。龙世辉从一位因政治运动受审查的同志手里半路接替该书担任责任编辑，他以审慎、谦逊的态度和这位老作家长辈打交道，老作家最后接受了编辑部提出的中肯的意见，终于使这部经历了几个时代的长篇巨著和读者见了面。

李晓明的《破晓记》，原稿中游击队长不幸被地主武装俘获，钉在祠堂墙壁上"示众"，求死不得，求活不能。其叔不忍侄儿受此活罪，便卖掉口粮买了几颗子弹，借枪半夜三更偷偷把游击队长打死。恶霸地主为斩草除根，四处搜寻，要杀害游击队长之子，其叔又领着侄孙子主动送上门去，当着恶霸地主的面，亲手将侄孙子的右手砍掉，说这样长大了也不能报仇，只求饶孩子一命。老龙当时看了稿子，认为这是一个败笔，艺术效果不好，假如保留这个情节，估计读者感情上也很难接受。但作者自己不以为然，编辑部当时也有不同看法。老龙作为该稿的审读人之一，坚持要改，只好作为他个人的意见向作者转达。最后，作者还是接受了老龙的意见，作了修改。出书后，作者还专门为此事登门表示感谢。

积极发现和扶植新人新作

老龙在工作中一直非常注意发现与扶植新人新作，如曲波的《林海雪原》、贺政民的《玉泉喷绿》、陈立德的《前驱》、马识途的《清江壮歌》、周建明的《湖边》、陈国凯的《代价》、莫应丰的《将军吟》、古华的《芙蓉镇》，以及后来在《当代》上陆续发表的刘建安的《白莲湖》、鲍咏石的《宿愿》、冷杉的《这一家》、贺晓彤的《铭刻心底的回忆》等等，都是老龙负责经手的(当然，其中有的作品还有别的编辑同志的贡献与辛劳)。这些作品有些现在已为人们所熟知，作家也成了名家，但老龙当时处理这些稿件时，它们的作者大都是文学新人。

提起老龙发现和扶植新人新作，人们都不会忘记有关《林海雪原》的往事。

事情得追溯到上世纪50年代。有一天，老龙从组长那里抱来厚厚的一大摞原稿。打开来一看，稿名《林海雪原荡匪记》。稿纸有大有小，每一叠用各种颜色的碎布条拴着，字儿老长老长一个，伸胳膊踢腿的，很不好认。老龙起初读它时，并没有抱多大希望。但当他耐心地一页页翻下去，却完全沉浸在小说的故事之中了。透过这一大摞看来很乱的稿子，他看到了一个有着浓厚浪漫色彩的传奇故事和英雄人物。奶头山和威虎山在吸引着他，杨子荣和少剑波的英雄业绩激荡着年轻编辑的心。读完了全稿，他马上向楼适夷同志作了汇报。汇报中他既为发现了一部优秀的新稿而兴高采烈，同时也谈到这部稿子艺术上、文字上的缺欠。在楼适夷同志的鼓励下，《林海雪原》的编辑发稿任务就落在老龙的肩上。

稿件的修改工作是作者自己的责任，但曲波同志历时数月作了一次修改后，自谦地表示，他只读过 6 年书，改起来有一定的困难，恐难达到要求，只好委托编辑部全权处理。当时还是年轻编辑的老龙同志，出于对文学事业的热忱和工作的责任心，毅然接受了作者的委托。他回忆说："我花了 3 个多月的时间，把我的全身解数都使上了!"

《林海雪原》终于定稿了。为了扩大影响和听取读者的意见，老龙把该稿推荐给当时《人民文学》杂志的副主编秦兆阳。秦兆阳读后大加赞赏和支持，并在该刊上选载了部分章节。后来，书刚和读者见面，老龙又在《人民文学》、《中国青年报》、《读书月报》、《大公报》和一份俄文刊物上，分别发表文章，向国内外读者介绍这部作品。作者曲波为了感谢编辑在出版他的处女作时所付出的辛劳，特别送了一本精装本给老龙，并且在该书的扉页上，亲笔题了这样几句话："在英雄们事迹的基础上，加了您和我的共同努力，我们的友谊和它一起诞生。"老龙在《林海雪原》一书上所做的工作，也受到社长兼总编辑王任叔(巴人)的称赞。他听说了《林海雪原》的编辑过程，事后亲自一页页检查了原稿，并下了一句评语："应该这样改!"

上面所举的这个例子，已经是 20 余年前的往事了。我现在再讲几件事，看看当年勤勤恳恳地在文艺的百花园里辛勤劳作的龙世辉同志，在"四人帮"倒台以后，又做了哪些发现和扶植新人新作的工作，又是怎样不辞辛劳地采集百花的。

1980 年的一天，担任人民文学出版社小说南组副组长的老龙，在办公室里接待一位作者。他一口湖南乡音，自我介绍说他写了一篇中篇小说，尚未最后定稿，想请编辑同志看看——这就是《芙蓉镇》的作者古华。老龙把他当作一般的投稿者，和他寒暄几句，把稿子留下来，就低头看他那永远看不完的稿子。过了一些日子，等他拿起《芙蓉镇》来审读时，正像他自己所说的，一下子被那山镇30年的风云变幻、风土民情和浓郁的生活气息吸引住了。一个小小的芙蓉镇，几个小人物的命运，使你激动，使你叹息，使你同情，使你流泪，又使你深思！作者寓政治风云于风俗民情的图画中，借人物的命运演出山镇的生活变迁，描绘出一幅当代农村的社会生活的真实图景。他和组里的同志一道高度评价了这篇作品。

但是，老龙对原稿中一个比较重要的人物，提出了一个很有见地的意见：在原稿中，黎满庚原是个正直、真挚的共产党员。可是政治压力一来，马上一百八十度急转弯，变成一个出卖灵魂的小丑。老龙觉得这个弯拐得太急，没有写出人物由好变坏的令人信服的过程。他提出意见后，古华增添了王秋赦这个人物，把黎满庚一分为二，成为现在这个样子。

作者把文章改好后，老龙不但建议接受出版，还向《当代》的负责人秦兆阳同志建议，在《当代》先行发表，后来获得《当代》文学奖和首届茅盾文学奖。古华这位多年来虽然勤勤恳恳写作，但一直默默无闻的中年作家，就这样一下子冲到了文坛的第一线，赢得了广大读者的赞誉。

龙世辉发现好作品，支持青年作家，还有两个比较突出的例子，这就是他对陈国凯的《代价》的积极支持，以及为莫应丰的《将军吟》的出版所作的努力。当他看到了一本好作品，就要在会议上说，在报刊上说，在出版社内部说，在小说评奖时说。当然，他对新作家和新作品在热情推荐的同时，为了把一部作品出版得更好一些，在一些牵涉到作品的思想内容的地方，他总是严格把关，坚持正确的观点。

青年作家陈国凯的中篇小说《代价》，正像该书的《内容介绍》所说，“写的是‘文化大革命’中一个科研工作者的家庭遭遇。卓有贡献的工程师徐克文，被老同学丘建中无辜陷害，全家付出了血和泪的代价。但为了实现四个现代化，他以惊人的毅力与意志，在痛苦中顽强地工作，为了建设新的未来而战斗。作品深刻揭示了崇高的和卑劣的两种人的精神面貌，展现出一场真善美与假恶丑的灵魂搏斗。”《代价》这篇作品发表后，在读者中引起了强烈的反响，但也有争议——有人说它是“伤痕文学”；有人嫌它的眼泪流得太多；有人说它揭了我们生活的疮疤……老龙觉得：《代价》这部作品好就好在它是歌颂党的十一届三中全会路线的。只有党重新掌握在真正的马列主义者的手里，像徐克文这样的工程师才有出头之日，他们才能把全部的聪明才智献给社会主义，献给祖国的“四化”；而那些灵魂卑污的丘建中之流，才会在光天化日之下现出他那丑恶的原形。老龙和他的伙伴积极宣传和推荐这部作品，终于使它获得了《当代》文学奖。

莫应丰的《将军吟》，是第一部正面描写“文化大革命”的长篇小说。它围绕空军某兵团司令彭其在“文革”中遭受迫害的经过，通过三个将军不同命运的描述，控诉了林彪、“四人帮”的罪行，比较深刻、真实地反映了现实生活中极其复杂、尖锐的矛盾和斗争。作者以饱满的政治热情，塑造了老一代革命者彭其坚持革命原则与错误路线做斗争的英雄形象；刻画了赵大明、陈小炮、彭湘湘等在斗争中成长起来的青年一代形象。作品对“文化大革命”的描写是全盘否定的。作者写作该稿时，“四人帮”尚未垮台，交稿时党的十一届三中全会虽已开过，但当时对“文化大革命”尚未明确作出完全否定的结论。对这样一部稿件，能否马上出版，老龙当时是有顾虑的。但他并没有畏缩，而是向群众、向领导吁请讨论，慎重研究，终于得到了通过。这部小说在《当代》发表和出版单行本后，引起强烈反响，也受到有关领导同志的重视和好评。现在大家一致认为这是一部比较正确地描写“文化大革命”的好作品，曾获得《当代》文学奖，1982 年又荣获首届茅盾文学奖。不过，话又说回来，就是像《将军吟》这样优秀的作品，当老龙发现某个情节有值得商量的地方时，他还是毫不犹豫地提出自己的看法，建议作者考虑，作出必要的修改。

积极组织反映现实生活的优秀作品

党的十一届三中全会以后，我们党的政治路线已经十分明确，就是要把工作重点转移到经济建设上来。龙世辉觉得，紧密地注视现实生活，更多地关心我们祖国的命运，用我们富有时代感的作品，去吸引读者，教育读者，鼓舞读者，推动历史的前进，是一个有责任感的编辑义不容辞的义务。因此，三中全会以后，老龙用更多的精力，更大的专注去发现、组织反映现实生活的优秀创作。龙世辉曾经担任过《当代》编辑室的副主任。《当代》是一个大型刊物，每期发行几十万份，他的责任相当重。我和老龙原在一间办公室里，我属小说南组，和他不是一个部门。但每期《当代》有什么好稿子，特别是他看中的作品，他总是情不自禁地向我宣传一番。比如，刘亚舟的《黄植诚少校》、京夫的《娘》、向彬的《心祭》、刘文忠的《姐姐》……有的是他发现的，有的是其他同志发现，他大力支持的。他的工作更多更累，有些稿子白天改不完，还得带回家里去开夜车。我们同在一间办公室前后一年多，我终于找到他满头白发的原因了。

蒋子龙的小说《赤橙黄绿青蓝紫》，初稿只有 3 万多字。作者把稿子寄给《当代》时，老龙是第一个读者，读后热情赞扬，认为这是一部反映“四化”建设、描写工人生活的难得的佳作。后来在编辑部的建议下，作者把作品修改得更加充实，更加完善，时代感更强了——当一个善于做青年思想工作的共青团干部，拂去蒙在他们身上的灰尘之后，比黄金还要珍贵的年轻人，我们国家未来的主人和脊梁，就顶天立地地站在你的面前。

单学鹏在“四人帮”垮台前后，曾写过近 200 万字的稿件，都没能成功，很是苦恼。老龙和他在北戴河邂逅相遇，初次见面，听说他写了一个以海港为背景的中篇小说，便把稿子拿过来，在休假期间看完了这篇作品。这就是 1981 年《当代》第 6 期发表的《这里通向世界》。这篇作品充满着极其尖锐的矛盾冲突：由于港口管理混乱，大批外轮卸不了货，国家只好动用大批宝贵的外汇，去赔偿外轮的损失。可是，那些官僚主义者对港口这种严重的状况却熟视无睹，热衷于到国外去考察，实际上是想借此机会去开开洋荤。只有那些对实现祖国“四化”看得比生命还重的人，对此忧心如焚。他们深入群众，调查研究，依靠工程技术人员和广大港口工人，终于扭转了港口吞吐不畅的被动局面。

龙世辉对《这里通向世界》，像当年对待《林海雪原》一样，从审读到编辑加工、定稿发排，倾注了他的全部心血。

《赤橙黄绿青蓝紫》和《这里通向世界》发表后，都曾先后在电台广播，并拍成电视剧和电影，陆续搬上银幕。这两部作品都获得了《当代》文学奖。《赤橙黄绿青蓝紫》还获得 1982 年全国中篇小说创作奖。

坚持练笔，体会作家创作的甘苦

当一个编辑，第一位的工作当然是做好编辑工作，这是毫无疑义的。特别是上世纪50年代培养出来的老编辑，都认为这是天经地义的事。但是，为了做好编辑工作，使自己能够得到提高，我们有些同志又坚持练笔，坚持业余写作，既可提高自己，也能体会作家创作的甘苦，和作家有更多的共同语言。我有幸读过老龙在业余时间所写的全部作品。他就好像是一个火把，燃烧了自己，照亮了别人。论才华，他假若不当一个默默无闻的编辑，也是完全可以当一个作家的。

老龙在辅仁大学时，原是想搞创作的。他在中学、大学、研究所时，都练习过写小说，还得到老师和前辈们的鼓励。但是，自他走进人民文学出版社的大门，当了编辑以后，因为编务繁忙，为了做好岗位工作，只好强压心头的创作欲望，利用业余练习写作。30年来，他发表过小说、散文十余篇，寓言、小品四五十篇，评论、随笔七八十篇，改编出版元曲《窦娥冤》一本。有五篇寓言曾被北京人民广播电台配乐广播了一年多，这些已发表的文章，总共有三四十万字，虽不成系统，却可以看见老龙文学活动的一斑。其中大部分评论文章，不但在客观上配合了出版物的介绍和宣传，有许多是第一手的材料。我们可以从中看出一个编辑是如何发现、培养、扶植文学新人的；他为什么看中了这部书稿；他怎样对人民、对党负责，注意作品的社会效果。他是作家最好的朋友，把许多新人推荐给读者和文学界；但是，他又是坚持原则的，当他发现作品有缺点时，他又是敢于直言不讳的。

（本文作者已于2003年逝世）

后 记

世纪之交，中国编辑队伍完成了新老交替，一批20世纪50、60、70年代参加书刊编辑工作的老编辑陆续退出一线。当前在第一线工作的中青年编辑成为中国编辑队伍的主力军，他们面临新的挑战与重任，在他们迫切需要增长才干，全面提高业务素质的过程中，既需要熟练掌握编辑的业务知识，也需要了解、学习、继承和发扬老一辈编辑家的优良传统与工作作风。为了适应年轻一代编辑的这方面需要，中国出版工作者协会学术工作委员会为弘扬优良的职业传统做点实事，策划编辑一套《书林守望丛书》，本书就是其中的一种。

回顾历史，为我国出版事业做出重要贡献的编辑家英才辈出，灿若群星，他们为我国编辑出版史谱写了许多动人的篇章。众多新作家的出现和优秀作品的诞生，总是和他们的热情关怀和无私帮助分不开的。《编辑之歌——怀念远去的英才》一书所介绍的叶圣陶、邹韬奋、巴金、周振甫、叶至善、戴文葆等21位著名编辑家，仅是其中少数的杰出代表。但从他们的业绩中可以看出，老一辈编辑家们所具有高尚的编辑精神是完全一致的。在这21位编辑家之中，有多位生前曾担任过出版界的高层领导，如出版总署副署长、中央宣传部出版局局长、文化部出版局和国家出版局的局长；有的是享有盛誉的著名作家，有多位同志曾在一些著名的出版社、杂志社担任过总编辑或副总编辑，他们都对我国出版事业的发展有过重要的贡献。本书约请比较了解这些编辑家的生平并对他们从事编辑工作的情况有深入研究的同志提供文章，着重介绍他们在书刊编辑工作中做出的突出贡献。

经过查找大量报刊资料和反复研究后，最终选定18位有关文章作者作为约稿对象。在约稿、编辑过程中，也有感人的事情值得一记。当收到约稿信的同志在了解本书的编辑意图后，都一致表示赞同和给予热情的支持。例如耄耋老人纪申先生是巴金的亲属，曾和巴金同在文化生活出版社共事多年，他在复信中说："虽年过九十，却有义难推辞之感"，于是，"往事再拾，查阅资料，重作构思以应命"，便在7月暑热中写出《巴金的编辑生涯》万字长文；编审雷群明对邹韬奋的研究已有多年，发表过有关韬奋与出版的专著和文章，他于2002年接任"韬奋纪念馆"馆长后，对韬奋的研究工作有了更多的收获。当他收到约稿信后，及时写出《韬奋的编辑实践与编辑思想》长文；百科全书老编审黄鸿森已年近九旬，脑部供血不足，但仍勉力和百科全书专家金常政合作，追忆中国大百科全书首创者之一的姜椿芳为《中国大百科全书》的编纂做出突出贡献的事迹。他们两人都是追随姜老从《中国大百科全书》最早问世的天文学卷起步直到《全书》第一版74卷完成，是了解情况较多的老人，文中写下了许多感人的故事。其他作者中，有的根据亲身的经历见闻和多年研究的成果为本书撰写新作，有的在过去发表的文章基础上加以修改或补充了新的内容。特别难能可贵的是，这18位作者中，70岁以上的高龄老人就有14位，他们都有丰富的编辑工作经验，有多位同志曾担任过人民、人民文学、中国大百科全书和文物、中国青年、上海人民等出版社的总编辑、副总编辑，或是著名杂志的主编、副主编。在这14位同志中有的健康情况并不好，但他们仍关心编辑出版工作，都十分热情地为本书提供著述文章。此外，书中选收了高崧、黄伊、曹予庭三位老编辑的文章，可惜他们都已先后去世，我们表示深切的怀念。

本书编辑工作的顺利完成，得到各位作者和老同志的大力支持，可以说是经过大家的努力，共同为编辑工作者歌唱的一首赞歌——编辑之歌。

编　者

2008年11月15日